Matthias Pilz, Jana Krüger

Vernetztes Denken und Entscheidungsfindung im Ökonomieunterricht –
Eine Fallstudiensammlung

VERLAG EUROPA-LEHRMITTEL
Nourney, Vollmer GmbH & Co. KG
Düsselberger Straße 23 · 42781 Haan-Gruiten

Europa-Nr.: 76847

Verfasser:
Prof. Dr. Matthias Pilz   Köln
Jana Krüger   Freiburg

Verlagslektorat:
Anke Hahn

1. Auflage 2013
Druck   5   4   3   2   1

Alle Drucke derselben Auflage sind parallel einsetzbar, da sie bis auf die Behebung von Druck-
fehlern untereinander unverändert sind.

ISBN 978-3-8085-7684-7

© 2013 by Verlag Europa-Lehrmittel, Nourney, Vollmer GmbH & Co. KG, 42781 Haan-Gruiten
http://www.europa-lehrmittel.de
Umschlaggestaltung: Typework Layoutsatz & Grafik GmbH, 86167 Augsburg
(unter Verwendung eines Fotos von © Eraxion – istockphoto.com)
Satz: Typework Layoutsatz & Grafik GmbH, 86167 Augsburg
Druck: M. P. Media-Print Informationstechnologie GmbH, 33100 Paderborn

Die vorliegende Fallstudiensammlung dient der Förderung der Entscheidungsfindung und des vernetzten Denkens und basiert auf ökonomischen Problemstellungen.

Das Buch ist geeignet für

- **Lehrer und Dozenten** in allen vollzeitschulischen Bildungsgängen des beruflichen Bildungswesens in Deutschland, insbesondere im Bereich der kaufmännischen Berufsfachschulen.

- **Lehrer an allgemeinbildenden Schulen,** hier insbesondere im Kontext des Einsatzes in den letzten beiden Schuljahren und in Fächern bzw. Fächerverbünden der Wirtschaftslehre bzw. ökonomischen Grundbildung.

Fallstudien, Aufgabensätze, Kopiervorlagen: Zur nachhaltigen Förderung der Entscheidungskompetenz der Lernenden ist die Fallstudiensammlung mit Fallbeschreibungen, jeweils einer Unterrichtsstrukturierung, entsprechenden Aufgabenstellungen mit Kopiervorlagen für Lerner sowie Lösungsvorschlägen für die Lehrkraft ausgestattet.

Die Fallstudien erstrecken sich über mehrere Unterrichtsstunden, die parzelliert in den normalen Unterrichtsablauf, oder aber geblockt z. B. in Projekttagen zum Einsatz kommen können.

Das Konzept des Buches: Eine kurze theoretische Einführung ermöglicht eine Verknüpfung von Praxishilfe für den konkreten Unterricht einerseits und den theoretischen Befunden der Wirtschaftspädagogik/Wirtschaftslehre andererseits ermöglichen soll.

Die sechs Fallstudien sind im Aufbau identisch gestaltet und werden durch entsprechende Lehrerhinweise umfassend erläutert, eine Kurzbeschreibung und der Unterrichtsverlauf geben jeweils eingangs der Fallstudie einen Überblick.

Praxistest bestanden: Die Autoren sind beide ehemalige Handelslehrer und derzeit an der Pädagogischen Hochschule Freiburg bzw. an der Universität zu Köln tätig. Die Inhalte des Buches sind in der Lehr- und Lernpraxis an beruflichen Ausbildungseinrichtungen und Realschulen getestet worden.

Abschließend gebührt den vielen engagierten Studierenden der Wirtschaftslehre für Haupt- und Realschulen an der Pädagogischen Hochschule Freiburg sowie der Wirtschaftspädagogik an der Universität zu Köln großer Dank. Im Kontext mehrerer Projekte wurden maßgebliche Teile der Fallstudien durch die angehenden Lehrkräfte entwickelt und kreativ umgesetzt. Im Einzelnen ist für die fruchtbare Mitarbeit zu danken:

Handy: Barbara Fetzer, Svenja Neuberth, Juliane Look, Sandra Praß

Milch-Verbraucherschutz: Katharina Gerspacher, Xiaojin Zhu

Milch-Milchpreiskalkulation: Miriam Mark, Tabea Hanke, Lars Buschhorn

Milch-Marketing: Doreen Gau, Stefanie Bersch, Iris Pabst

Sparen: Svenja Laackmann, Raissa Rifai, Frank Förster, Anna Pugachevskaya, Danuta Schulz

Reise: Mirijam Zölle, Junmin Li, Kirsten Altmann-Schmidt

Wenn Sie mithelfen möchten, dieses Buch für die kommenden Auflagen zu verbessern, schreiben Sie uns unter lektorat@europa-lehrmittel.de.

Ihre Hinweise und Verbesserungsvorschläge nehmen wir gerne auf.

Im Juni 2013

Die Verfasser

Inhaltsverzeichnis

Fallstudie – Immer Ärger mit dem Handy ... .S. 14

Fallstudie – Verbraucherschutz ....S. 35

Fallstudie – Das Problem mit dem Milchpreis ....S. 78

Fallstudie – Pauls Milchbar ....S. 127

Fallstudie – Zielorientiertes Sparen für Jugendliche ... S. 173

Fallstudie – Der Familienurlaub ....S. 225

Fallstudienarbeit im Kontext von Entscheidungsfindung und vernetztem Denken: Eine theoretische Einführung

(Matthias Pilz)

Im folgenden Kapitel sollen die Bezugspunkte des Konstrukts des vernetzten Denkens als eine didaktisch relevante Größe für den Unterricht dargestellt, entsprechende definitorische Eingrenzungen vorgenommen und eine Methode zur Förderung des vernetzen Denkens vorgestellt werden (Abschnitt 1). Dabei wird hier das vernetzte Denken als übergeordnete Kompetenz hinsichtlich gelungener Entscheidungsfindungen verstanden (vgl. Kaiser 1976, Dolzanski 2012). Folglich kann eine tragfähige Entscheidung nur im Zusammenhang mit der Realisation vernetzten Denkens erfolgen. Selbiges gilt für den Bereich der Problemlösefähigkeit (siehe unten).

In Verbindung mit der Darstellung des Lehr-Lern-Arrangements Fallstudie sowie der Begründung des Einsatzes derselben (Abschnitt 2) lassen sich daher konkrete Anforderungen für die Konstruktion und die Anwendung der Fallstudie im Unterricht unter dem Primat der Förderung des vernetzten Denkens ableiten (Abschnitt 3). Diese werden anschließend in konkrete Aussagen zur Unterrichtsgestaltung überführt (Abschnitt 4).

1. Zur Bedeutung des vernetzten Denkens im Unterricht

In zahlreichen Studien konnte in der Vergangenheit für den Ökonomieunterricht nachgewiesen werden, dass Lehr-Lernprozesse zu oft auf der direkt oder indirekt getroffenen Annahme basieren, dass ökonomische Entscheidungsfindungen und damit wirtschaftliches Handeln vor dem Hintergrund klar definierter Probleme in einem eindimensionalen und linearen Wirkungszusammenhang zu treffen sind (vgl. Vester 1988, S. 147 – 171 u. Kell/van Buer/Schneider 1992, S. 521 – 524).

Insbesondere die Erkenntnisse der Kybernetik haben jedoch seit geraumer Zeit in stringenter Form Nachweise erbracht, dass die Realität nur unter der Maßgabe komplexer Regelsysteme beschreibbar ist und Eingriffe in die Realität immer mit mehrdimensionalen Folgewirkungen einhergehen (vgl. Vester 1988, S. 44 – 73). Der Kognitionspsychologie ist es zu verdanken, dass diese Ergebnisse adaptiert wurden und als konstruktivistisch orientierte Ansätze zu neuen Erkenntnissen für die Lehr-Lernforschung geführt haben (vgl. Dubs 1995a). So zeigen die Ergebnisse der Problemlöseforschung und Untersuchungen zum Experten-Novizenverhalten, dass zur Bewältigung komplexer und schlecht strukturierter Probleme neben anderen Größen insbesondere die Fähigkeit zum Denken in Systemen unter Berücksichtigung von Haupt- und Nebeneffekten notwendige Voraussetzung ist (vgl. Dörner 1989, S. 58 – 73).

Vorwiegend die amerikanische Autorenschaft hat in der Vergangenheit valide Ergebnisse publiziert, die die Notwendigkeit des Aufbaus vernetzter und mehrdimensionaler Denkstrukturen für die Bewältigung realer Anforderungssituationen in Form von Problemstellungen und für die Anwendung sowie Konservierung von Wissen in beeindruckender Weise belegen (vgl. z. B. Voss 1990).

Der Zusammenhang des vernetzten Denkens im Kontext des Konstrukts der vollständigen Handlung mit den Elementen Planen, Durchführen und Kontrollieren wurde in der Vergangenheit dezidiert dargestellt und in Zusammenhang mit den Erkenntnissen der Systemtheorie zu einem Verfahren im Umgang mit komplexen Problemen ausgebaut. Innerhalb dieses Kontextes ist vernetztes Denken „ein integrierendes, zusammenfügendes Denken, das auf einem breiteren Horizont beruht, von größeren Zusammenhängen ausgeht, viele Einflussfaktoren berücksichtigt und das weniger isolierend und zerlegend ist als das übliche Vorgehen" (Probst/Gomez 1991, S. 5).

Das Verfahren besteht dabei aus sechs Bausteinen, die in der folgenden Übersicht verkürzt wiedergegeben sind (vgl. Abb. 1).

Abb. 1: Bausteine des ganzheitlichen Denkens

Ganzheit und Teil
Ganzheiten sind von der Umwelt abgrenzbar und bilden mit anderen Ganzheiten ein hierarchisches System, wobei die Abgrenzungen nicht eindimensional sind.

Vernetztheit
Zwischen Teilen bestehen vielfältige Vernetzungen, woraus Dynamik entsteht.

Offenheit
Wechselwirkungen bestehen nicht nur zwischen Teilen, sondern auch zwischen Systemen und der Umwelt, was wiederum zu Abhängigkeiten führt.

Komplexität
Soziale Systeme können verschiedene Verhaltensweisen produzieren, die eine Anpassung an eine sich verändernde Umwelt erlauben, aber auch ein exaktes Prognostizieren vereiteln.

Ordnung
Trotz Komplexität entwickelt sich über Verhaltensmuster und Wechselwirkungen eine Ordnung.

Lenkung
Systeme beinhalten Lenkungsmechanismen, die aus dem System selber oder bewusst durch Menschen geschaffen werden.

Entwicklung
Soziale Systeme sind zweck- und zielgerichtet, wobei Veränderungen möglich sind. Sie sind sinngebend und besitzen eine Lernfähigkeit.

Quelle: Eigene Zusammenfassung der Aussagen aus Probst/Gomez 1991, S. 7 u. ausführlich Ulrich/Probst 1991, S. 25 – 102

Für den Bereich der Wirtschaftspädagogik hat Dubs (1989, S. 50) diesen Ansatz konkretisiert und definiert: „Vernetztes Denken ist eine Denkform im fachspezifischen und im fächerübergreifenden Unterricht, die im Unterschied zu linearem, logisch-deduktivem Denken Probleme im Wirkungszusammenhang verschiedener Variablen systematisch zu verstehen sucht. Dadurch sollen Beziehungen und Wechselwirkungen erkannt werden, die auf die Lösung von Problemen oft unerkannte Einflüsse haben" (vgl. auch Wilbers 1997, S. 1 – 24).

Die Bausteine des vernetzten Denkens führen neben der Begriffsfindung außerdem zu sechs Schritten der Methodik des vernetzten Denkens (siehe Abb. 2), wobei die einzelnen Schritte wiederum untereinander vernetzt sind und in einem iterativen Prozess zur Problemlösung beitragen sollen. Probst/Gomez (1991, S. 8) nennen ihren Ansatz daher auch eine „Problemlösemethodik", die nicht nur dabei hilft „zu umfassenderen Lösungen zu kommen, sondern auch im persönlichen Umgang mit komplexen Situationen sicherer zu werden."

Abb. 2: Schritte der Methodik des vernetzten Denkens

1. Bestimmen der Ziele und Modellieren der Problemsituation

Probleme müssen in ihrer Mehrdimensionalität multiperspektivisch offengelegt werden. Ziele einer Situationsveränderung müssen klar sein und geordnet werden.

2. Analysieren der Wirkungsverläufe

Wirkungen müssen in ihrer Richtung, Intensität und zeitlichen Dimension mittels der Netzwerktechnik erkennbar gemacht werden.

3. Erfassen und Interpretieren der Veränderungsmöglichkeiten

Mittels Szenarien müssen einzelne Teilnetzwerke einer Analyse auf zukünftige Veränderungen unterworfen und die Auswirkungen analysiert werden.

4. Abklären der Lenkungsmöglichkeiten

Unterscheidung von Lenkungsebenen, lenkbaren und nicht lenkbaren Größen sowie Indikatoren der Erfolgskontrolle.

5. Planen von Strategien und Massnahmen

Entwicklung von Strategien der Gestaltung und Lenkung inklusive entsprechender Prüfverfahren.

6. Verwirklichen der Problemlösung

Entwicklung von Realisierungsplänen und zugehörigen Instrumenten. Kontrolle der Ergebnisse und Prämissen.

Quelle: Eigene Zusammenfassung der Aussagen aus Probst/Gomez 1991, S. 9 – 18 u. ausführlich Ulrich/Probst 1991, S. 105 – 236

Der hier rudimentär wiedergegebene Ansatz (Abb. 2) hat sowohl in der Betriebswirtschaftslehre (vgl. Gomez/Probst 1995) als auch im Bereich der Wirtschaftspädagogik große Beachtung gefunden (vgl. z. B. Pilz 2007) und dient als theoretische Basis für die folgenden Ausführungen.

Weitere Forschungsergebnisse haben gezeigt, dass der Erwerb und die Anwendung von Wissensstrukturen nicht auf abstrakte Weise erfolgen können, sondern es der Vermittlung in einem konkreten Realitätsbereich bedarf, wobei dieser so modelliert werden muss, dass einerseits das Vorwissen der Lerner Berücksichtigung findet und andererseits der Transfer auf andere Situationen möglich wird (vgl. Mandl/Gruber/Renkl 1994).

Die Konsequenz aus den empirischen Befunden ist die Generierung entsprechender mehrdimensionaler Lehr-Lern-Arrangements, in denen über didaktisch steuerbare Lernprozesse das Denken in Systemen und Prozessen eingeübt werden kann (vgl. z. B. Pilz 2002a). Als bedeutende Arbeiten auf diesem Gebiet sei hier auf den Ansatz der Anchored Instructions (vgl. Bransford et al. 1990 u. Mandl/Gruber/Renkl 1994, S. 235 – 237) und den Cognitive Apprenticeship Ansatz (vgl. Collins/Brown/Newman 1989) sowie im deutschsprachigen Raum auf die Projekte Lohhausen und Ökolopoly hingewiesen (vgl. Dörner et al. 1994 u. Voss 1990).

2. Zur didaktisch-methodischen Darstellung und Legitimierung von Fallstudien

Fallstudien und die Fallstudienmethode bzw. Fallstudienarbeit als prozedurales Element sind keine pädagogischen Neuerungen der letzten Jahre, sondern bereits seit langer Zeit integraler Bestandteil der universitären Ausbildung im Bereich der Ökonomie (vgl. Pilz 2008). Schon vor dem zweiten Weltkrieg kamen praktische Fälle des Wirtschaftslebens an der Harvard Business School in Boston zum Einsatz (vgl. Kaiser 1983, S. 11f.). In Deutschland wurde die Auseinandersetzung mit ökonomischen Fragestellungen mittels konkreter Fälle erst ab den 50er Jahren praktiziert. Das Einsatzgebiet beschränkte sich jedoch vorerst im Rahmen der entscheidungsorientierten Betriebswirtschaftslehre auf die Managerschulung und die Hochschullehre (vgl. Kaiser 1983, S. 13 – 16). Daher ist es nicht verwunderlich, dass erste Definitionsversuche nicht von Pädagogen, sondern von Betriebswirtschaftlern vorgenommen wurden (vgl. Kaiser/Kaminski 1994, S. 126).

Im Zeichen der Reformpädagogik, aber insbesondere der zunehmenden Beachtung situationstheoretischer Ansätze der Didaktik sowie der Curriculumgestaltung (vgl. Reetz 1984, S. 99 – 107 u. S. 179 – 181) gewann die Fallstudie als Instrument für die an realen Erscheinungsformen orientierte Auseinandersetzung mit komplexen Problemstellungen an Bedeutung (vgl. Kaiser 1983, S. 16 – 20). Zu Beginn der 70er Jahre fand die Fallstudie daraufhin Eingang in die Didaktik der Wirtschaftspädagogik (vgl. z. B. Pilz 1971 u. 1972).

Seither sind verschiedenste Definitionen und Umschreibungen für die Begriffe „Fallstudie", „Fallbeispiel" und „Fallmethode" entwickelt worden, die den jeweiligen Zielen und Ansprüchen der Autoren genügen sollen. Hier soll die allgemein gehaltene Definition von Reetz (1988a, S. 38) Verwendung finden. Mit Fallstudien sind demnach „Unterrichtsmaterialien gemeint, in denen reale oder der Realität entsprechende Ereignisse des sozialen, insbesondere wirtschaftlichen Lebens zu einem Fall aufbereitet sind und die darüber hinaus Lehr-Lernhilfen zur Lösung des Falls enthalten."

Als zentraler didaktischer Bezugspunkt wird für die Fallstudie in der wissenschaftlichen Literatur immer wieder auf den Umgang mit komplexen ökonomischen Fragestellungen und das kollektive Suchen nach Entscheidungen bezüglich der Fragestellung hingewiesen. Folglich werden Merkmale sowohl der Fach- als auch der Methoden- und Sozialkompetenz einbezogen (vgl. z. B. Pilz 1978, S. 95 – 98 u. Kaiser/Kaminski 1994, S. 127). Dabei wird die Entscheidung nicht direkt in der Realität erprobt, sondern vor den Gegebenheiten der Realität reflektiert und oftmals mit einem Lösungsansatz aus der Realität verglichen. In diesem Sinne kann bei der Fallstudie von „symbolisch repräsentativem Handeln" (Reetz 1992, S. 341) gesprochen werden.

Trotz des Primats der Entscheidungssuche und Entscheidungsfindung lassen sich differierende Schwerpunktsetzungen hinsichtlich der mit der Fallstudienarbeit verbundenen Lernziele ausmachen. Auf dem Weg zur Entscheidung kann beispielsweise das Aufdecken der Problemstellung oder die Informationsbeschaffung von besonderer Bedeutung sein. Die unterschiedlichen Intentionen der Fallstudiendidaktik haben zu einer Ausdifferenzierung in verschiedene Fallstudienvarianten geführt, die von Kaiser (1983, S. 20 – 25) in eine im deutschen Sprachraum allgemein anerkannte Typologie gebracht wurden (siehe Abb. 3).

Abb. 3: Varianten der Fallstudie nach Kaiser

Methode	Erkennen von Problemen	Informationsgewinnung	Ermitteln alternativer Lösungsvarianten und Problemlösung/Entscheidung	Lösungskritik
Case-Study-method	*Schwerpunkt* Verborgene Probleme müssen analysiert werden	Informationen werden gegeben	Mithilfe der gegebenen Informationen werden Lösungsvarianten des Problems ermittelt und Entscheidungen gefällt.	Vergleich der Lösung mit der Entscheidung in der Wirklichkeit
Case-Problem-Method	Probleme sind ausdrücklich genannt	Informationen werden gegeben	*Schwerpunkt* Mithilfe der vorgegebenen Probleme und der Informationen werden Lösungsvarianten ermittelt und eine Entscheidung getroffen.	evtl. Vergleich der Lösung mit der Entscheidung in der Wirklichkeit
Case-Incident-Method	Der Fall wird lückenhaft dargestellt	*Schwerpunkt* Informationen müssen selbständig beschafft werden	Ermitteln von Lösungsvarianten Lösen des Falls	
Stated-Problem-Method	Probleme sind vorgegeben	Informationen werden gegeben	Die fertigen Lösungen einschließlich der Begründungen werden gegeben: evtl. Suche nach zusätzlichen Alternativen.	*Schwerpunkt* Kritik der vorgegebenen Lösungen

Quelle: Leicht verändert aus Kaiser 1983, S. 23

Die für alle Varianten der Fallstudie konstatierbare Orientierung des Lernprozesses an einer problemhaltigen Situation und deren Lösung führt wiederum nach Kaiser (1983, S. 25 – 29) zu einer allgemeingültigen Verlaufsstruktur, die jedoch verschiedene intentionale Schwerpunktsetzungen zulässt und einen idealtypischen Ablauf skizziert (siehe Abb. 4).

Abb. 4: Idealtypische Verlaufsstruktur von Fallstudien nach Kaiser

1. *Konfrontation* mit dem Fall	Ziel: Erfassen der Problem- und Entscheidungs- situation
2. *Information* über das bereitgestellte Fallmaterial und durch selbständiges Erschließen von Informationsquellen	Ziel: Lernen, sich die für die Entscheidungsfindung erforderlichen Informationen zu beschaffen und zu bewerten
3. *Exploration:* Diskussion alternativer Lösungsmöglichkeiten	Ziel: Denken in Alternativen
4. *Resolution:* Treffen der Entscheidung in Gruppen	Ziel: Gegenüberstellen und Bewerten der Lösungsvarianten
5. *Disputation:* die einzelnen Gruppen verteidigen ihre Entscheidung	Ziel: Verteidigen einer Entscheidung mit Argumenten
6. *Kollation:* Vergleich der Gruppenlösungen mit der in der Wirklichkeit getroffenen Entscheidung	Ziel: Abwägen der Interessenzusammenhänge, in denen die Einzellösungen stehen

Quelle: Kaiser 1983, S. 26

Im Kontext der Kritik am traditionellen Wirtschaftslehreunterricht, die insbesondere die Überbetonung der reinen Wissensvermittlung, die Darstellung starrer und überfrachteter Stoffstrukturen mit einer Dominanz juristischer Inhalte, die realitätsferne und komplexitätsarme Stoffaufbereitung sowie die Lehrerzentriertheit im Unterricht und letztlich eine Trennung von Denken und Handeln anprangert (vgl. z. B. Kell/van Buer/ Schneider 1992, S. 521 – 524 u. Reetz 1984, S. 23 – 35), wurde das Konzept der Handlungsorientierung entwickelt.[1] Darin wird dem Einsatz mehrdimensionaler Lehr-Lern-Arrangements wie Planspielen, Lernbüros, Übungsfirmen, Juniorfirmen oder auch Fallstudien (zur Definition und Abgrenzung vgl. Achtenhagen 1997, S. 623 – 632 u. Keim 1992) zum Erlernen von Schlüsselqualifikationen im Allgemeinen (vgl. Kaiser 1992 u. John 1992, S. 85 u. S. 89) und zum Aufbau komplexer Wissensstrukturen und deren Anwendung sowie Transformation in Handlungssituationen im Speziellen (vgl. z. B. Kaiser/Kaminski 1994, S. 115; John 1992 u. Preiß 1992) besondere Bedeutung zugemessen. Da sowohl die Konstruktion als auch die Transformation von Wissen nicht ohne kognitive Vernetzungsprozesse ablaufen kann, stehen Lehr-Lern-Arrangements in einem engen Zusammenhang zum vernetzten Denken (vgl. Abschnitt 1). Sowohl von Seiten der Kognitionspsychologie als auch der Wirtschaftspädagogik sind die Arrangements, inklusive der Fallstudie, zur Förderung des vernetzten Denkens empfohlen worden, da sie einen mehrdimensionalen und komplexen Objektrahmen abgeben, der die Basis für den Aufbau und die Einübung des vernetzten Denkens darstellt (vgl. Preiß 1992 u. Reetz/Sievers 1983, S. 93 – 97).

Die Begründung für die hier vorgenommene Auswahl der Fallstudie zur Verbesserung des vernetzten Denkens innerhalb des breiten Spektrums der Lehr-Lern-Arrangements resultiert aus zwei Aspekten. Der erste ist der lernpsychologische und bezieht sich auf die Tatsache, dass Fallstudien durch die stringente Orientierung an einer Problemlösung grundsätzlich besonders gut für die Generierung vernetzter Denkstrukturen geeignet sind und sich durch ihren mittleren Grad an Realitätsnähe besser als andere Arrangements konsequent auf dieses Ziel hin modellieren lassen (vgl. John 1992, S. 84; Reetz 1988a, S. 39 – 41 u. Reetz/Sievers 1983, S. 98f.). Zwar ist bei der Fallstudie das „Lernen im Modell" (Achtenhagen et al. 1992, S. 128, Pilz 2002b) nicht

---

[1] Eine Darstellung des Konzepts kann an dieser Stelle nicht erfolgen (vgl. dazu z. B. Tramm 1992; Goldbach 1995; zur theoretischen Fundierung ausführlich Achtenhagen et al. 1992 u. als Übersicht Beck 1996).

so ausgeprägt wie bei anderen Lernarrangements, doch wird dieses Manko durch die Sicherheit, dass das „Lernhandeln" (vgl. Achtenhagen et al. 1992, S. 82 – 85) keine Konsequenzen in der Realität hat (vgl. Buddensiek 1992, S. 15) sowie durch die Möglichkeit des didaktisch begründeten „Anhaltens" der Fallstudie zum Zwecke der Reflexion und der abschließenden Bewertung, mehr als kompensiert.

Der zweite Aspekt ist unterrichtsorganisatorischer Art und bezieht sich auf den Organisationsaufwand sowie die notwendige Durchführungszeit (vgl. Reetz 1992, S. 345f.).

So erfordern Fallstudien keine besonderen technischen oder räumlichen Voraussetzungen wie etwa das Lernbüro und sind durch die „Einmalentscheidung" im Gegensatz zu revolvierenden Entscheidungsprozessen wie z. B. bei der Mehrzahl der Planspiele (vgl. Buddensiek 1992, S. 16) sowie durch den Wegfall von Routinetätigkeiten, wie sie z. B. in der Übungsfirma oder im Lernbüro anfallen, zeitlich straffer und planbarer zu handhaben.

3. Zwischenfazit: Anforderungen an den konkreten Fallstudieneinsatz

Wenn das vernetzte Denken nicht in abstrakter Form, sondern ausschließlich im konkreten Kontext erlernt werden kann (vgl. Abschnitt 1), dann muss dieser Kontext für die Schülerinnen und Schüler verständlich und eindeutig offeriert werden. Die notwendige Problematisierung mittels Leitfragen muss gleichfalls diesem Anspruch gerecht werden und kann zudem als Orientierungslinie dienen (vgl. Breit 1990, S. 2). Das Fachwissen muss daher in Form von Vorwissen bereits bestehen oder aber über eine entsprechend initiierte Auseinandersetzung in der Fallstudie und zusätzliche Informationsmaterialien generiert werden.

Um den Lernern Vernetzungsmöglichkeiten zu offerieren, muss die Fallsituation ein hohes Maß an Komplexität aufweisen bzw. im Lösungsansatz diese Komplexität ermöglichen. Dabei können unterschiedliche Vernetzungsansätze zu verschiedenen Lösungsansätzen führen, die dennoch alle ihre Berechtigung haben und als singuläres Kriterium der Bewertung die logische Stringenz der getroffenen Aussagen beinhalten (vgl. Abschnitt 1). Diese Stringenz müssen sich die Lerner bewusst machen, was mittels entsprechend aufbereiteter Leitfragen angeregt werden kann.

Da das vernetzte Denken im Zentrum des pädagogischen Bemühens steht, bieten sich nicht alle Varianten der Fallstudie in gleichem Masse zur Realisation an (vgl. Abb. 3). Die eigenständige Suche von Informationen, wie sie im Mittelpunkt der Case-Incident-Method steht, ist hier nicht von zentraler Bedeutung, was eine Bereitstellung aller notwendigen Informationsmaterialien intendiert. Bei der innerhalb der Case-Study-Method besonders geförderten Erschließung von verborgenen Problemen und bei der Kritik an vorgegebenen Lösungsvarianten in der Stated-Problem-Method spielt das vernetzte Denken zwar eine entscheidende Rolle, jedoch sind bei den Kompetenzen Problemerkennung und Lösungsbeurteilung weitere kognitive Leistungen wie Analysefähigkeit und Dateninterpretation von zentraler Bedeutung. Hingegen steht bei der Case-Problem-Method mit der Entwicklung eines eigenständigen Lösungsansatzes eine didaktische Konstellation bereit, in der die Lerner selbstgesteuert Entscheidungen treffen und vor dem Hintergrund einer großen Anzahl von Determinanten überprüfen und begründen müssen. Gerade diese lernstarke Umgebung fördert daher das vernetzte Denken in besonderem Masse und soll Ausgangspunkt für die hier zur Anwendung kommenden Fallstudien sein.

4. Didaktisch-methodische Umsetzung der Fallstudienarbeit

Im folgenden Abschnitt werden die Konstruktionsprinzipien der hier konkret für den Unterricht entwickelten Fallstudien vor dem Hintergrund der in den bisherigen Kapiteln getroffenen Aussagen dargestellt und begründet.

Fallstudien sind „keine ‚Selbstläufer' " (John, 1992, S. 85). Diese Warnung hinsichtlich einer sehr sorgfältigen Konstruktion von Fallstudien wird auch von anderen Autoren immer wieder betont (Pilz et. al. 2003). Eine Analyse einiger maßgeblicher deutschsprachiger Publikationen zum Thema hat zu folgendem Exzerpt (siehe Abb. 5), für welches weder der Anspruch auf Vollständigkeit noch der der Überschneidungsfreiheit erhoben werden soll, geführt:

Abb. 5: Konstruktionsregeln für Fallstudien

1. Die für die Fallstudie relevanten Lernziele müssen bestimmt werden und oberstes Primat für die Konstruktion sein.

2. Die Inhalte sollen widerspruchsfrei und folgerichtig angeordnet sein, um den Lernern einen roten Faden aufzuzeigen.

3. Die Inhalte sollen die Erfahrungs- und Vorstellungswelt der Lerner und deren Vorwissen einschliessen.

4. Die Inhalte sollen authentisch und realistisch sein.

5. Die Struktur des Falls soll problemorientiert und konflikthaltig im Sinne der Darbietung multipler Kontexte sein.

6. Die Struktur des Falls soll komplex hinsichtlich der dargebotenen Elemente sein.

7. Der Fall sollte verschiedene Lösungsalternativen zulassen.

8. Die Situationsbeschreibung sowie die u.U. bereitgestellten Dokumente und Informationsmaterialien müssen umfassend und auf die Lernziele abgestimmt sein.

9. Der Fall soll die Lerner zur Problemlösung motivieren.

Quelle: Eigene Zusammenstellung aus Dubs 1996, S. 164f.; Kaiser/Kaminski 1994, S. 142; Achtenhagen et al. 1992, S. 74f. u. Reetz 1988b

In Zusammenhang mit dem Ziel, das vernetzte Denken der Schüler zu trainieren, können diese Konstruktionsmerkmale (Abb. 5) nun nachfolgend spezifiziert werden (vgl. auch Pilz et al. 2003).

Da es sich beim vernetzten Denken um eine komplexe Fähigkeit handelt, kann die Entwicklung dieser Fähigkeit im Sinne einer Handlungskompetenz nicht durch eine statische Aneignung von Wissenselementen, z.B. in Form von auswendig zu lernenden „Merksätzen" erfolgen.[2] Vielmehr muss durch die eingesetzte Fallstudie immer wieder das Hervorrufen von Lernsituationen, die bei den Schülerinnen und Schülern die bewusste Auseinandersetzung mit mehrdimensionalen Verknüpfungselementen fördert, ermöglicht werden. Dies kann durch entsprechende Leitfragen bzw. Aufgaben, die bei der Bearbeitung zusätzlich durch ihre Leitfunktion in Bezug auf komplexe Probleme den Lernprozess fördern, realisiert werden (vgl. Stark et al. 1995 u. Reetz 1988b, S. 153). Beispielhaft sei hier auf das Instrument der Entscheidungsmatrix verwiesen, mit dem die Komplexität und mögliche Zielkonflikte in Hinblick auf eine begründete Entscheidung durch die Lernenden sehr plastisch abgebildet werden kann.

Auch wenn strukturierte Aufgabenstellungen einer puristischen Sichtweise der Fallstudienmethode widersprechen, so können diese weiterhin, insbesondere bei einer lernschwächeren Schülerklientel, zu schnellen Erfolgserlebnissen und damit einer dauerhaften Motivation beitragen.

Zusätzlich sollten die Lerner bei der Präsentation von Ergebnissen der Fallstudienbearbeitung durch entsprechende Lehrerfragen zur Artikulation der Begründungsmuster aufgefordert werden (vgl. Waibel 1996, S. 49). Bei einer möglicherweise einsetzenden Diskussion sind auftretende Redundanzen hinsichtlich einer Vertiefung positiv zu bewerten. Die Lehrkraft sollte zwar während der Fallstudie als Moderator fungieren (vgl. Wolf 1992), hat aber in der Einstiegs- und Auswertungsphase auch die Möglichkeit durch das „induktive Lehrgespräch" (Dubs 1989, S. 52) Denkrichtungen der Lerner aktiv zu lenken und zu erweitern.

Auch nach Beendigung der Fallstudien sollten Netzwerke in visualisierter Form möglichst häufig im Unterricht zum Einsatz kommen (zur methodischen Umsetzung vgl. Pilz 2007), um die vielfältigen Interdependenzbeziehungen allen Schülerinnen und Schülern deutlich zu machen und eine Methode für die Auseinandersetzung mit komplexen Problemen einzuüben (vgl. Dubs 1989 u. Waibel 1996). Allerdings muss dabei

---

[2] Dörner (1989, S. 304) spricht in diesem Fall in drastischen Worten vom „Eunuchenwissen", denn sie „wissen, wie es geht, können es aber nicht."

beachtet werden, dass komplexe Netzwerkansätze nicht für alle Lernenden und jede thematische Struktur gleich gut geeignet sind (vgl. Dubs 1995b, S. 273).

Zudem können Prozesse des vernetzten Denkens nur auf Wissensgebiete bezogen werden, die in Grundzügen bereits existieren (vgl. Dubs 1989, S. 61). Allerdings bieten Fallstudien auch die Möglichkeit der Vermittlung von Fachwissen und dies insbesondere in fächerübergreifenden Bereichen, was allerdings eine geschickte Einbindung in die Fallstudienkonstruktion und den Prozess der Fallstudienbearbeitung voraussetzt.

Abschließend soll nochmals darauf hingewiesen werden, dass der Transfer der Lernzuwächse im Bereich der Fähigkeit des vernetzten Denkens auf neue komplexe Problemstellungen bzw. Inhalte, insbesondere auch in Hinblick auf Situationen in der Realität (vgl. Keim 1992, S. 142f.), nur dann gelingen kann, wenn in schulischen Lehr-Lernprozessen „transferorientierte Übungen in großer Zahl" (Dubs 1989, S. 61) und nicht als didaktisch-methodische Eintagsfliege zum Einsatz kommen.

Literatur

Achtenhagen, Frank (1997), Berufliche Ausbildung. In: Weinert, Franz E. [Hrsg.], Enzyklopädie der Psychologie – Psychologie des Unterrichts und der Schule [Themenbereich D – Praxisgebiete, Serie I – Pädagogische Psychologie, Band 3], Göttingen u. a., S. 603 – 657

Achtenhagen, Frank et al. (1992), Lernhandeln in komplexen Situationen – Neue Konzepte der betriebswirtschaftlichen Ausbildung, Wiesbaden

Beck, Herbert (1996), Handlungsorientierung des Unterrichts – Anspruch und Wirklichkeit im betriebswirtschaftlichen Unterricht, Darmstadt

Bransford, John D. et al. (1990), Anchored Instruction: Why We Need It and How Technology Can Help. In: Nix, Don; Spiro, Rand [Hrsg.], Cognition, education and multimedia: exploring ideas in high technology, Hillsdale, S. 115 – 141

Breit, Gotthard (1990), Zur Analyse von Fallbeispielen: Didaktisch-methodische Hinweise zur Unterrichtsplanung. In: Wochenschau-Methodik, 41. Jg., H. 6, S. 1 – 6

Buddensiek, Wilfried (1992), Entscheidungstraining im Methodenverbund – Didaktische Begründung für die Verbindung von Fallstudie und Simulationsspiel. In: Keim, Helmut [Hrsg.], Planspiel-Rollenspiel-Fallstudie – Zur Praxis und Theorie lernaktiver Methoden, Köln, S. 9 – 24

Collins, Allan; Brown, John S.; Newman, Susan E. (1989), Cognitive Apprenticeship: Teaching the Crafts of Reading, Writing and Mathematics. In: Resnick, Lauren B. [Hrsg.], Knowing, learning and instruction: essays in honor of Robert Glaser, Hillsdale, S. 453 – 494

Diepold, Peter; Getsch, Ulrich (1992), Evaluation von Planspielen im Modellversuch WOKI. In: Achtenhagen, Frank; John, Ernst G. [Hrsg.], Mehrdimensionale Lehr-Lern-Arrangements – Innovationen in der kaufmännischen Aus- und Weiterbildung, Wiesbaden, S. 353 – 372

Dolzanki, Christoph (2012), Das fachdidaktische Prinzip der Entscheidungsorientierung -die fachwissenschaftlichen Grundlagen und Konstruktionsmerkmale zur Formulierung eines fachdidaktischen Prinzips. In: Erziehungswissenschaft und Beruf, Jg., H.4, S.538-563

Dörner, Dietrich (1989), Logik des Misslingens, Reinbek bei Hamburg

Döner, Dietrich et al. (1994), Lohhausen – Vom Umgang mit Unbestimmtheit und Komplexität, unveränderter Nachdruck der Ausgabe von 1983, Bern u. a.

Dubs, Rolf (1989), Vernetztes Denken im Wirtschaftslehreunterricht. In: Zeitschrift für Berufs- und Wirtschaftspädagogik, 85. Bd., H. 1, S. 50 – 61

Dubs, Rolf (1995a), Konstruktivismus: Einige Überlegungen aus Sicht der Unterrichtsgestaltung. In: Zeitschrift für Pädagogik, 41. Jg., H. 6, S. 889 – 903

Dubs, Rolf (1995b), Lehrerverhalten – Ein Beitrag zur Interaktion von Lehrenden und Lernenden im Unterricht [Schriftenreihe für Wirtschaftspädagogik, Band 23], Zürich

Dubs, Rolf (1996), Komplexe Lehr-Lern-Arrangements im Wirtschaftsunterricht. – Grundlagen, Gestaltungsprinzipien und Verwendung im Unterricht. In: Beck, Klaus et al. [Hrsg.], Berufserziehung im Umbruch – Didaktische Herausforderungen und Ansätze zu ihrer Bewältigung [Festschrift für J. Zabeck], Weinheim, S. 159 – 172

Goldbach, Arnim (1995), Grundzüge des didaktischen Konzepts der Handlungsorientierung für den Berufsbereich „Wirtschaft und Verwaltung" – Begriff, Begründungszusammenhänge, Konstruktionselemente. In: Wirtschaft und Erziehung, 47. Jg., H. 7-8, S. 252 – 259

Gomez, Peter; Probst, Gilbert J. B. (1995), Die Praxis des ganzheitlichen Problemlösens – vernetzt denken, unternehmerisch handeln, persönlich überzeugen, Bern, Stuttgart, Wien

John, Ernst G. (1992), Fallstudien und Fallstudienunterricht. In: Achtenhagen, Frank; John, Ernst G. [Hrsg.], Mehrdimensionale Lehr-Lern-Arrangements – Innovationen in der kaufmännischen Aus- und Weiterbildung, Wiesbaden, S. 79 – 91

Kaiser, Franz-Josef (1976), Entscheidungstraining – Die Methoden der Entscheidungsfindung, Bad Heilbrunn

Kaiser, Franz-Josef (1983), Grundlagen der Fallstudiendidaktik – Historische Entwicklung-Theoretische Grundlagen-Unterrichtliche Praxis. In: Kaiser, Franz-Josef [Hrsg.], Die Fallstudie – Theorie und Praxis der Fallstudiendidaktik, Bad Heilbrunn, S. 9 – 34

Kaiser, Franz-Josef (1992), Der Beitrag aktiver partizipativer Methoden Fallstudie, Rollenspiel und Planspiel zur Vermittlung von Schlüsselqualifikationen. In: Keim, Helmut [Hrsg.], Planspiel – Rollenspiel – Fallstudie – Zur Praxis und Theorie lernaktiver Methoden, Köln, S. 62 – 90

Kaiser, Franz-Josef; Kaminski, Hans (1994), Methodik des Ökonomie-Unterrichts – Grundlagen eines handlungsorientierten Lernkonzepts mit Beispielen, Bad Heilbrunn

Keim, Helmut (1992), Zur kategorialen Klassifikation von Fallstudie, Rollen- und Planspiel. In: Keim, Helmut [Hrsg.], Planspiel-Rollenspiel-Fallstudie – Zur Praxis und Theorie lernaktiver Methoden, Köln, S. 122–151

Kell, Adolf; van Buer, Jürgen; Schneider, Dagmar (1992), Probleme der pädagogischen Beurteilung komplexer Lehr-Lern-Arrangements. In: Achtenhagen, Frank; John, Ernst G. [Hrsg.], Mehrdimensionale Lehr-Lern-Arrangements –Innovationen in der kaufmännischen Aus- und Weiterbildung, Wiesbaden, S. 511–547

Mandl, Heinz; Gruber, Hans; Renkl, Alexander (1994), Zum Problem der Wissensanwendung. In: Unterrichtswissenschaft, 22. Jg., H. 3, S. 233–242

Pilz, Matthias (2002a), Zum Umgang mit Komplexität und Zielkonflikten im Wirtschaftslehreunterricht – Eine Unterrichtseinheit zum Thema „Probleme bei der Erlangung von Vollbeschäftigung am Beispiel wirtschaftspolitischer Interdependenzen beim Einsatz staatlicher Instrumente zur Arbeitsförderung". In: Erziehungswissenschaft und Beruf, 50. Jg., H. 1, S. 51–68

Pilz, Matthias (2002b), Vom Lernen über Modelle zum Lernen am Modell. In: Unterricht Wirtschaft, 3. Jg., H. 11 [3. Quartal 2002], S. 36–39

Pilz, Matthias (2002c), Zum Wechsel des Abstraktionsniveaus in der Schulpraxis: Ein Unterrichtsansatz zur Versicherbarkeit von Risiken am Beispiel des Terroranschlags in New York. In: Winklers Flügelstift, H. 2/2002, S. 52–61

Pilz, Matthias (2007), Die Netzwerktechnik. In: Retzmann, Thomas [Hrsg.], Methodentraining für den Ökonomieunterricht, Schwalbach, Wochenschau-Verlag, S. 21–33

Pilz, Matthias (2008), Fallstudie. In: Hedtke, Reinhold; Weber, Brigitte [Hrsg.], Wörterbuch ökonomische Bildung, Schwalbach, Wochenschau-Verlag, S. 123f.

Pilz, Matthias et al. (2003), Leitfaden für die Erstellung von Ausbildungseinheiten (AE). In: Schweizerische Zeitschrift für das kaufmännische Bildungswesen, 97. Jg., H. 1, S. 28–47

Pilz, Roland (1971), Der wirtschaftskundliche praxisbezogene Fall als Mittel zur inneren Differenzierung. In: Wirtschaft und Erziehung, 23. Jg., H. 9, S. 204–206

Pilz, Roland (1972), Problemlösendes Lernen am wirtschaftskundlichen praxisbezogenen Fall. In: Wirtschaft und Erziehung, 24. Jg., H. 11, S. 278–281

Pilz, Roland (1978), Entscheidungsorientierte Unterrichtsgestaltung durch Einsatz des wirtschaftskundlichen praxisbezogenen Falls. In: Zeitschrift für Berufs- und Wirtschaftspädagogik, 74. Bd., H. 2, S. 95–110

Preiß, Peter (1992), Komplexität im Betriebswirtschaftslehre-Anfangsunterricht. In: Achtenhagen, Frank; John, Ernst G. [Hrsg.], Mehrdimensionale Lehr-Lern-Arrangements – Innovationen in der kaufmännischen Aus- und Weiterbildung, Wiesbaden, S. 58–78

Probst, Gilbert J. B.; Gomez, Peter (1991), Die Methodik des vernetzten Denkens zur Lösung komplexer Probleme. In: Vernetztes Denken – Ganzheitliches Führen in der Praxis, 2., erweiterte Auflage, Wiesbaden, S. 3–20

Reetz, Lothar (1984), Wirtschaftsdidaktik – Eine Einführung in Theorie und Praxis wirtschaftsberuflicher Curriculumentwicklung und Unterrichtsgestaltung, Bad Heilbrunn

Reetz, Lothar (1988a), Zum Einsatz didaktischer Fallstudien im Wirtschaftslehreunterricht. In: Unterrichtswissenschaft, 16. Jg., H. 2, S. 38–55

Reetz, Lothar (1988b), Fälle und Fallstudien im Wirtschaftslehre-Unterricht. In: Wirtschaft und Erziehung, 40. Jg., H. 5, S. 148–156

Reetz, Lothar (1992), Curriculumentwicklung und entdeckendes Lernen mithilfe von Fallstudien. In: Achtenhagen, Frank; John, Ernst G. [Hrsg.], Mehrdimensionale Lehr-Lern-Arrangements – Innovationen in der kaufmännischen Aus- und Weiterbildung, Wiesbaden, S. 340–352

Reetz, Lothar; Sievers, Hans-Peter (1983), Zur curriculum- und lerntheoretischen Begründung der Fallstudienverwendung im Wirtschaftslehreunterricht der Sekundarstufe II. In: Kaiser, Franz-Josef [Hrsg.], Die Fallstudie – Theorie und Praxis der Fallstudiendidaktik, Bad Heilbrunn, S. 75–110

Speth, Hermann; Hartmann, Gernot; Härter, Friedrich (1998), Betriebswirtschaftslehre – Eine handlungsorientierte Einführung für Berufsfachschüler, 9. Aufl., Rinteln

Stark, Robin et al. (1995), Förderung von Handlungskompetenz durch geleitetes Problemlösen und multiple Lernkontexte. In: Zeitschrift für Entwicklungspsychologie und Pädagogische Psychologie, Bd. XXVII, H. 4, S. 289–312

Tramm, Tade (1992), Grundzüge des Göttinger Projekts „Lernen, Denken, Handeln in komplexen ökonomischen Situationen – unter Nutzung neuer Technologien in der kaufmännischen Berufsausbildung". In: Achtenhagen, Frank; John, Ernst G. [Hrsg.], Mehrdimensionale Lehr-Lern-Arrangements – Innovationen in der kaufmännischen Aus- und Weiterbildung, Wiesbaden, S. 43–57

Ulrich, Hans; Probst, Gilbert J. B. (1991), Anleitung zum ganzheitlichen Denken und Handeln – Ein Brevier für Führungskräfte, 3., erweiterte Auflage, Bern, Stuttgart

Vester, Frederic (1988), Leitmotiv vernetztes Denken – Für einen besseren Umgang mit der Welt, München

Voss, James F. (1990), Das Lösen schlecht strukturierter Probleme – ein Überblick. In: Unterrichtswissenschaft, 18. Jg., H. 4, S. 313–337

Waibel, Roland (1996), Unterrichtsbeispiel: Einführung in das Unternehmensmodell anhand der Methodik des vernetzten Denkens. In: Zeitschrift für Berufs- und Wirtschaftspädagogik, 92. Bd., H. 1, S. 46–55

Waibel, Roland; Dörig, Roman (1999), Neue Lehr-Lern-Kultur in der Betriebswirtschaftslehre – Lektionsbausteine für die Sekundarstufe II und die Erwachsenenbildung, Aarau

Wilbers, Karl (1997), Netzwerke in der Wirtschaftspädagogik: Überblick – Graphentheoretische Rekonstruktion – Konzeptionelle Grenzen aus systemtheoretischer Sicht, Köln

Wolf, Karl (1992), Die Fallstudie als Unterrichtsmethode, ein Plädoyer. In: Wirtschaft und Erziehung, 44. Jg., H. 5, S. 158f.

1.	Abkürzungsverzeichnis	14
2.	Auf einen Blick ...	15
3.	Unterrichtsverlauf	16
	Ausgangssituation	18
	Arbeitsauftrag	18
AB 1	Wofür nutze ich ein Handy?	19
AB 2	Handyvertrag vs. Prepaid-Karte	20
AB 3	zu IB 1 Kostenarten	21
AB 4	zu IB 1 Tarifberechnung	22
AB 5	Handyvertrag vs. Prepaid-Karte Entscheidungsmatrix	23
AB 6	Redebeitrag zwischen Hanna und ihrer Mutter ...	24
AB 7	Welche Variante ist für mich die Richtige?	24
AB 1	LS* Wofür nutze ich ein Handy?	25
AB 2	LS* Handyvertrag vs. Prepaid-Karte	26
AB 3	LS* zu IB 1 Kostenarten	27
AB 4	LS zu IB 1 Tarifberechnung	28
AB 5	LS* Handyvertrag vs. Prepaid-Karte Entscheidungsmatrix	29
AB 6	LS* Redebeitrag zwischen Hanna und ihrer Mutter... Alternative 1	30
AB 6	LS* Redebeitrag zwischen Hanna und ihrer Mutter... Alternative 2	31
AB 7	LS* Welche Variante ist für mich die richtige? Alternative 1	32
AB 7	LS* Welche Variante ist für mich die richtige? Alternative 2	32
IB 1	Übersicht Handytarife	33
LH	zur Fallstudie	34

1. Abkürzungsverzeichnis

AB = **Arbeitsblatt**
LS = **Lösungsskizze**
LS* = **beispielhaft mögliche Schülerlösungen**
IB = **Informationsblatt**
LH = **Lehrerhinweis**

Grafik: Wolfgang Herzig, Essen

2. Auf einen Blick ...

Beschreibung	In dieser Fallstudie steht das Thema „Handy als Kostenfalle" im Mittelpunkt. Fast jeder hat es, aber kennt sich auch jeder damit aus? Es ist gar nicht so einfach, sich im diesem „Tarifdschungel" zurechtzufinden. Die Schüler sollen unterschiedliche Möglichkeiten von Handytarifen (Vertragsabschluss und Prepaid-Karte) kennen lernen und sich über deren Vor- und Nachteile bewusst werden. Aufgrund von unterschiedlichen Handytarifen werden die Schüler mit einzelnen Begriffen der Kostenrechnung vertraut gemacht und sind in der Lage, diese bei der Berechnung auf unterschiedliche Handytarife anzuwenden. Des Weiteren sollen die Schüler erkennen, dass das Handy eine potenzielle Gefahr darstellt: Durch unüberlegten Gebrauch kann das Handy schnell zur Schuldenfalle werden.
Lerninhalte	• Internetrecherche • Erarbeitung Vor- und Nachteile Handyvertrag/Prepaid-Karte • Einführung der Kostenbegriffe, Transfer von Beispiel „Auto" zu „Handy" und Berechnung von Hannas Handykosten • Ausfüllen der Entscheidungsmatrix • Rollenspiel: Dialog zwischen Hanna und Mutter • Arbeitsblattvorlage „Warum brauche ich ein Handy und wozu nutze ich es?" • Übertragung der Situation auf den eigenen Handykonsum
Lernziele (LZ)	Die Schüler sollen LZ 1 den Unterschied zwischen Handyvertrag und Prepaid-Karte sowie deren jeweilige Vor- und Nachteile mittels Internetrecherche wiedergeben, einordnen und vergleichen. LZ 2 die Begriffe Gesamtkosten, Fixkosten und variable Kosten unter Zuhilfenahme der Materialen erklären und anschließend bei der Berechnung von Handytarifen anwenden. LZ 3 einen Handytarif unter Abwägung der Vor- und Nachteile mithilfe der Entscheidungsmatrix präferieren, darstellen und verteidigen. LZ 4 durch die bearbeitete Fallstudie die generelle Gefahr der Verschuldung bei der Handynutzung erkennen und bezüglich ihres eigenen Konsumverhaltens reflektieren.
Vorkenntnisse	Bei Einsatz des Internets zur weiteren Informationsbeschaffung und evtl. zur Berechnung der Handytarife ist ein sicherer Umgang mit modernen Kommunikationsmitteln Voraussetzung. Grundkenntnisse von PC und Internet vorteilhaft
Dauer	Ca. 6 Unterrichtsstunden, teilweise im PC Raum

3. Unterrichtsverlauf

Lernschritt (Unterrichtsphase und geplante Zeit)[1]	Inhalt der Stunde/di-daktisch-methodisches Vorgehen	Sozialform und Methode	Medien/ Materialien
Orientierung **(30 Minuten)**	Lehrer gibt Orientierung und Informationen über den Ablauf der Fallstudie.	Lehrervortrag	Ggf. Tafel oder OHP
Konfrontation mit dem Fall **(45 Minuten)**	Die Schüler präsentieren die Ausgangssituation der Fallstudie, indem der Dialog von ihnen vorgelesen wird.	Schülerbeitrag	Ausgangssituation/ Fallbeschreibung
	Identifikation mit dem Fall: Die Schüler werden sich darüber bewusst, warum sie ein Handy benötigen und wozu sie ihr Handy nutzen.	Gruppenarbeit	Arbeitsblatt AB 1
	Vergleich der Ergebnisse: Diskussion in der Klasse: „Brauche ich wirklich ein Handy?"	Schüler-Lehrer-Gespräch	Ggf. Tafel
Information Die Schüler setzen sich mit dem Fall auseinander, erschließen Informations-quellen **(45 Minuten)**	Die Schüler sollen sich in kleine Arbeitsgruppen einteilen (ca. 3–4 Schüler pro Gruppe je nach Klassengröße). Erarbeitung der Vor- und Nach-teile eines Vertrags bzw. einer Prepaid-Karte innerhalb der Gruppen.	Gruppenarbeit	Arbeitsblatt AB 2 Internetfähiger Computer
	Vergleich der Ergebnisse im Klassenverband	Schüler-Lehrer-Gespräch	Ggf. Tafel
	Einführung der Begriffe Ge-samtkosten, fixe und variable Kosten	Gruppenarbeit	Arbeitsblatt AB 3
	Berechnung der Handykosten gemäß des Vordrucks „Tarifberechnung"	Gruppenarbeit	Informationsbl. IB 1 Arbeitsblatt AB 4
	Thematisierung der Gefahr der Handynutzung (Schuldenfalle)	Schüler-Lehrer-Gespräch	Ggf. Tafel

---

[1] Die hier angegebenen Zeitvorgaben stellen nur eine grobe Orientierung dar und sind ggf. an das Lerntempo der Schüler anzupassen.

Lernschritt (Unterrichtsphase und geplante Zeit)	Inhalt der Stunde/didaktisch-methodisches Vorgehen	Sozialform und Methode	Medien/ Materialien
Exploration Diskussion alternativer Lösungsmöglichkeiten **(45 Minuten)**	Vor- und Nachteile eines Vertrages bzw. einer Prepaid-Karte: Ggf. Einführung der Entscheidungsmatrix als Methode durch den Lehrer. Schüler stehen vor der Wahl, Hanna einen Vertrag oder eine Prepaid-Karte zu empfehlen; Ausfüllen der Entscheidungsmatrix unter Bezugnahme der Ergebnisse auf AB 2–4	Gruppenarbeit	Arbeitsblatt AB 5
Resolution Gruppen treffen ihre Entscheidung **(10 Minuten)**	Auswahl zwischen Vertrag und Prepaid-Karte: Schüler treffen eine Entscheidung mithilfe der Entscheidungsmatrix. Bewusste Schärfung und Auseinandersetzung mit der getroffenen Entscheidung durch schriftliche Fixierung in Form eines Rollenspiels zwischen Hanna und ihrer Mutter	Gruppenarbeit	Arbeitsblatt AB 5
Disputation Gruppen verteidigen ihre Ergebnisse **(30 Minuten)**	Verteidigung der Auswahl: Zwei Gruppen präsentieren ihre Entscheidung in Form eines Rollenspiels vor der Klasse.	Schüler-präsentation	Arbeitsblatt AB 6
Kollation Vergleich der Ergebnisse der Gruppendiskussion **(45 Minuten)**	Analyse und Diskussion der Argumentation der einzelnen Gruppen, ggf. Ergänzung von Argumenten	Schüler-Lehrer-Gespräch	Ggf. Tafel
	Reflexion der Fallstudie auf die eigene Situation	Einzelarbeit	Arbeitsblatt AB 7

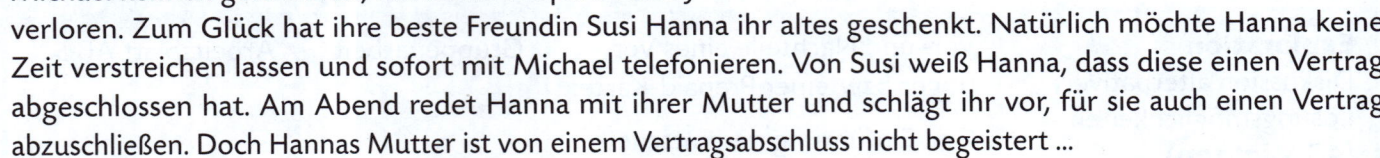

Grafik: Wolfgang Herzig, Essen

Ausgangssituation

So ein Pech! Ausgerechnet jetzt, wo Hanna Michael kennen gelernt hat, hat sie ihr Prepaid-Handy verloren. Zum Glück hat ihre beste Freundin Susi Hanna ihr altes geschenkt. Natürlich möchte Hanna keine Zeit verstreichen lassen und sofort mit Michael telefonieren. Von Susi weiß Hanna, dass diese einen Vertrag abgeschlossen hat. Am Abend redet Hanna mit ihrer Mutter und schlägt ihr vor, für sie auch einen Vertrag abzuschließen. Doch Hannas Mutter ist von einem Vertragsabschluss nicht begeistert ...

Mutter: „Sag mal, Hanna, wozu braucht ihr denn immer diese Handys? Als du dein altes verloren hattest, ging es doch auch ohne!"

Hanna: „Geht es eben nicht! Was ist das denn für eine Frage? Natürlich brauche ich ein Handy zum Telefonieren und zum Simsen. Mehr als vorher wird es bestimmt nicht kosten, oder vielleicht doch? Keine Ahnung. Das werden wir sehen. Susi meint, dass mit einem Vertrag alles viel billiger wird ..."

Mutter: „Das war ja klar. Alles viel billiger. Vertrag schön und gut, aber gerade hier besteht die Gefahr, dass du keine Kontrolle mehr über deine Kosten hast. Außerdem bist du bei einem Vertrag auch längere Zeit gebunden. Wenn du schon unbedingt ein Handy haben musst, dann finde ich eine Prepaid-Karte viel besser und du weißt außerdem nicht, wie lange das mit Michael läuft."

Hanna: „Na, super! Typisch Mama ..., du vertraust mir nicht!"

Mutter: „Was heißt hier: Na, super! Weißt du, was ich super finden würde? Wenn du dich gründlich informierst. Überleg dir genau, wie du dein Handy nutzen möchtest und erkundige dich dann über die Vor- und Nachteile eines Handyvertrages und einer Prepaid-Karte. So eine Entscheidung will gut überlegt sein!"

Hanna: „OK, ich besorge die Informationen und dann reden wir noch einmal! Abgemacht?"

Mutter: „Abgemacht!"

Grafik: Wolfgang Herzig, Essen

Arbeitsauftrag

Damit hat Hanna nicht gerechnet. Dass Eltern aber auch immer alles so genau wissen wollen. Klarer Fall: Hanna braucht Ihre Unterstützung.

Helfen Sie Hanna, die nötigen Informationen zu beschaffen und stehen Sie ihr beratend zur Seite. Hannas Mutter bevorzugt den Kauf einer Prepaid-Karte, Hanna selbst möchte lieber einen Vertrag abschließen! Wer kann wen überzeugen? Entscheiden Sie sich aufgrund der gefundenen Informationen sowie der Berechnung der Handytarife für den Abschluss eines Handyvertrages oder den Kauf einer Prepaid-Karte. Schreiben Sie einen Redebeitrag zwischen Hanna und ihrer Mutter und tragen Sie diesen in Form eines Rollenspiels am Ende der Bearbeitung der Fallstudie im Unterricht vor!

1. Hanna sucht nach Argumenten, warum ihr das Festnetz zu Hause nicht reicht.
   Diskutieren Sie in Ihrer Gruppe, warum Sie ein Handy benötigen!

2. Erzählen Sie sich gegenseitig, welche Handyfunktionen Sie brauchen und
   nutzen! Halten Sie Ihre Ergebnisse in der nachfolgenden Übersicht fest!

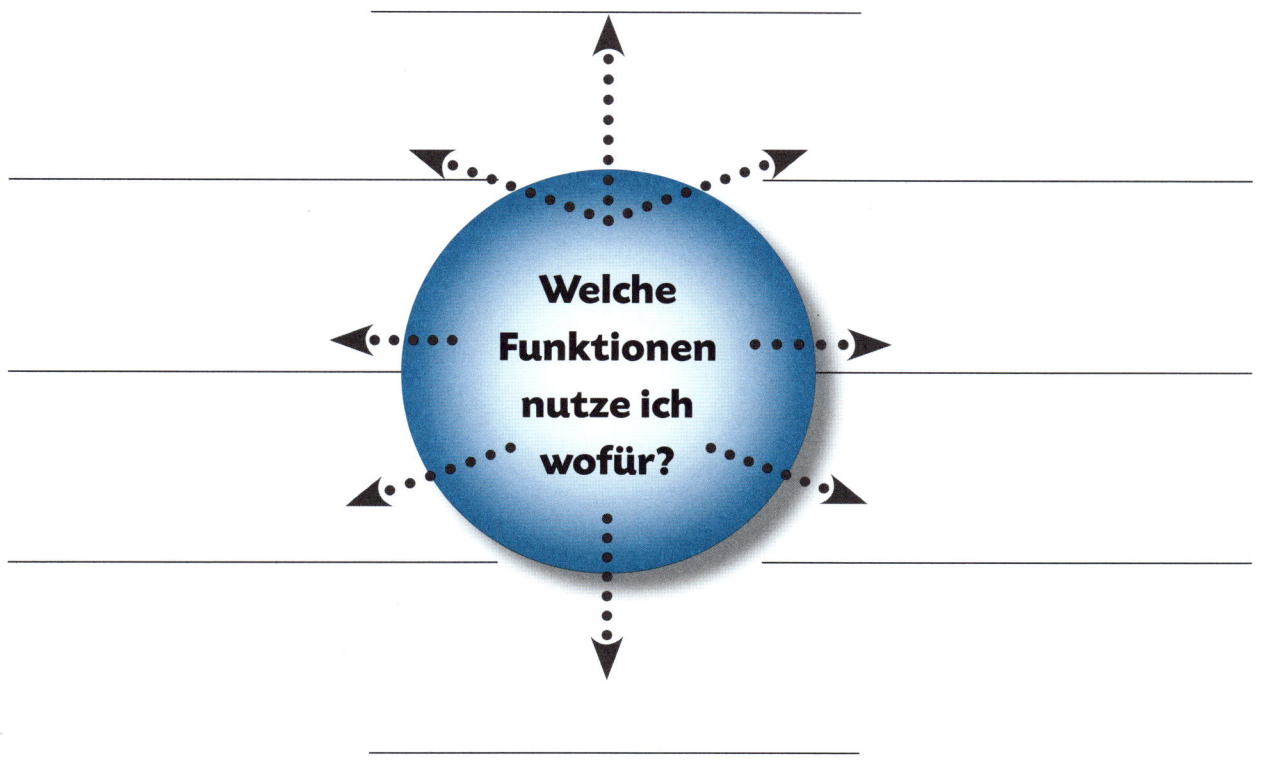

Handyvertrag vs. Prepaid-Karte

AB 2

Recherchieren Sie im Internet und arbeiten Sie die Vor- und Nachteile eines Handyvertrages und einer Prepaid-Karte heraus (Bearbeitungszeit ca. 20 Minuten).

Hinweis: Die richtigen Schlagwörter erleichtern die Suche!

	Handyvertrag	Prepaid-Karte
Vorteile		
Nachteile		

In der Wirtschaft wird zwischen fixen und variablen Kosten unterschieden.
Dazu ein Beispiel:

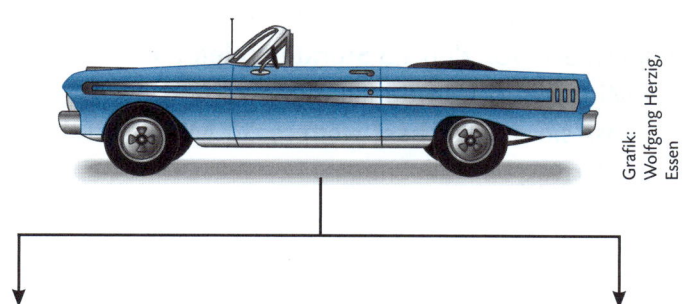

Grafik: Wolfgang Herzig, Essen

Fixkosten ("feste" Kosten)

Ein Auto verursacht auch dann Kosten, wenn es nicht fährt. So muss z. B. die Kfz-Versicherung oder die Kfz-Steuer bezahlt werden, auch wenn das Auto nicht bewegt wird. Bei diesen Kosten handelt es sich um Fixkosten, welche unabhängig von der Fahrleistung sind.

Variable Kosten ("veränderliche" Kosten)

Die Reparatur- und Wartungskosten sind variable Kosten, da man davon ausgehen kann, dass mit steigender Kilometerleistung die Reparaturen steigen. Auch der Kraftstoffverbrauch ist von der zurückgelegten Strecke abhängig und somit variabel.

Beide Kostenarten zusammen ergeben die Gesamtkosten

1. Lesen Sie in Ihrer Gruppe den obigen Text durch und erklären Sie mit eigenen Worten am Beispiel des „Autos" die Begriffe fixe und variable Kosten! Notieren Sie Ihre Ergebnisse!

_____

_____

_____

_____

_____

2. Schauen Sie sich die möglichen Handytarife für Hanna an (Informationsblatt IB 1). Erläutern Sie, aus welchen Kostenbestandteilen sich die unterschiedlichen Handytarife zusammensetzen.

_____

_____

_____

_____

_____

Auf dem Markt gibt es zwei Telefonanbieter mit unterschiedlichen Handytarifen (siehe Übersicht Handytarife Informationsblatt IB 1). Bislang hatte Hanna die „Happy Card" von dem Anbieter Happy Line. Von ihren früheren Handyrechnungen weiß Hanna, dass sie pro Monat ungefähr 40 SMS schreibt und ca. 1,5 Stunden telefoniert. Von den 1,5 Stunden telefoniert Hanna im Schnitt 10 Minuten in das Deutsche Festnetz, 50 Minuten in fremde Handynetze und 30 Minuten in das eigene Handynetz. Außerdem schätzt sie, dass sie mit Michael weitere 30 Minuten telefoniert und 50 SMS schreiben wird. Michael hat seinen Vertrag bei Talk Line.

Benutzen Sie folgende Tabelle und finden Sie heraus, welcher Tarif **anhand der Kosten** für Hanna am günstigsten wäre.

| | Fix-kosten | Variable Kosten | | | | | Gesamt-kosten |
		Festnetz	Eigen-netz	Fremd-netz	SMS	Summe aller variablen Kosten	
Tricky							
Lucky Limit							
Sunny Star							
Happy Card							

Handyvertrag vs. Prepaid-Karte Entscheidungsmatrix

Bitte fügen Sie hier **alle** von Ihnen erarbeiteten Ergebnisse stichpunktartig ein.
Welchen Handytarif können Sie Hanna nun empfehlen?

Begründen Sie ihre Wahl!

Mitglieder der Gruppe: _____

	Vorteile	Nachteile	Empfehlung
Prepaid-Karte			
Handy-vertrag			

Grafik:
Wolfgang Herzig, Essen

Arbeitsauftrag

Sie haben sich in Ihrer Gruppe für eine der beiden Alternativen entschieden. Schreiben Sie den Redebeitrag zwischen Hanna und ihrer Mutter weiter und formulieren Sie dabei klar Ihre Position/Argumentation für oder gegen Handyvertrag/Prepaid-Karte. Nutzen Sie als Argumentationsgrundlage die von Ihnen erstellte Entscheidungsmatrix!

Tragen Sie den von Ihnen geschriebenen Redebeitrag als Rollenspiel vor. Hier ist Ihr schauspielerisches Talent gefragt!

Zwei Wochen später in der Küche ...

Hanna: „So, ich habe mich jetzt gut informiert und weiß welchen Handytarif ich abschließen will!"

Mutter: „Moment. Erzähl mir bitte erst noch einmal ganz kurz, warum du überhaupt ein Handy brauchst. Und dann diskutieren wir über den Handytarif."

Hanna: „Also, ...

Welche Variante ist für mich die Richtige?

Grafik:
Wolfgang Herzig, Essen

Einzelarbeit:

Betrachten Sie nochmal die Überlegungen zu den Gründen für die Nutzung eines Handys (Arbeitsblatt AB 1) und setzen Sie sich kritisch mit den Ergebnissen der Fallstudie auseinander.

Wenn Sie jetzt für sich selbst wählen müssten, hat Sie der Handyvertrag oder die Prepaid-Karte hinsichtlich Ihrer eigenen Handynutzung mehr überzeugt?

Entscheiden Sie sich für eine Variante und halten Sie Ihre Begründungen fest.

1. Hanna sucht nach Argumenten, warum ihr das Festnetz zu Hause nicht reicht.
   Diskutieren Sie in Ihrer Gruppe, warum Sie ein Handy benötigen!

☺ Verabredungen mit Freunden _____   ☺ _____

☺ neueste Informationen austauschen _____   ☺ _____

☺ Statussymbol _____   ☺ _____

☺ kurzfristig erreichbar sein _____   ☺ _____

2. Erzählen Sie sich gegenseitig, welche Handyfunktionen Sie brauchen und
   nutzen! Halten Sie Ihre Ergebnisse in der nachfolgenden Übersicht fest!

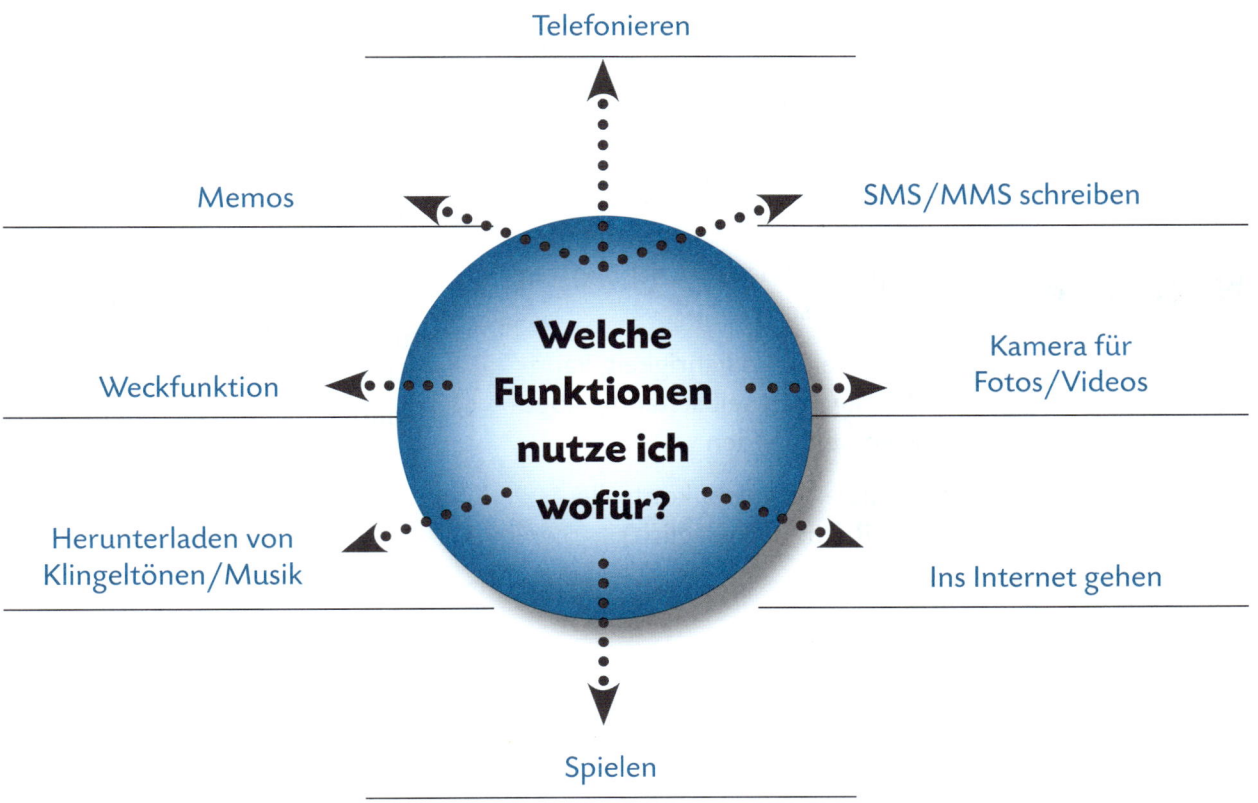

Telefonieren

Memos   SMS/MMS schreiben

Welche Funktionen nutze ich wofür?

Weckfunktion   Kamera für Fotos/Videos

Herunterladen von Klingeltönen/Musik   Ins Internet gehen

Spielen

AB 2 LS*

Recherchieren Sie im Internet und arbeiten Sie die Vor- und Nachteile eines Handyvertrages und einer Prepaid-Karte heraus (Bearbeitungszeit ca. 20 Minuten).

Hinweis: Die richtigen Schlagwörter erleichtern die Suche!

	Handyvertrag	Prepaid-Karte
Vorteile	• bei Vertragsabschluss, bekomme ich das dazugehörige Handy meist günstiger • einzelne Handytarife sind günstig • bin immer erreichbar und kann jederzeit telefonieren	• keine Grundgebühr, Guthaben wird abtelefoniert → keine Folgekosten • Guthaben kann beliebig oft aufgefüllt werden (Tankstellen, Geschäfte ...) • keine Vertragslaufzeit • bei möglichem Verlust des Handys kein Ärger mit Mobilfunkanbieter • auch, wenn man kein Guthaben mehr hat, ist man noch erreichbar
Nachteile	• Langzeitvertrag (meist 1–2 Jahre) • muss auch dann zahlen, wenn ich nicht telefoniere (Grundgebühr) • Anbieter haben unterschiedliche Kündigungsfristen, wird diese verpasst, verlängert sich Vertrag automatisch • wenn keine Volljährigkeit, kann Vertrag nicht selbstständig abgeschlossen werden • erschwerte Kostenkontrolle (i. d. R. nur nachträglich)	• Tarife sind meist teurer als bei Verträgen • wenn Guthaben abgelaufen ist, kann ich auch in dringenden Fällen nicht mehr telefonieren [Hinweis: Notruf (Polizei, Feuerwehr) kann immer abgesetzt werden]

In der Wirtschaft wird zwischen fixen und variablen Kosten unterschieden.
Dazu ein Beispiel:

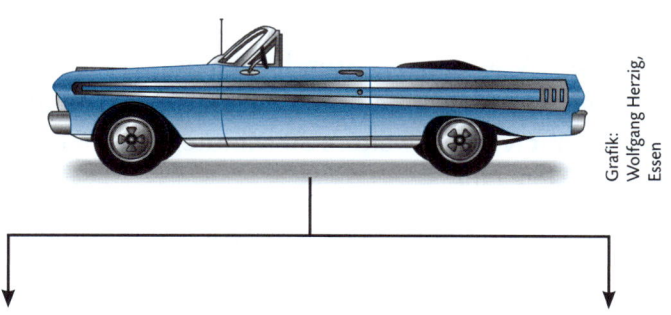

Grafik: Wolfgang Herzig, Essen

Fixkosten („feste" Kosten)

Ein Auto verursacht auch dann Kosten, wenn es nicht fährt. So muss z. B. die Kfz-Versicherung oder die Kfz-Steuer bezahlt werden, auch wenn das Auto nicht bewegt wird. Bei diesen Kosten handelt es sich um Fixkosten, welche unabhängig von der Fahrleistung sind.

Variable Kosten („veränderliche" Kosten)

Die Reparatur- und Wartungskosten sind variable Kosten, da man davon ausgehen kann, dass mit steigender Kilometerleistung die Reparaturen steigen. Auch der Kraftstoffverbrauch ist von der zurückgelegten Strecke abhängig und somit variabel.

Beide Kostenarten zusammen ergeben die Gesamtkosten

1. Lesen Sie in Ihrer Gruppe den obigen Text durch und erklären Sie mit eigenen Worten am Beispiel des „Autos" die Begriffe fixe und variable Kosten! Notieren Sie Ihre Ergebnisse!

Fixe Kosten kann man auch feste Kosten nennen, sie entstehen allein schon dadurch, dass man

ein Auto hat, auch wenn man nicht fährt, z. B. durch Steuern und Kraftfahrzeug-Versicherung.

Die variablen Kosten kann man auch veränderliche Kosten nennen. Wenn man also mehr

Auto fährt, hat man auch höhere variable Kosten, z. B. durch höheren Benzinverbrauch und

Werkstattkosten.

2. Schauen Sie sich die möglichen Handytarife für Hanna an (Informationsblatt IB 1). Erläutern Sie, aus welchen Kostenbestandteilen sich die unterschiedlichen Handytarife zusammensetzen.

Bei den Prepaid-Tarifen hat man keine Grundgebühr und somit keine fixen Kosten. Es fallen

nur Kosten an, wenn man auch wirklich telefoniert. Die Kosten pro Minute sind also variable

Kosten. Bei den Vertrag-Tarifen hat man auch diese variable Kosten und zu dem noch

die Grundgebühr also fixe Kosten.

Tarifberechnung

Auf dem Markt gibt es zwei Telefonanbieter mit unterschiedlichen Handytarifen (siehe Übersicht Handytarife Informationsblatt IB 1). Bislang hatte Hanna die „Happy Card" von dem Anbieter Happy Line. Von ihren früheren Handyrechnungen weiß Hanna, dass sie pro Monat ungefähr 40 SMS schreibt und ca. 1,5 Stunden telefoniert. Von den 1,5 Stunden telefoniert Hanna im Schnitt 10 Minuten in das Deutsche Festnetz, 50 Minuten in fremde Handynetze und 30 Minuten in das eigene Handynetz. Außerdem schätzt sie, dass sie mit Michael weitere 30 Minuten telefoniert und 50 SMS schreiben wird. Michael hat seinen Vertrag bei Talk Line.

Benutzen Sie folgende Tabelle und finden Sie heraus, welcher Tarif **anhand der Kosten** für Hanna am günstigsten wäre.

	Fix-kosten	Variable Kosten				Summe aller variablen Kosten	Gesamt-kosten
		Festnetz	Eigen-netz	Fremd-netz	SMS		
Tricky	5,95 €	0,00 €	0,00 €	5,00 €	6,30 €	11,30 €	17,25 €
Lucky Limit	0,00 €	1,50 €	9,00 €	10,00 €	2,80 €	23,30 €	23,30 €
Sunny Star	4,95 €	1,90 €	0,00 €	8,70 €	5,40 €	16,00 €	20,95 €
Happy Card	0,00 €	0,00 €	4,20 €	12,00 €	8,10 €	24,30 €	24,30 €

Der Tarif Tricky wäre anhand der Gesamtkosten am günstigsten für Hanna.

Handyvertrag vs. Prepaid-Karte Entscheidungsmatrix

Bitte fügen Sie hier **alle** von Ihnen erarbeiteten Ergebnisse stichpunktartig ein. Welchen Handytarif können Sie Hanna nun empfehlen?

Begründen Sie ihre Wahl!

Mitglieder der Gruppe: _____

	Vorteile	Nachteile	Empfehlung
Prepaid-Karte	• keine Grundgebühr, Guthaben wird abtelefoniert → keine Folgekosten • Guthaben kann beliebig oft aufgefüllt werden (Tankstellen, Geschäfte …) • keine Vertragslaufzeit • bei möglichem Verlust des Handys kein Ärger mit Mobilfunkanbieter auch wenn man kein Guthaben mehr hat, ist man noch erreichbar	• Tarife sind meist teurer als bei Verträgen • wenn Guthaben abgelaufen ist, kann ich auch in dringenden Fällen nicht mehr telefonieren [Hinweis: Notruf (Polizei, Feuerwehr) kann immer abgesetzt werden] • bei Hannas jetzigem Telefonierverhalten ist die Prepaid-Karte teurer	• Die Prepaid-Karte ist in Hannas Fall zwar teurer, allerdings besteht hier nicht die Gefahr der Schuldenfalle. Sie ist flexibler und hat keine Kosten bei Nichtbenutzung des Handys, daher sollte sie die Prepaid-Karte wählen.
Handyvertrag	• bei Vertragsabschluss, bekommt man das dazugehörige Handy meist günstiger • einzelne Handytarife sind günstig • man ist immer erreichbar und kann jederzeit telefonieren • bei Hannas jetzigem Telefonierverhalten hat der Vertrag die geringeren Kosten	• Langzeitvertrag (meist 1–2 Jahre) • muss auch dann zahlen, wenn ich nicht telefoniere (Grundgebühr) • Anbieter haben unterschiedliche Kündigungsfristen, wird diese verpasst, verlängert sich Vertrag automatisch • wenn keine Volljährigkeit, kann Vertrag nicht selbstständig abgeschlossen werden • erschwerte Kostenkontrolle (i. d. R. nur nachträglich)	Oder • Die Benutzung eines Vertragshandys ist bei Hannas jetzigem Telefonierverhalten eindeutig günstiger, daher sollte sie einen Handyvertrag wählen.

Alternative 1

Arbeitsauftrag

Sie haben sich in Ihrer Gruppe für eine der beiden Alternativen entschieden. Schreiben Sie den Redebeitrag zwischen Hanna und ihrer Mutter weiter und formulieren Sie dabei klar Ihre Position/Argumentation für oder gegen Handyvertrag/Prepaid-Karte. Nutzen Sie als Argumentationsgrundlage die von Ihnen erstellte Entscheidungsmatrix!

Tragen Sie den von Ihnen geschriebenen Redebeitrag als Rollenspiel vor. Hier ist Ihr schauspielerisches Talent gefragt!

Zwei Wochen später in der Küche ...

Hanna: „So, ich habe mich jetzt gut informiert und weiß welchen Handytarif ich abschließen will!"

Mutter: „Moment. Erzähl mir bitte erst noch einmal ganz kurz, warum du überhaupt ein Handy brauchst. Und dann diskutieren wir über den Handytarif."

Hanna: „Also, ich möchte mich gern schnell mit meinen Freundinnen verabreden können und immer erreichbar sein. Außerdem ist es voll uncool, wenn man kein Handy hat."

Mutter: „Soso ..."

Hanna: „Naja und außerdem kann ich das auch als Wecker benutzen, die neusten Handys können auch Fotos und Videos machen. Und ins Internet kann man mit vielen Handys auch schon, das kann ich dann auch schnell mal für die Schule einsetzen."

Mutter: „Hmm ..., und hast du dich inzwischen auch informiert, was das ganze kosten soll?"

Hanna: „Es ist so, wie ich gesagt habe, die Vertrag-Tarife sind eindeutig billiger, hier, bei dem Tarif Tricky bezahl' ich nur 17,25 €."

Mutter: „Und was ist, wenn's mit Michael irgendwann mal wieder auseinander geht?"

Hanna: „Dann werde ich bestimmt auch mehr mit meinen Freundinnen telefonieren und die Prepaid-Karten sind deutlich teurer! Außerdem kriegt man bei einem Vertrag die guten Handys günstiger."

Mutter: „Na gut, dann versprich mir aber, dass du deine Rechnungen gut im Auge behältst, nicht dass du später vor einem Berg aus Schulden stehst."

Hanna: „Supi, danke, Mami! Ja, das verspreche ich!"

Wolfgang Herzig, Essen

Alternative 2

Arbeitsauftrag

Sie haben sich in Ihrer Gruppe für eine der beiden Alternativen entschieden. Schreiben Sie den Redebeitrag zwischen Hanna und ihrer Mutter weiter und formulieren Sie dabei klar Ihre Position/Argumentation für oder gegen Handyvertrag/Prepaid-Karte. Nutzen Sie als Argumentationsgrundlage die von Ihnen erstellte Entscheidungsmatrix!

Tragen Sie den von Ihnen geschriebenen Redebeitrag als Rollenspiel vor. Hier ist Ihr schauspielerisches Talent gefragt!

Zwei Wochen später in der Küche ...

Hanna: „So, ich habe mich jetzt gut informiert und weiß welchen Handytarif ich abschließen will!"

Mutter: „Moment. Erzähl mir bitte erst noch einmal ganz kurz, warum du überhaupt ein Handy brauchst. Und dann diskutieren wir über den Handytarif."

Hanna: „Also, ich möchte mich gern schnell mit meinen Freundinnen verabreden können und immer erreichbar sein. Außerdem ist es voll uncool, wenn man kein Handy hat."

Mutter: „Soso..."

Hanna: „Naja und außerdem kann ich das auch als Wecker benutzen, die neusten Handys können auch Fotos und Videos machen. Und ins Internet kann man mit vielen Handys auch schon, das kann ich dann auch schnell mal für die Schule einsetzen."

Mutter: „Hmm..., und hast du dich inzwischen auch informiert, was das ganze kosten soll?"

Hanna: „Ja, die Prepaid-Handys sind viel teurer. Hier, da muss ich mindestens 24,30 € z.B. bei Happy Card zahlen, das sind fast 5,– € mehr als bei dem günstigsten Vertrag-Tarif."

Mutter: „Ja, das stimmt vielleicht, aber es besteht bei einem Vertrag-Tarif halt immer die Gefahr, dass du den Überblick über deine Kosten verlierst und mehr telefonierst, als du bezahlen kannst... Und das merkst du den Monat über nicht mal, sondern erst, wenn die Rechnung in's Haus flattert."

Hanna: „Ja, das mag schon sein..."

Mutter: „Naja, und wer weiß, vielleicht hält's mit Michael nicht so lang und dann kannst du bei einem Prepaid-Tarif dein Handy auch mal wieder beiseitelegen, ohne dass du weiterhin jeden Monat bezahlen musst."

Hanna: „Ich glaube, du hast Recht."

Mutter: „Dann lass' uns doch gleich mal im nächsten Handy-Shop nach einem passenden Modell für dich suchen."

Hanna: „Ja, super!"

Grafik:
Wolfgang Herzig, Essen

Alternative 1

Einzelarbeit:

Betrachten Sie nochmal die Überlegungen zu den Gründen für die Nutzung eines Handys (Arbeitsblatt AB 1) und setzen Sie sich kritisch mit den Ergebnissen der Fallstudie auseinander.

Wenn Sie jetzt für sich selbst wählen müssten, hat Sie der Handyvertrag oder die Prepaid-Karte hinsichtlich Ihrer eigenen Handynutzung mehr überzeugt?

Entscheiden Sie sich für eine Variante und halten Sie Ihre Begründungen fest.

Ich würde mich ganz klar für ein Vertragshandy entscheiden, auch wenn das Aufladen des Guthabens inzwischen schon viel einfacher geworden ist. Denn ich möchte gern immer auf dem neuesten technischen Stand sein, weil ich nicht nur mit meinem Handy telefoniere sondern auch ins Internet gehe. Da rechnet sich ein Vertrag schon, denn die neusten Modelle sind in Prepaid-Tarifen fast unerschwinglich.

Ich telefoniere und simse schon ziemlich viel im Monat, daher machen die Angebot mit Freiminuten und Frei-SMS in Vertrag-Tarifen schon mehr Sinn für mich.

Außerdem kenne ich mein Telefonierverhalten inzwischen ziemlich gut und es hat sich in der letzten Zeit nicht viel verändert, sodass ich mir nicht so viele Sorgen um die Schuldenfalle mache.

Grafik:
Wolfgang Herzig, Essen

Alternative 2

Einzelarbeit:

Betrachten Sie nochmal die Überlegungen zu den Gründen für die Nutzung eines Handys (Arbeitsblatt AB 1) und setzen Sie sich kritisch mit den Ergebnissen der Fallstudie auseinander.

Wenn Sie jetzt für sich selbst wählen müssten, hat Sie der Handyvertrag oder die Prepaid-Karte hinsichtlich Ihrer eigenen Handynutzung mehr überzeugt?

Entscheiden Sie sich für eine Variante und halten Sie Ihre Begründungen fest.

Ich bin nicht so der „Handy-Freak", ich verstehe nicht, warum alle immer das neuste Modell haben müssen und mache mir nicht so viel daraus. Außerdem finde ich nicht, dass man ständig an der Strippe hängen und erreichbar sein sollte. Natürlich ist es gut für bestimmten Situationen ein Handy parat zu haben, aber da reicht meiner Meinung nach ein Prepaid-Tarif vollkommen aus. So selten wie ich mein Handy nutze, ist der auch noch günstiger, weil ich keine Grundgebühr bezahlen muss. Ich bin einfach flexibler und kann mein Handy auch mal einen Monat gar nicht benutzen, ohne dass ich trotzdem was bezahlen muss. Das finde ich gut.

Anbieter	Talk Line		Happy Line	
Handytarif Kriterien	Tricky	Lucky Limit	Sunny Star	Happy Card
Vertragsart	Vertrag	Karte	Vertrag	Karte
monatliche Grundgebühr in €	5,95	0	4,95	0
Kosten für Anrufe ins dt. Festnetz in €/Min.	0,15	0,15	0,19	0,14
Kosten für Anrufe ins eigene Handynetz in €/Min.	0	0,15	0	0,14
Kosten für Anrufe in fremde Handynetze in €/Min.	0,25	0,20	0,29	0,15
Kosten pro SMS in €	0,07	20 frei, danach 0,04	0,06	0,09
Inklusive Freiminuten ins dt. Festnetz	50	0	0	30
Inklusive Freiminuten in fremde Handynetze	30	0	50	0

Zugehörige Arbeitsblätter: AB 3, AB 4

Variationsmöglichkeiten:

- Erneute Berechnung des Handytarifs für den Fall, dass Hanna und Michael sich wieder trennen.

- Einsatz des Internets oder Unterrichtsgang zur Informationsbeschaffung unterschiedlicher Handy-Tarife.

- Zur weiteren Identifikation mit der Fallstudie und Bewusstmachung des eigenen Handykonsums sollen Schüler eine Woche lang jegliche Aktivitäten mit dem Handy aufzeichnen (Telefongespräche in Minuten, Anzahl der MMS, SMS, Fotos, Herunterladen von Klingeltönen). Die wöchentlichen Angaben können auf den Monat hochgerechnet werden und unter die einzelnen Aktivitäten der Handynutzung (Arbeitsblatt AB 1) eingetragen werden.

- Berechnung der Handytarife kann mithilfe des Datenverarbeitungsprogramms „Excel" erfolgen.

- Als Übung können die Schüler auch noch einmal mit den vorgegebenen Tarifen ihre fiktive Handy-rechnung ausrechnen!

- Ausbau der Fallstudie zum Thema „Schuldenfalle Handy" ist möglich.

Inhalt: Fallstudie – Verbraucherschutz

1. Abkürzungsverzeichnis 36

2. Auf einen Blick 37

3. Unterrichtsverlauf 38

Ausgangssituation 41

Arbeitsauftrag 41

AB 1   Welche Angaben möchte ich auf der Milchpackung stehen haben? 42

AB 1 LH Welche Angaben möchte ich auf der Milchpackung stehen haben? 42

AB 2   zu IB 1 Angaben auf der Milchverpackung Seite 1 43

AB 2   zu IB 1 Angaben auf der Milchverpackung Seite 2 44

AB 2   LH zu IB 1 Angaben auf der Milchverpackung 44

AB 3   zu IB 2 Was bedeuten die Siegel? Seite 1 45

AB 3   zu IB 2 Was bedeuten die Siegel? Seite 2 46

AB 3   LH zu IB 2 Was bedeuten die Siegel? 47

AB 4   zu IB 3 Angaben auf der Milchverpackung 47

AB 4   LH zu IB 3 Bio-Siegel – Was ist was? 48

AB 5   Plakat gestalten 48

AB 5   LH Plakat gestalten 48

AB 6   zu IB 4 Trinkmilchsorten   Entscheidungsmatrix 49

AB 6   LH zu IB 4 Trinkmilchsorten   Entscheidungsmatrix 50

LH zur Fallstudie 50

Tafelbild 1 Übersicht über die Kennzeichnung von verpackten Lebensmitteln 51

Tafelbild 2 Übersichtskarte zum Verbraucherschutz 52

AB 1 LS* Welche Angaben möchte ich auf der Milchpackung stehen haben? 53

AB 2   LS* zu IB 1 Angaben auf der Milchverpackung Seite 1 54

AB 2   LS* zu IB 1 Angaben auf der Milchverpackung Seite 2 55

AB 3   LS* zu IB 2 Was bedeuten die Siegel? Seite 1 56

AB 3   LS* zu IB 2 Was bedeuten die Siegel? Seite 2 57

AB 4   LS* zu IB 3 Bio-Siegel – Was ist was? 58

AB 5   LS* Plakat gestalten 59

AB 6   LS* zu IB 4 Trinkmilchsorten   Entscheidungsmatrix 60

IB 1   Was muss auf der Verpackung stehen? Seite 1 61

IB 1   Was muss auf der Verpackung stehen? Seite 2 62

IB 1   LH Was muss auf der Verpackung stehen?.. 63

IB 2   Siegel und Gütezeichen Seite 1... 64

IB 2   Siegel und Gütezeichen Seite 2... 65

IB 2   LH Siegel und Gütezeichen Seite 1.. 66

IB 2   LH Siegel und Gütezeichen Seite 2.. 67

IB 3   Bio-Gütesiegel Seite 1... 68

IB 3   Bio-Gütesiegel Seite 2... 69

IB 3   LH Bio-Gütesiegel Seite 1... 70

IB 3   LH Bio-Gütesiegel Seite 2... 71

IB 4   Welche Sorten Trinkmilch gibt es? Seite 1... 72

IB 4   Welche Sorten Trinkmilch gibt es? Seite 2... 73

Literaturverzeichnis.. 74

Internetquellen 75

1. Abkürzungsverzeichnis

AB = **Arbeitsblatt**
LS = **Lösungsskizze**
LS* = **beispielhaft mögliche Schülerlösungen**
IB = **Informationsblatt**
LH = **Lehrerhinweis**

2. Auf einen Blick ...

Beschreibung	In dieser Fallstudie geht es um die Kaufentscheidung für Milch von Tanja für ihre Oma. Die Schüler sollen über die geeignete Milch mithilfe der Kennzeichnung und Siegel von verpackten Lebensmitteln entscheiden. Die Angaben auf der Verpackung sollen den Käufer über den Inhalt der Ware informieren, aber die Symbole (Siegel), die Abkürzungen sowie die verschiedensten Aufdrucke sind für den Laien oft unverständlich. Das Ziel der Unterrichtseinheit besteht darin, dass die Schüler die Bedeutung der Angaben auf den Verpackungen verstehen und diese als wertvolle Hilfe bei der Kaufentscheidung erkennen. Sie sollen wissen, dass die zahlreichen Siegel unterschiedliche Aussagekraft besitzen.
Lerninhalte	• Situationsanalysen vornehmen • Kenntnisse über die Kennzeichnungspflicht von verpackten Lebensmitteln • Kenntnisse über die Siegel und deren Aussagekraft • Entscheidungsmatrix erstellen • Am Beispiel der Milch eine reflektierte Kaufentscheidung treffen
Lernziele (LZ)	Die Schüler sollen LZ 1 ihre eigenen Erwartungen an die Kennzeichnung von Milch benennen. LZ 2 die gesetzlichen Vorschriften zur Kennzeichnungspflicht nennen. LZ 3 die Angaben auf der Milchverpackung nennen, die gesetzlichen Kennzeichnungen überprüfen und diese von den nicht gesetzlichen Kennzeichnungen unterscheiden. LZ 4 die erworbene Kenntnisse auf andere Lebensmittel übertragen und diese in Bezug auf ihre Kennzeichnung kritisch beurteilen. LZ 5 Informationsquellen zur Lösung von Aufgaben- und Problemstellungen auswerten, Ergebnisse präsentieren und diskutieren. LZ 6 die Bedeutung verschiedener Gütesiegel und die unterschiedliche Aussagekraft nach Kriterien kritisch analysieren und bewerten. LZ 7 Bio-Siegel kennen, deren Bedeutung verstehen und Bio-Lebensmittel mit konventionellen Lebensmitteln vergleichen. LZ 8 Unterschiede zwischen den verschiedenen Milchsorten herausarbeiten. LZ 9 die Angaben für die Qualität klassifizieren, analysieren und kritisch beurteilen. LZ 10 mithilfe der Entscheidungsmatrix eine reflektierte Entscheidung als Verbraucher für eine Milchsorte treffen und diese begründen. LZ 11 die Bedeutung des Verbraucherschutzes beschreiben. LZ 12 ihre Entscheidung den Mitschülern präsentieren und dazu Stellung nehmen. LZ 13 die Entscheidung ihrer Mitschüler nachvollziehen und sie kritisch betrachten.
Vorkenntnisse	Die Schüler sollten im Umgang mit dem Computer geübt sein, denn im Rahmen der Fallstudie dient das Internet als Informationsplattform.
Dauer	Ungefähr 12 Unterrichtsstunden (abhängig vom Leistungsniveau der Schüler)

3. Unterrichtsverlauf

Lernschritt (Unterrichtsphase und geplante Zeit)[1]	Inhalt der Stunde/ didaktisch-methodisches Vorgehen	Sozialform und Methode	Medien/ Materialien
Orientierung **(45 Minuten)**	Der Lehrer gibt kurze Orientierung und Information über den Ablauf der Fallstudie.	Lehrer-Schüler-Gespräch	Ggf. Tafel oder OHP
Konfrontation mit dem Fall **(45 Minuten)**	Präsentation der Entscheidungssituation durch die Schüler: Dialog wird von ihnen vorgelesen. Ggf. Klärung von Fragen. Die Schüler sollen sich in kleine Arbeitsgruppen einteilen (ca. 3 – 4 Schüler pro Gruppe je nach Klassengröße).	Schülerpräsentation Ggf. Lehrer-Schüler-Gespräch	Ausgangssituation/Fallbeschreibung
Information Die Schüler setzen sich mit dem Fall auseinander, erschließen Informationsquellen **(225 Minuten)**	Die Schüler überlegen sich, welche Angaben auf der Verpackung einen Hinweis auf die Qualität geben.	Gruppenarbeit (3er oder 4er Gruppen)	Arbeitsblatt AB 1
	Die Schüler informieren sich über die gesetzlichen Bestimmungen zur Kennzeichnung von verpackten Lebensmitteln.	Einzelarbeit oder alternativ arbeitsungleiche Gruppenarbeit mit Präsentation	Informationsblatt IB 1
	Gesetzliche und nicht gesetzliche Kennzeichnungen: Realitätsbezug durch mitgebrachte Milchverpackungen Die Schüler überprüfen anhand ihrer mitgebrachten Milchverpackung, ob alle gesetzlichen Kennzeichnungsvorschriften aufgedruckt sind und welche nicht gesetzlichen Kennzeichnungen auf der Verpackung stehen. Danach vergleichen die Schüler AB 1 mit AB 2, inwieweit sich die von den Schülern gewünschten Angaben (AB 1) mit den gesetzlichen bzw. nicht gesetzlichen Kennzeichnungen decken.	Einzelarbeit/ Gruppenarbeit	Arbeitsblatt AB 1 Informationsblatt IB 1 Milchverpackungen Arbeitsblatt AB 2

[1] Die hier angegebenen Zeitvorgaben stellen nur eine grobe Orientierung dar und sind ggf. an das Lerntempo der Schüler anzupassen.

Lernschritt (Unterrichts- phase und geplante Zeit)	Inhalt der Stunde/ didaktisch-methodisches Vorgehen	Sozialform und Methode	Medien/ Materialien
	Transfer der erworbenen Kenntnisse zu Kennzeichnungen auf andere Lebensmittel Hausaufgabe: Die Schüler sollen zu Hause ein verpacktes Produkt überprüfen und eine Tabelle entsprechend AB 2 anfertigen.	Einzelarbeit	
	Die Schüler stellen die Ergebnisse ihrer Hausaufgabe vor.	Lehrer-Schüler-Gespräch	
	Überleitung von den nicht gesetzlichen Kennzeichen zu den Siegeln. Die Schüler informieren sich über die Siegel. Die Schüler bekommen eine Auswahl von Siegeln. Sie sollen ihre Bedeutungen herausfinden.	Gruppenarbeit	Informationsblatt IB 2 Computer mit Internetzugang Arbeitsblatt AB 3
	Jeder Schüler erhält auf dem Arbeitsblatt AB 4 eine Auswahl an Bio-Siegeln. Diese werden ausgeschnitten und auf einem Blatt nach selbst erarbeiteten Kategorien sortiert und aufgeklebt. Dies setzt voraus, dass sich die Schüler auf den zur Verfügung stehenden Materialien darüber kundig gemacht haben, was die einzelnen Siegel aussagen und worin sie sich unterscheiden.	Gruppenarbeit	Informationsblatt IB 3 Arbeitsblatt AB 4 Computer mit Internetzugang Schere, Kleber, Papier
	Charakterisierung von verschiedenen Milchsorten Die Schüler informieren sich über die Verarbeitung und Wärmebehandlung der Milch und die Charakterisierung der verschiedenen Milchsorten.	Einzelarbeit	Informationsblatt IB 4 oder Computer mit Internetzugang und Infobroschüren

Lernschritt (Unterrichtsphase und geplante Zeit)	Inhalt der Stunde/ didaktisch-methodisches Vorgehen	Sozialform und Methode	Medien/ Materialien
	Die Schüler gestalten in der Gruppe ein Plakat über die Angaben auf ihrer Milchverpackung.	Gruppenarbeit	Arbeitsblatt AB 5 Milchkarton, Schere, Kleber, Filzstifte, Plakat
Zwischenzusammenfassung (30 Minuten)	Sicherung der bisherigen Ergebnisse, indem der Lehrer diese bespricht und festhält.	Lehrer-Schüler-Gespräch	Tafelbild 1
Exploration Diskussion alternativer Lösungsmöglichkeiten (45 Minuten)	Ggf. Einführung der Entscheidungsmatrix als Methode durch den Lehrer. Vor- und Nachteile der verschiedenen Milchsorten: Mithilfe der Entscheidungsmatrix erarbeiten die Schüler die Unterschiede zwischen den verschiedenen Milchsorten.	Lehrervortrag Gruppenarbeit	Ggf. OHP Arbeitsblatt AB 6
Resolution Gruppen treffen ihre Entscheidung (30 Minuten)	Eine begründete Entscheidung für eine Milchsorte wird auf Grundlage der Entscheidungsmatrix getroffen.	Gruppenarbeit	Arbeitsblatt AB 6
Disputation Gruppen verteidigen ihre Ergebnisse (45 Minuten)	Die Schülergruppen präsentieren ihre Ergebnisse und verteidigen diese vor der Klasse.	Schülerpräsentation	Ggf. Tafel oder OHP
Kollation Vergleich der Ergebnisse der Gruppendiskussion (30 Minuten)	Vergleich der Ergebnisse: Die Schüler diskutieren über die verschiedenen Darstellungen und überprüfen sich gegenseitig kritisch.	Diskussion im Plenum	
Abschluss (45 Minuten)	Allgemein: Was ist Verbraucherschutz? Was ist das Wesentliche? (Vervollständigen der Übersichtskarte). Der Lehrer hält die Ergebnisse strukturiert in einer Übersichtskarte an der Tafel fest, so dass die Schüler diese übernehmen können.	Lehrer-Schüler-Gespräch	Tafelbild 2

Grafik: Wolfgang Herzig, Essen

Ausgangssituation

An diesem Nachmittag darf Tanja nach
der Schule zu ihrer Oma gehen. Die hat ihren Lieblingskuchen
gebacken und es duftet in der ganzen Wohnung danach. Dazu trinken die beiden immer heiße Schokolade.
Doch – oh nein! – Tanjas Oma hat vergessen, Milch einzukaufen. Sie schickt Tanja los, um im nahe gelegenen
Supermarkt einen Liter Milch zu holen. Sie gibt ihr dafür 2 Euro mit.

Tanja macht sich auf den Weg. Im Supermarkt greift sie sich aus dem Regal einfach eine Milch, bezahlt und
geht wieder zurück zu ihrer Oma. Die beiden führen folgendes Gespräch:

Oma: „Was hast du denn für eine Milch mitgebracht?"

Tanja: „Ich hab einfach eine aus dem Regal genommen. Ich finde, dass die ganz gut aussieht."

Oma: „Aber Tanja, die ist ja gar nicht aus der Region. Ich trinke nur Milch aus der Region. Und schon gar
keine Vollmilch. Die ist mir viel zu fettig."

Tanja ist verdutzt. Sie hätte nicht gedacht, dass man beim Milcheinkauf etwas falsch machen könnte. „Wie
hat sie so schnell gewusst, um was für eine Milch es sich handelt?", fragt sie sich. „Woran erkenne ich denn in
Zukunft, ob die Milch von guter Qualität ist? War meine Wahl wirklich nicht gut?"

Grafik: Wolfgang Herzig, Essen

Arbeitsauftrag

Helfen Sie Tanja dabei, ihre
Fragen zu klären.

Ausgangssituation

• Jeder Schüler sollte eine
leere Milchverpackung
mitbringen. Anhand dieser
erarbeitet der Schüler die Bedeutung der Kennzeichnung.
Im Verlauf der Fallstudie wird mit den Symbolen und
Angaben auf der Verpackung ein Plakat gestaltet.

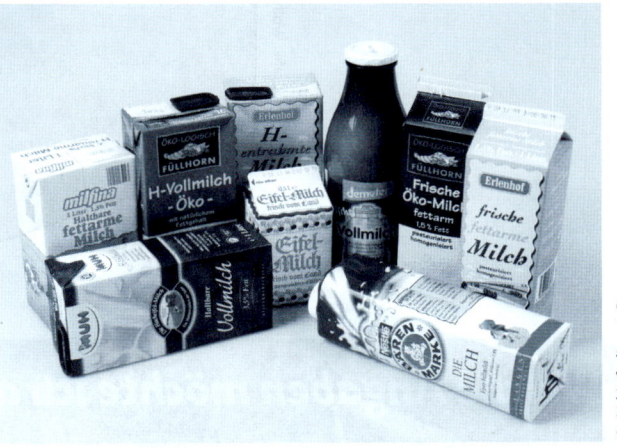

© Aid Infodienst, Bonn

• Die inhaltliche Auseinandersetzung mit einer Vielfalt von Milchverpackungen soll die Schüler am Ende des
Unterrichts in die Lage versetzen, eine fachlich qualifizierte Kaufentscheidung zu treffen.

• Im Vorfeld der Fallstudie lässt sich nicht klären, welche Verpackungen die Schüler mitbringen. Deshalb muss
der Lehrer gewährleisten, dass den Schülern für die Entscheidungsmatrix eine echte Vielfalt vorliegt. Dazu
sollte der Lehrer Milchverpackungen mit aufgedruckten Siegeln, laktosefreie Milch, Vollmilch, fettarme
Milch, Frischmilch, H-Milch, Milch aus der Flasche und eventuell Ziegen- oder Sojamilch mitbringen. Nur so
können die Schüler die Unterschiede herausarbeiten. Die Vielfalt erhöht die Notwendigkeit des Abwägens
bei den Schülern.

AB 1

Überlegen Sie sich, welche Angaben auf einer Milchverpackung stehen müssen, damit Sie die Qualität einschätzen können.

Für mich müssen auf einer Milchverpackung folgende Angaben stehen:

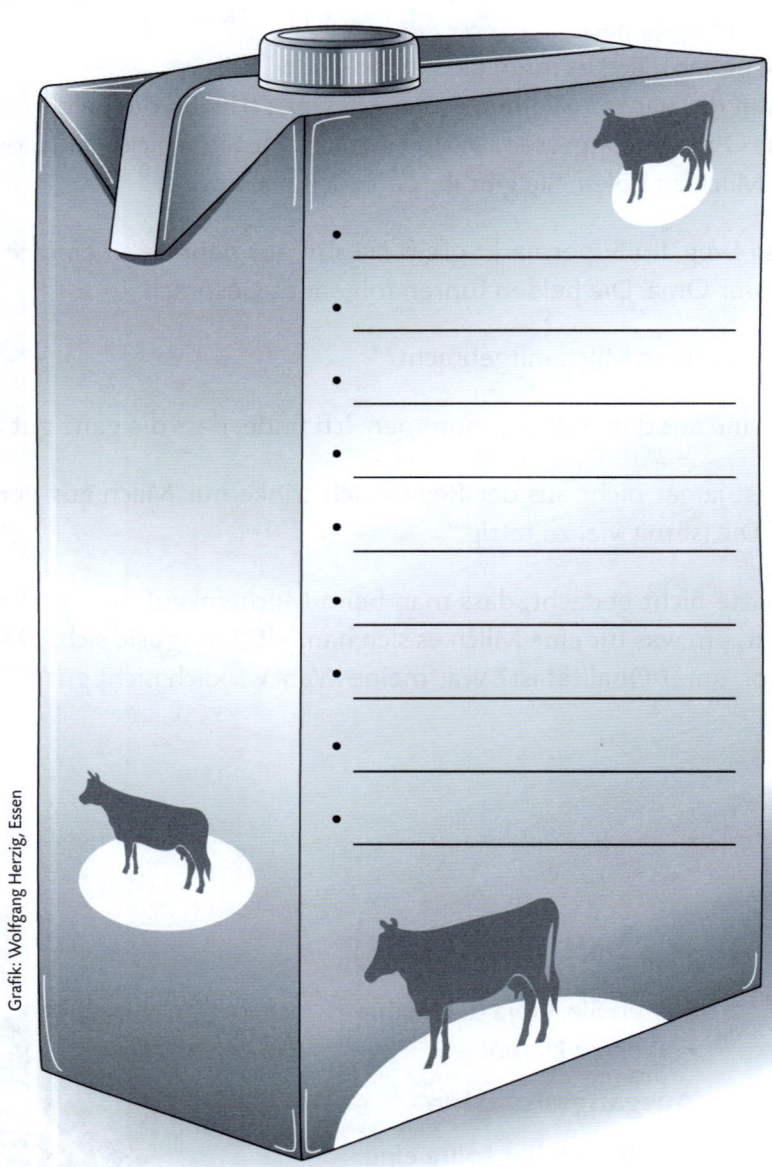

Grafik: Wolfgang Herzig, Essen

Welche Angaben möchte ich auf der Milchpackung stehen haben?

AB 1 LH

- Eine Liste an der Tafel zu erstellen, kann sinnvoll sein, denn die einzelnen Punkte sind immer präsent und der Lehrer kann sich darauf beziehen. Bleiben Punkte übrig, die nicht auf der Verpackung aufgedruckt sind, sollte darüber am Ende der Informationsphase gesprochen werden.

1. Suchen Sie die gesetzlichen Kennzeichnungen auf Ihrer Verpackung und tragen Sie die gesetzlichen Bestimmungen auf Ihr Arbeitsblatt ein (Informationsblatt IB1).

2. Finden Sie auch nicht gesetzliche Kennzeichnungen auf der Verpackung?

Gesetzliche Bestimmungen

Nicht gesetzliche Kennzeichnungen

Grafik: Wolfgang Herzig, Essen

AB 2 zu IB 1

3. Überprüfen Sie, inwieweit die von Ihnen erarbeiteten Angaben (Arbeitsblatt AB 1) mit den gesetzlichen bzw. nicht gesetzlichen Kennzeichnungen der Milchverpackung übereinstimmen.

4. Sie wissen jetzt, wie verpackte Lebensmittel gekennzeichnet werden müssen. Suchen Sie sich zu Hause ein Produkt aus (z. B. Ihre Lieblingsschokolade oder Ihr Lieblingsmüsli) und schreiben Sie in einer Tabelle auf, wie das Produkt gekennzeichnet ist. Unterscheiden Sie dabei die gesetzlichen und die nicht gesetzlichen Kennzeichnungen.

Angaben auf der Milchverpackung

AB 2 LH zu IB 1

Die Kennzeichnungsvorschriften werden wiederholt und durch die Milchverpackung konkretisiert. Die sonstigen Angaben sind von der Verpackung abhängig.

Beim Besprechen der Tabelle erfolgt die Überleitung zum Thema „Siegel".

Was bedeuten die Siegel? Informieren Sie sich über die abgebildeten Siegel mithilfe des Informationsblattes IB 2 und des Internets! Welcher Kategorie würden Sie die Siegel zuordnen?

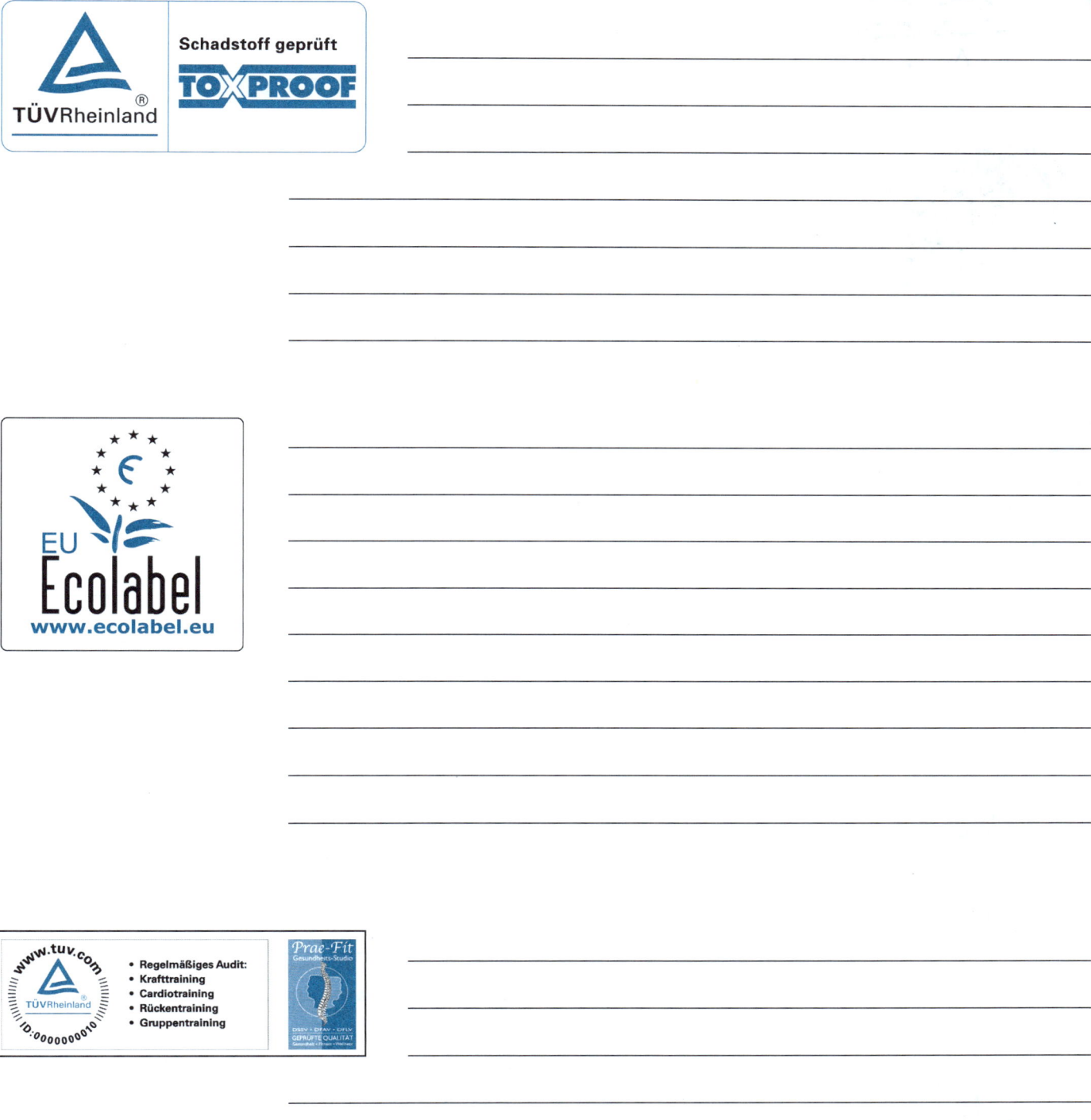

• Die Informationen findet man bei www.label-online.de. Unter dem Punkt „LABEL SUCHE" kann man die verschiedenen Siegel eingeben und findet u.a. deren „BEWERTUNG".

Angaben auf der Milchverpackung

Informieren Sie sich darüber, wofür diese Siegel stehen.

Finden Sie Kategorien, nach denen man sie sortieren kann.

Wenn Sie noch weitere Bio-Siegel kennen oder finden, schneiden Sie sie aus und fügen Sie sie Ihrer Liste hinzu (Informationsblatt, IB 3).

- Die Schüler sollen feststellen, dass es – wie auch in anderen Bereichen – eine fast unüberschaubare Anzahl an Siegeln gibt. Eine abschließende Auflistung aller Bio-Siegel ist aufgrund der Vielzahl nicht möglich.
  Sämtliche Zeichen für den ökologischen Landbau müssen die Mindeststandards der EG-Öko-Verordnung erfüllen.

- Die Verbraucherzentrale Bayern hat in ihrer Broschüre „Alles Öko? Durchblick im Labyrinth der Öko-Kennzeichnungen" (S. 7 f.) die Zeichen in der hier dargestellten Form sortiert.

Plakat gestalten

Schneiden Sie eine Milchverpackung auseinander und kleben Sie sie auf ein Plakat.

Stellen Sie dar, was die einzelnen Elemente auf der Verpackung bedeuten. So erhalten Sie einen guten Überblick über die Kennzeichnungen.

Plakat gestalten

Tauchen unbekannte Beschriftungselemente auf, dann sollen sich die Schüler, z. B. im Internet, die Informationen darüber beschaffen.

Ihnen stehen verschiedene Milchverpackungen zur Auswahl. Füllen Sie die Entscheidungsmatrix aus (Informationsblatt IB 4).

Führen Sie einen Geschmackstest durch. Schmecken Sie Unterschiede?

Entscheiden Sie sich für eine Milch.

	Vorteile	**Nachteile**	**Konsequenzen**
Milch 1:	• …	• …	• …
Milch 2:	• …	• …	• …
Milch 3:	• …	• …	• …
Milch 4:	• …	• …	• …

- Die Entscheidung soll mithilfe der Arbeits- und Informationsblätter getroffen werden. Zusätzlich sollen weitere Faktoren berücksichtigt werden.

- Der Einbezug weiterer Einflussfaktoren wie Preis und Geschmack ist von der Lehrperson vor dem Hintergrund des Leistungspotenzials der Lerner zu entscheiden. Beispielsweise erfordert der Einbezug des Preises explizites Zusatzwissen (vgl. Fallstudie „Das Problem mit dem Milchpreis").

- Die Faktoren, die zu Beginn dieser Fallstudie zusammengefasst wurden, können noch mal wiederholt werden.

- Es ist wichtig, dass den Schülern ein breites Repertoire an Milchverpackungen bereitgestellt wird. Eine Variationsvielfalt muss vorhanden sein, damit die Schüler eine echte Entscheidungssituation vorfinden und sich dann für eine Milch entscheiden können. Die Schüler sollten die Preise der Milchsorten kennen.

LH zur Fallstudie

Ein Ansatz für eine Vertiefung stellt eine weitere Fallstudie in den Bereichen Marketing und Packungsgestaltung dar.

Das Thema „Recycling" kann sowohl während der Fallstudie als auch im Anschluss daran behandelt werden.

Das Thema „Siegel" kann auch mit den Themen Medien und Finanzprodukte vertieft werden.

Übersicht über die Kennzeichnung von verpackten Lebensmitteln

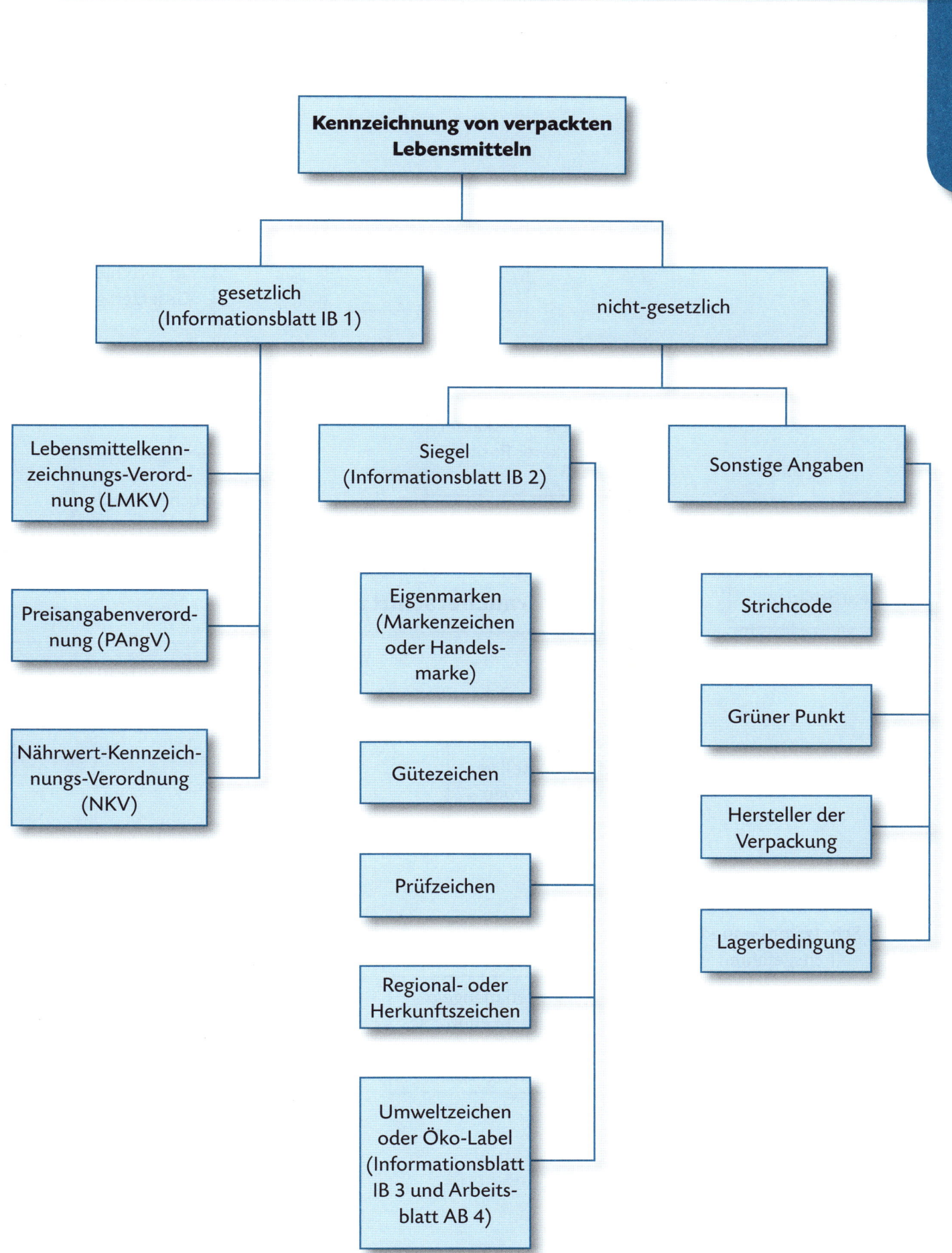

Kennzeichnung von verpackten Lebensmitteln

- gesetzlich (Informationsblatt IB 1)
  - Lebensmittelkennzeichnungs-Verordnung (LMKV)
  - Preisangabenverordnung (PAngV)
  - Nährwert-Kennzeichnungs-Verordnung (NKV)
- nicht-gesetzlich
  - Siegel (Informationsblatt IB 2)
    - Eigenmarken (Markenzeichen oder Handelsmarke)
    - Gütezeichen
    - Prüfzeichen
    - Regional- oder Herkunftszeichen
    - Umweltzeichen oder Öko-Label (Informationsblatt IB 3 und Arbeitsblatt AB 4)
  - Sonstige Angaben
    - Strichcode
    - Grüner Punkt
    - Hersteller der Verpackung
    - Lagerbedingung

Tafelbild 2

Verbraucher ist auf Informationen des Unternehmers angewiesen

Ungleichgewicht ausgleichen

in verschiedenen Gesetzen geregelt

Hersteller / Verkäufer in stärkerer Position

Verbraucherschutz-organisationen

Verbraucher wird geschützt vor möglichen Schäden

Verbraucherschutz

Verbraucher kennen ihre Rechte nicht

Täuschung und Irreführung soll verhindert werden

Verbrauchern fehlt es an Informationen

Schutz vor Gesundheitsgefahren

wegen mangelnder Fachkenntnisse Benachteiligung möglich

Verbraucher wird mit Informationen überflutet

Überlegen Sie sich, welche Angaben auf einer Milchverpackung stehen müssen, damit Sie die Qualität einschätzen können.

Für mich müssen auf einer Milchverpackung folgende Angaben stehen:

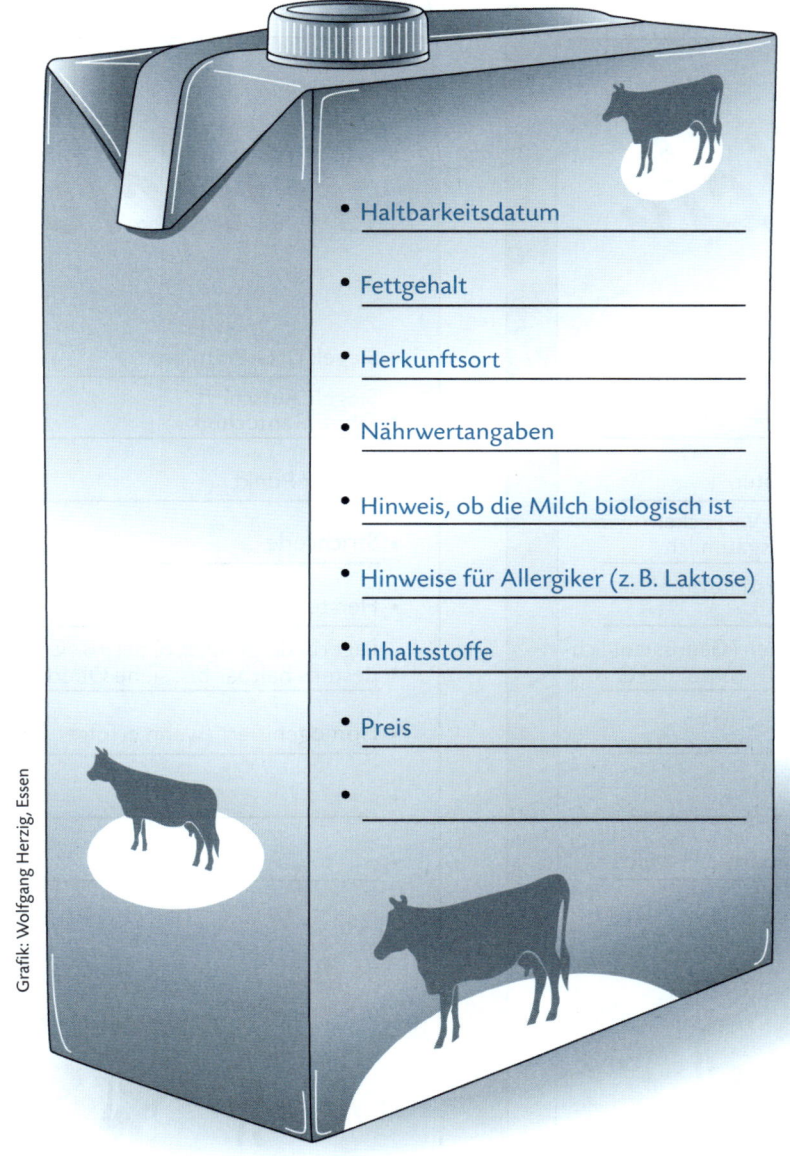

- Haltbarkeitsdatum _____
- Fettgehalt _____
- Herkunftsort _____
- Nährwertangaben _____
- Hinweis, ob die Milch biologisch ist _____
- Hinweise für Allergiker (z. B. Laktose) _____
- Inhaltsstoffe _____
- Preis _____
- _____

Grafik: Wolfgang Herzig, Essen

AB 2 LS* zu IB 1

1. Suchen Sie die gesetzlichen Kennzeichnungen auf Ihrer Verpackung und tragen Sie die gesetzlichen Bestimmungen auf Ihr Arbeitsblatt ein (Informationsblatt IB1).

2. Finden Sie auch nicht gesetzliche Kennzeichnungen auf der Verpackung?

Gesetzliche Bestimmungen

Nicht gesetzliche Kennzeichnungen

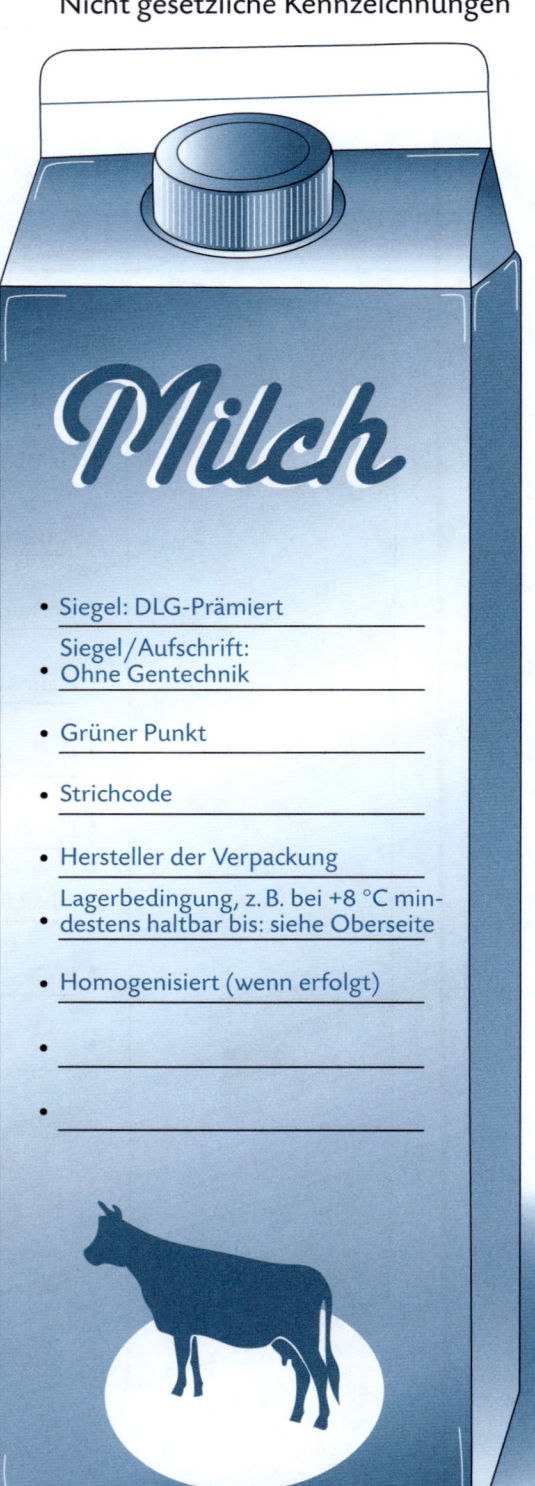

Milch

- Verkehrsbezeichnung (Milch)
- Fettgehalt, z. B. 1,5 %
- Füllmenge, z. B. 1 Liter
- Hersteller, Abfüller, Verpacker oder Verkäufer, z. B. Breisgaumilch
- Mindesthaltbarkeitsdatum, z. B. 07.05.2013
- Identitätskennzeichen (Genusstauglichkeitszeichen), z. B. D, BW 376, EG
- Wärmebehandlung, z. B. ultrahocherhitzt
- Nährwertangaben
- Milchsorte, z. B. fettarme H-Milch

Milch

- Siegel: DLG-Prämiert
- Siegel/Aufschrift: Ohne Gentechnik
- Grüner Punkt
- Strichcode
- Hersteller der Verpackung
- Lagerbedingung, z. B. bei +8 °C mindestens haltbar bis: siehe Oberseite
- Homogenisiert (wenn erfolgt)
- _____
- _____

Grafik: Wolfgang Herzig, Essen

3. Überprüfen Sie, inwieweit die von Ihnen erarbeiteten Angaben (Arbeitsblatt AB 1) mit den gesetzlichen bzw. nicht gesetzlichen Kennzeichnungen der Milchverpackung übereinstimmen.

Angaben auf der Milchverpackung zum Fettgehalt, Herkunftsort, dem Nährwert, zu Inhaltsstoffen, dem Preis und Hinweise für Allergiker (z. B. Laktose) sind gesetzlich vorgeschrieben.
Hingegen sind der Hinweis, ob die Milch biologisch ist, oder das Haltbarkeitsdatum nur freiwillige Angaben.

4. Sie wissen jetzt, wie verpackte Lebensmittel gekennzeichnet werden müssen. Suchen Sie sich zu Hause ein Produkt aus (z. B. Ihre Lieblingsschokolade oder Ihr Lieblingsmüsli) und schreiben Sie in einer Tabelle auf, wie das Produkt gekennzeichnet ist. Unterscheiden Sie dabei die gesetzlichen und die nicht gesetzlichen Kennzeichnungen.

Bei dieser Aufgabe handelt es sich um eine Wiederholung der Aufgaben 1. und 2., da auch hier nur eine exemplarische Lösung erstellt werden könnte, wird auf die Lösungen der Aufgaben 1. und 2. verwiesen.

Was bedeuten die Siegel? Informieren Sie sich über die abgebildeten Siegel mithilfe des Informationsblattes IB 2 und des Internets! Welcher Kategorie würden Sie die Siegel zuordnen.

TÜV Rheinland TOXPROOF-Zeichen

Ob in Heimtextilien, Matratzen, Bekleidung, Bodenbelägen oder in Gebäuden – Schadstoffbelastungen im Wohnumfeld und in der Raumluft können die Gesundheit gefährden.

Mit dem TÜV Rheinland TOXPROOF-Zertifikat dokumentieren Sie gesundheitsbewussten Verbrauchern, dass sie bei Ihren Produkten und Baustoffen zugreifen können.

Das **EU-Umweltzeichen** (auch Euro-Blume genannt) wurde von der Europäischen Kommission 1992 ins Leben gerufen. Es wird an Produkte und Dienstleistungen vergeben, die bezogen auf die gesamte Lebensdauer geringere Umweltauswirkungen haben als der Marktdurchschnitt ohne dass dabei die Sicherheit der Produkte beeinträchtigt oder die Eignung für den vorgesehenen Gebrauch verringert wird. Die Produkt- und Dienstleistungspalette reicht von Reinigungsprodukten über Elektrogeräte, Textilien und Schmierstoffe bis hin zu Bodenbelägen sowie Farben und Lacken. Auch Serviceleistungen wie Beherbergungsbetriebe oder Campingplätze können das EU-Umweltzeichen tragen.

 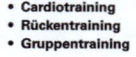 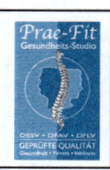

TÜV Rheinland Prae Fit Fitness-Siegel

Mit diesem Siegel werden Fitnessstudios gekennzeichnet, die bestimmte Anforderungen im Bereich Trainingsbetreuung und -beratung, Infrastruktur und apparative Anforderung, Hygiene und Sicherheit erfüllen. Es stellt ein Gütezeichen dar.

Unser Land

Hier handelt es sich um ein Regionalzeichen aus elf Landkreisen in Bayern

Das Zeichen kennzeichnet ökologisch und konventionell erzeugte und

verarbeitete Lebensmittel, welche soziale, ökologische sowie ökonomische

Ansprüche erfüllen.

DLG – Prämiert

Im Rahmen ihrer jährlich durchgeführten Qualitätstests prämiert die DLG Lebensmittel

mit Gold, Silber und Bronze. Die Prüfer sind Experten aus Wissenschaft, Überwachung,

Lebensmittelindustrie und Handwerk. Im Zentrum steht die sensorische Analyse der Le-

bensmittel, ergänzt um Verpackungs- und Kennzeichnungsprüfungen sowie Laboranalysen.

ok – power

ok-power kennzeichnet Ökostromprodukte aus erneuerbaren Energien (REG)

bzw. umweltfreundlicher Kraft-Wärme-Kopplung (KWK) und zielt auf die

Ausweitung von REG-Strom. Die Herausgeber von ok-power lassen

unabhängige Gutachter prüfen, ob der Strom des Anbieters ihre Kriterien

erfüllt. Es handelt sich hier um ein Prüf- und Gütezeichen.

Der **Blaue Engel** kennzeichnet seit 1978 Produkte, die umweltverträglicher

und gesundheitsschonender sind als vergleichbare Waren und Dienstleistungen.

Unter dem Logo des Blauen Engel befindet sich die Umschrift mit Hinweisen

auf die relevanten Eigenschaften des Produktes sowie das jeweilige Schutzziel.

Zeicheninhaber ist das Bundesumweltministerium. Produktbeispiele: Möbel,

Polstermöbel, grafische Papiere aus 100 % Altpapier, Computer, Drucker, Farben,

Lacke, Parkett, Linoleum usw.

Kontrollierte Natur-Kosmetik – BDHI

Das Prüfzeichen kontrollierte Natur-Kosmetik des BDIH (Bundesverband

Deutscher Industrie- und Handelsunternehmen für Arzneimittel, Reform-

waren, Nahrungsergänzungsmittel und Körperpflegemittel) kennzeichnet

Natur-Kosmetika, die die 'Richtlinie Natur-Kosmetik' des BDHI erfüllen.

Eine Übersicht über die Vielfalt der Bio-Siegel

Staatliches Bio-Siegel

Zeichen der deutschen Anbauverbände

Die meisten Öko-Betriebe in Deutschland sind in Anbauverbänden organisiert. Daher tragen viele Produkte auch ein Verbandszeichen, wie Bioland oder Demeter. Bio-Verbände besitzen eigene privatrechtliche Standards, deren Anforderungen in einzelnen Punkten über die Anforderungen der EG-Öko-Verordnung hinausgehen.

Regionale Gütezeichen

Die Gütezeichen können sich auch auf eine Region beziehen, wie z. B. Baden-Württemberg oder Bayern.

Öko- Handelsmarken

Viele Supermarkt-Ketten haben eigene Marken für Bio-Lebensmittel entwickelt. Dazu gehören zum Beispiel „Rewe Bio" bei Rewe oder „Edeka Bio" bei Edeka.

Weitere Biomarken

Reformhäuser[2] (überwiegend in Drogerien) Das AlnaturA-Siegel ist wie auch die Öko-Handelsmarken eine Eigenmarke.

---

[2] Dieses Zeichen findet man ausschließlich in Reformhäusern.

Schneiden Sie eine Milchverpackung auseinander und kleben Sie sie auf ein Plakat.

Stellen Sie dar, was die einzelnen Elemente auf der Verpackung bedeuten. So erhalten Sie einen guten Überblick über die Kennzeichnungen.

Die Milchverpackung

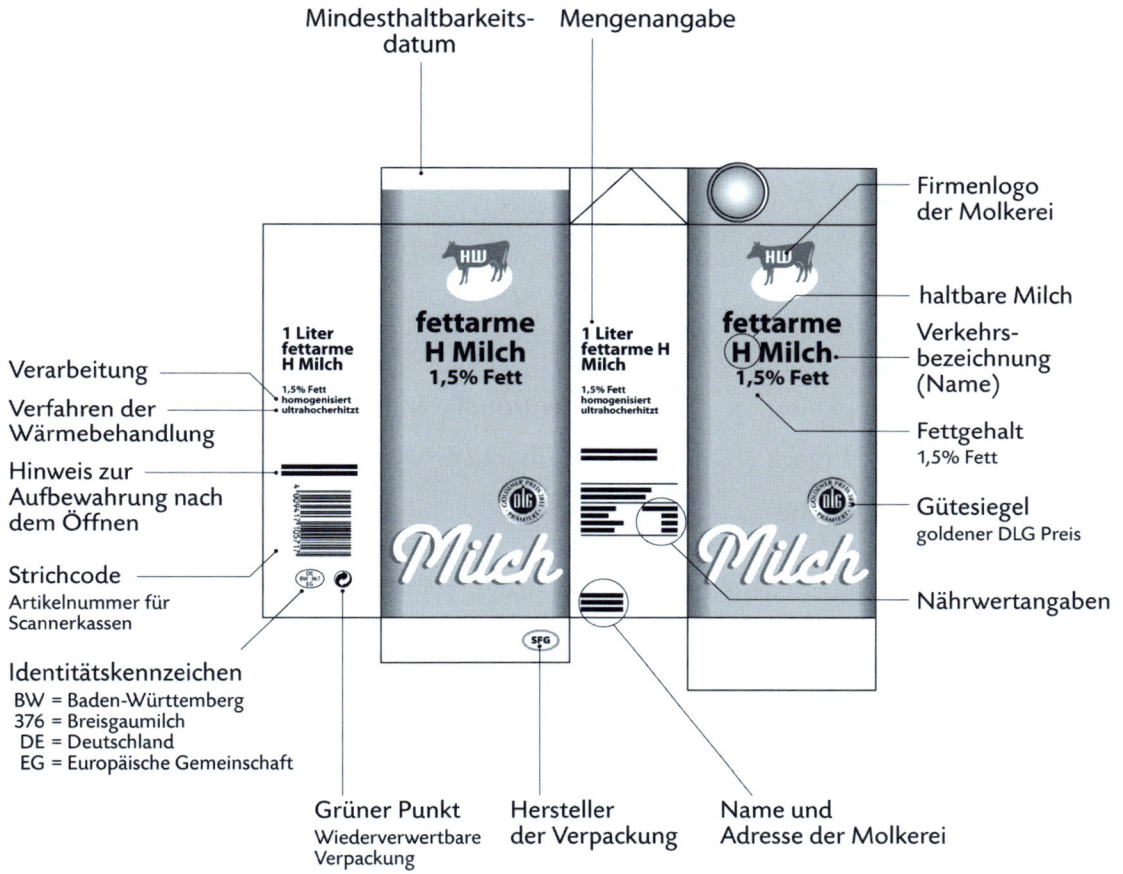

Mindesthaltbarkeits-datum

Mengenangabe

Firmenlogo der Molkerei

haltbare Milch

Verkehrs-bezeichnung (Name)

Fettgehalt
1,5% Fett

Gütesiegel
goldener DLG Preis

Nährwertangaben

Verarbeitung

Verfahren der Wärmebehandlung

Hinweis zur Aufbewahrung nach dem Öffnen

Strichcode
Artikelnummer für Scannerkassen

Identitätskennzeichen
BW = Baden-Württemberg
376 = Breisgaumilch
DE = Deutschland
EG = Europäische Gemeinschaft

Grüner Punkt
Wiederverwertbare Verpackung

Hersteller der Verpackung

Name und Adresse der Molkerei

Grafik: Wolfgang Herzig, Essen

	Vorteile	**Nachteile**	**Konsequenzen**
Milch 1: „Heimat- milch" fettarme H-Milch	• aus der Region • Goldener DLG-Preis (Siegel) • wenig Fett	• teuer (teurer als Milch aus Discounter)	• keine weiten Transportwege • gute Qualität aufgrund Siegel • fettarm ➔ für Figur- bewusste
Milch 2: Bio-Milch	• ökologisch erzeugt (Nachhaltigkeit) • guter Geschmack • Mehrwegflasche	• evtl. teurer als konventionelle Milch • nicht überall erhältlich	• gut für die Umwelt (ökologisch produziert und Mehrwegflasche) • schmeckt gut
Milch 3: Laktosefreie Milch	• auch geeignet für Menschen, die unter Laktoseintoleranz leiden	• süßlicher Geschmack • teurer	• geeignet für Men- schen, die unter Laktoseintoleranz leiden • veränderter Geschmack
Milch 4: Frischmilch aus Discounter	• niedriger Preis	• keine schöne Verpackung • kein Hinweis auf besondere Qualität • im Kühlschrank lagern • kurze Haltbarkeit	• günstige Milch • oft weite Transport- wege • nicht so lange haltbar wie H-Milch

Was muss auf der Verpackung stehen? Seite 1

IB 1

Die Kennzeichnung von Lebensmitteln ist gesetzlich vorgeschrieben. Die Angaben sollen die Verbraucher über die Eigenschaften und Merkmale der Lebensmittel informieren.

Wenn du wissen möchtest, was ein verpacktes Lebensmittel enthält, so musst du das Etikett gründlich lesen. Es könnten durchaus Zutaten und Zusatzstoffe im Produkt schlummern, mit denen man nicht gerechnet hat. Außerdem kann die schöne Verpackung Zutaten darstellen, die in Wirklichkeit nur in sehr geringen Mengen vorhanden sind.

Die gesetzlich vorgeschriebenen Angaben müssen gut sichtbar, deutlich lesbar, unverwischbar und leicht verständlich auf der Verpackung stehen.

Die erforderliche Grundkennzeichnung für verpackte Lebensmittel umfasst folgende Bezeichnungen[3]:

- **Verkehrsbezeichnung**
  Name des Lebensmittels:
  Anhand dieses verbindlichen Namens erkennen Verbraucher die Art des Lebensmittels und können es so auch von anderen Nahrungsmitteln unterscheiden[4].

- **Mengenangabe**
  Verpackungen gibt es in den unterschiedlichsten Formen, sodass der tatsächliche Inhalt oft nur schwer zu erahnen ist. Deshalb muss die Füllmenge angegeben werden. **Bei festen Lebensmitteln** wird die Füllmenge meist in Gramm oder Kilo angegeben, bei flüssigen Nahrungsmitteln (beispielsweise Milch oder Soßen) oder bei Speiseeis in Liter oder Milliliter.

- **Mindesthaltbarkeitsdatum bzw. Verbrauchsdatum**
  Das Mindesthaltbarkeitsdatum gibt an, bis zu welchem Datum das Lebensmittel bei sachgemäßer Lagerung seine wesentlichen Eigenschaften behält. Es kennzeichnet den letzten Tag, an dem ein Lebensmittel verzehrt werden sollte.
  Bei der Milch wird dieses Datum entsprechend der Lagerbedingung angegeben, z.B. „bis 8 Grad Celsius mindestens haltbar bis ...".

- **Zutatenverzeichnis**
  Auf dem Etikett ist eine Liste der Zutaten anzubringen. Bei Lebensmitteln aus nur einer Zutat ist dies nicht erforderlich. Alle Zutaten und Zusatzstoffe, die bei der Herstellung verwendet werden, werden in einer Liste in absteigender Reihenfolge angegeben.

- **Allergene Zutaten** (wenn enthalten)
  Unter die Allergenkennzeichnung fallen vierzehn Produktgruppen und sämtliche Erzeugnisse daraus[5]. Wenn z.B. Eier, Soja oder Senf in einem Produkt enthalten sind, so muss darauf hingewiesen werden.

- **Hersteller**
  Auf Fertigpackungen müssen Name oder Firma und Anschrift des Herstellers, Verpackers oder Verkäufers angegeben sein. Zusätzlich muss eine Los- oder Chargennummer auf der Packung stehen. Ein Los bezeichnet dabei eine bestimmte Menge von Lebensmitteln, die alle unter gleichen Bedingungen erzeugt wurden. Das hat den Vorteil, dass bei schwerwiegenden Mängeln Rückrufaktionen mithilfe einer solchen Nummer leichter umsetzbar sind. Anhand der Losnummer kann die Ware bis zum Erzeuger zurückverfolgt werden.

---

[3] Gemäß der Verordnung über die Kennzeichnung von Lebensmitteln (LMKV)
[4] Vgl. www.ratgeber-verbraucherzentrale.de [14.12.2011]
[5] Vgl. Maschkowski, Gesa (aid)/Rempe, Christina: Achten Sie aufs Etikett! Kennzeichnung von Lebensmitteln. 14. Auflage. Bonn 2008, S. 22 f.

IB 1

- **Preis**

  Es muss der Verkaufspreis einschließlich Umsatzsteuer sowie sonstiger Preisbestandteile, jedoch ohne Rabatte, angegeben werden.

  Einzelhändler müssen neben dem Endpreis auch den Grundpreis je Mengeneinheit (z. B. 1 kg oder 1 Liter) in unmittelbarer Nähe des Endpreises angeben.

  Der Preis darf statt auf der Packung auch auf dem Regal stehen.

Milchverpackungen müssen neben den bereits genannten Angaben noch die **Milchsorte**[6] (z. B. Vollmilch), den **Fettgehalt in Prozent bzw. die Fettgehaltsstufe** und das **Verfahren der Wärmebehandlung** (z. B. Ultrahocherhitzt) enthalten. Ebenso muss das **Identitätskennzeichen** angegeben werden.

Identitätskennzeichen (früher: Genusstauglichkeitszeichen)

Das Identitätskennzeichen ist ein wichtiges Kennzeichnungsmerkmal für alle Milchprodukte. Es bescheinigt, dass das Milchprodukt aus einem nach den EU-Vorschriften zugelassenen Herstellungs- oder Verarbeitungsbetrieb stammt. Das Identitätskennzeichen zeigt dem Verbraucher, wo das Produkt zuletzt behandelt wurde. Das lässt Rückschlüsse auf den Transportweg zu. Es macht aber keine Aussage darüber, wo die Milch ursprünglich herkommt.

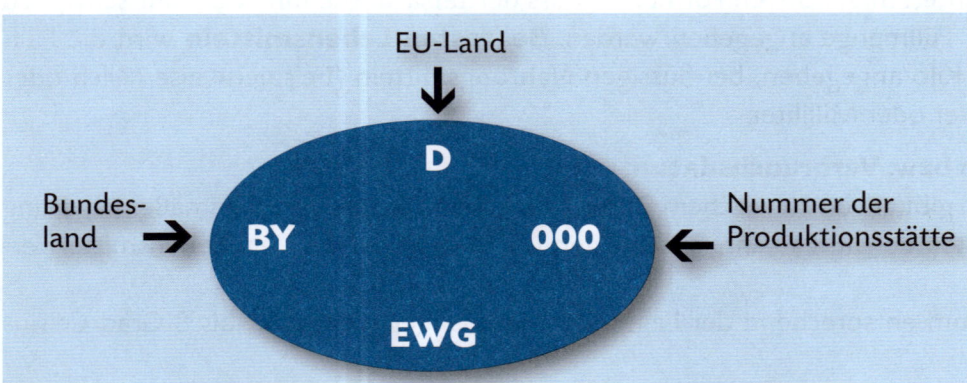

D	=	Deutschland
BY	=	Bayern (BW = Baden-Württemberg)
000	–	Hier steht die Nummer des Betriebes, der das Produkt zuletzt bearbeitet oder verpackt hat.

Die Informationen des Identitätskennzeichens richten sich in erster Linie an die Lebensmittelüberwachung.

Nährwertkennzeichnung/Nährwertangaben

Wenn ein Lebensmittel damit wirbt, dass es besonders gesund ist oder einen besonderen Nährstoffgehalt hat, muss die Nährwerttabelle auf dem Etikett angeführt sein. Ansonsten ist die Angabe der Nährwerttabelle nicht verpflichtend.

Diese Angaben sollen dem Verbraucher zeigen, welche für die Ernährung als relevant angesehene Nährstoffe im Lebensmittel enthalten sind.

---

[6] Vgl. aid Infodienst (Hrsg.): Milch und Milcherzeugnisse, Bonn: 2005, S. 32

• Das kann noch auf der Verpackung stehen:

Strichcode

Der Strichcode auf der Verpackung wird EAN (International Article Number; früher: European Article Number) genannt. Der „EAN-Strichcode mit dazugehöriger Zahlenkombination ist eine Artikelnummer, die von Scannerkassen gelesen werden kann. Auch der Preis kann auf diese Weise gespeichert werden. Informationen über Qualität und Herkunft des Produkts erhält der Strichcode für den Verbraucher nicht."[7]

Grüner Punkt

Die Bedeutung des Grünen Punktes kann – falls noch nicht bekannt – im Rahmen des Themas „Recycling" behandelt werden.

Der **Grüne Punkt**[8] zeigt dem Endverbraucher an, dass der Hersteller für diese Verkaufsverpackung die Pflichten der Verpackungsordnung erfüllt. Das Unternehmen „Duales System Deutschland GmbH" ist für die Organisation der Sammlung und Sortierung von Verkaufsverpackungen mit dem Grünen Punkt zuständig.

Eine abschließende Darstellung aller möglichen Angaben kann nicht geleistet werden.

Methodischer Tipp:

• Zur Kontrolle der Hausaufgabe sollen die Schüler ihre Lebensmittel bzw. die Lebensmittelverpackungen mitbringen. Die Schüler können die Angaben gegenseitig überprüfen.

---

[7] http://www.vz-nrw.de/UNIQ132387190002979/link530521A.html [14.12.2011]
[8] www.gruener-Punkt.de [14.12.2011]

In Deutschland finden sich neben der gesetzlich vorgeschriebenen Kennzeichnung eine Vielzahl an Markennamen, Siegeln, Herkunftszeichen und Symbolen auf den Verpackungen. Wort- und Bildzeichen, die als freiwillige Kennzeichnungselemente auf Lebensmittelverpackungen zu sehen sind, nennt man „Siegel", „Zeichen" oder „Label"[9]. „Die Palette von Siegeln reicht von selbst kreierten Hersteller-Labeln bis hin zu unabhängig vergebenen und überwachten Qualitätszeichen"[10].

Die Zeichen sollen auf die besondere Qualität von Produkten hinweisen. Die einzelnen Hersteller möchten sich bewusst von anderen abgrenzen, die Produkte mit dem gleichen Gebrauchszweck anbieten, aber eine besondere Eigenschaft nicht haben. Manche Siegel ermöglichen es dem Verbraucher, sich bewusst für eine bestimmte Art von Gütern, wie biologisch produzierte, zu entscheiden.

Grundsätzlich kann jeder ein Siegel kreieren, da es keine gesetzliche Grundlage gibt. Angaben über die Qualität müssen leicht verständlich sein und sie dürfen nicht irreführend oder täuschend sein.

Die Voraussetzungen für die Vergabe von Label und Prüfzeichen sind sehr unterschiedlich, teilweise werden nur die gesetzlich vorgeschriebenen Merkmale eingehalten. Dennoch werden auch durch solche Label automatisch Qualitätserwartungen beim Käufer geweckt.

Label werden nach Eigenmarken, Gütezeichen, Prüfzeichen, Regionalzeichen und Umweltzeichen unterteilt[11].

Eigenmarken sind firmeneigene Label, die von den Herstellern selbst entwickelt wurden. Sie kennzeichnen eine bestimmte Produktlinie.

Beispiel: **AlnaturA**
AlnaturA ist eine Eigenmarke der AlnaturA Produktions- und Handels GmbH, unter welcher Produkte aus kontrolliert ökologischer Landwirtschaft im Einzelhandel angeboten und vertrieben werden.

Gütezeichen sollen dem Verbraucher gleich bleibende Qualität von Erzeugnissen oder Dienstleistungen garantieren. Gütezeichen werden nach einem besonderen Prüfverfahren vom RAL, dem Institut für Kennzeichnung und Gütesicherung e.V., als solche anerkannt, wenn sie den „Grundsätzen der Gütezeichen" entsprechen. Die Qualitätsstandards orientieren sich vor allem an gesetzlichen Grundlagen und Normen. Die Überwachung der besonderen Qualitätskriterien erfolgt durch die Betriebe und durch neutrale Prüfstellen, Institute oder vereidigte Sachverständige. Die Gütezeichen sollen Orientierungshilfe für eine bewusste Kaufentscheidung sein.

Beispiel: **Marine Stewardship Council (MSC)**
Das MSC-Siegel kennzeichnet Fisch und Meeresfrüchte aus umweltgerechter Fischerei. Das bedeutet unter anderem, dass die Bestände nicht überfischt werden.

---

9 Vgl. http://www.label-online.de/index.php/cat/28 [14.12.2011]
10 http://www.label-online.de/index.php/cat/28 [14.12.2011]
11 Unterteilung nach den verschiedenen Ansätzen der Produktkennzeichnung; vgl. http://www.label-online.de [14.12.2011]

Die **QS-Standards** werden von allen beteiligten Produktions- und Vermarktungsstufen gemeinsam bestimmt. Sie umfassen relevante gesetzliche Vorgaben, gehen in einigen Punkten aber auch darüber hinaus. Das QS-Zeichen ist nicht als Qualitätssiegel, sondern als Prüfzeichen zu bewerten und wird von der QS Qualität und Sicherheit auch so kommuniziert.

Beispiel: **GS-Zeichen**
Das GS-Zeichen (Geprüfte Sicherheit) tragen Produkte, die die gesetzlich geregelten sicherheitstechnischen Anforderungen erfüllen. Das Produkt muss so beschaffen sein, „dass Sicherheit und Gesundheit bei bestimmungsgemäßer Verwendung oder vorhersehbarer Fehlanwendung nicht gefährdet sind".

Regionalzeichen oder Herkunftszeichen sind Label, die für Produkte werben, die in einer bestimmten Region hergestellt wurden. Diese findet man vor allem bei Lebensmitteln.

Beispiel: **QZBW – Qualitätszeichen Baden-Württemberg**[12]
Dieses Zeichen gibt nicht nur die Herkunft des Gutes an, sondern garantiert dem Verbraucher eine kontrollierte Qualität.

Umweltzeichen oder Öko-Label beziehen sich auf die Umwelteigenschaften eines Produktes. Diese Produkte können zum Beispiel umweltschonend hergestellt worden sein oder sie lassen sich besonders umweltfreundlich entsorgen. Das Umweltzeichen kann sich auf einen einzelnen Aspekt konzentrieren (z. B. chlorfrei gebleicht) oder sich auf den gesamten Lebenszyklus beziehen.

Beispiel: **Blauer Engel (Recyclingpapier)**
Damit werden Recyclingpapiere gekennzeichnet, die zu 100 % aus Altpapier bestehen. Im Vergleich zu konventionellem Papier ist der Wasser- und Energieverbrauch zur Herstellung niedriger.[13]

Zugehöriges Arbeitsblatt: AB 3

---

[12] Weitere Informationen zum QZBW gibt es unter www.schmeck-den-sueden.de.
[13] Es gelten weitere Kriterien, die man zum Beispiel bei www.label-online.de unter dem Punkt „LABEL DATENBANK"
  „UNSERE BEWERTUNG" nachlesen kann.

- Aufgrund der Vielzahl ist eine Darstellung aller Siegel nicht möglich.
  Der DLG-Preis und die Kennzeichnung „Ohne Gentechnik" werden erläutert, weil beide auf Milch-verpackungen zu finden sind.

DLG-Gütezeichen

„In der Deutschen Landwirtschaftsgesellschaft (DLG) vereinigen sich Landwirte und Vertreter aus Wissenschaft, Verwaltung und Wirtschaft. Die Teilnahme an DLG-Qualifikationsprüfungen ist freiwillig. Bewertet werden dabei Geschmack, Geruch, Aussehen und Konsistenz der Lebensmittel. Das Zeichen dient vorwiegend der Absatzförderung und somit Werbezwecken von Landwirten und Händlern."[14]

Die Besten werden mit bronzenen, silbernen oder goldenen DLG-Preisen ausgezeichnet. Damit dürfen die Hersteller zwei Jahre lang werben.

Die Kennzeichnung „Ohne Gentechnik"

Bei Produkten, die diese Kennzeichnung tragen, darf im gesamten Herstellungsprozess keine Gentechnik zum Einsatz gekommen sein. So dürfen beispielsweise keine Gen-Pflanzen an die Kühe verfüttert worden sein.

Diese Aussage wird oft in Form eines Siegels auf Lebensmitteln angebracht. Ein einheitliches Siegel „Ohne Gentechnik" gibt es bisher noch nicht.

Beispiel: Ohne GenTechnik

„Das Siegel „Ohne GenTechnik" wird Herstellern, die ihre Produkte als „ohne Gentechnik" kennzeichnen wollen, zur Nutzung über den Verband Lebensmittel ohne Gentechnik (VLOG) angeboten."[15]

Hinweise zu Gütezeichen

- Der Begriff „Gütezeichen" ist wettbewerbsrechtlich geschützt.
  Die Grundsätze für Gütezeichen sind z. B. unter
  http://www.bzr-institut.de/files/pdf/info/
  RG_FA_Grundsaetze_fuer_Guetezeichen_Ausgabe_2005.pdf zu finden.

[14] http://www.vz-bawue.de/UNIQ123609478028852/link530601A.html [14.12.2011]
[15] http://www.ohnegentechnik.org/ [14.12.2011]

Hinweis zur Hausaufgabe

• Die Schüler benötigen zur Informationsbeschaffung das Internet oder andere Quellen. Die Siegel sollen kritisch analysiert werden. Dabei helfen die Kriterien, nach denen LABEL ONLINE beurteilt: Anspruch, Unabhängigkeit, Überprüfbarkeit (Kontrolle) und Transparenz.

Beispiel: **Woolmark**[16]

Ein Produkt mit diesem Zeichen besteht aus 100 % reiner Schurwolle. Das Zeichen beachtet keine ökologisch oder gesundheitlich relevanten Kriterien. Außerdem ist die Unabhängigkeit des Zeichens nicht gewährleistet. Hinzu kommt, dass Woolmark noch zwei weitere Siegel vergibt, die diesem sehr ähnlich sehen. Dies kann zu Verwechslungen führen.

Beispiel: **QS**

Das QS-Zeichen hat die „QS Qualität und Sicherheit GmbH" kreiert, eine Gesellschaft der Agrar- und Ernährungswirtschaft. Der Schwerpunkt liegt auf der Qualitätssicherung und Kontrolle auf allen Erzeugungsstufen von den Futtermitteln bis zum Lebensmitteleinzelhandel. Da die QS-Standards nur wenig mehr als die gesetzlichen Mindestanforderungen absichern, ist es als Prüfzeichen und nicht als Qualitätssiegel zu bewerten.

Hausaufgabe:

• Suchen Sie bei Ihnen zu Hause oder beim Wochenendeinkauf nach zwei Siegeln auf Lebensmittelverpackungen oder Gegenständen. Was bedeuten sie? Bringen Sie sie mit und stellen Sie sie vor.
  Hätten Sie das Siegel auch so bewertet wie Label Online? Begründen Sie Ihre Antwort

Methodischer Tipp:

• Bei der Vorstellung der Hausaufgabe kann der Lehrer fragen, welcher Kategorie die vorgestellten Zeichen zuzuordnen sind.

---

[16] Vgl. http://www.label-online.de/index.php/cat/3/lid/170 [14.12.2011]

IB 3

Die Begriffe „Bio" und „Öko" sind geschützt und dürfen nur von Produkten getragen werden, die der EG-Öko-Verordnung[17] entsprechen. Die Verordnung über den ökologischen Landbau (EG-Öko-Verordnung) schreibt beispielsweise vor, dass auf mineralische Dünger und auf synthetische Pflanzenschutzmittel verzichtet werden muss. Die Tiere müssen artgerecht gehalten und gefüttert werden. Ebenso dürfen keine gentechnisch veränderten Organismen verwendet werden. Die Verordnung definiert einen gesetzlichen Mindeststandard der ökologischen Erzeugung.

Wenn beispielsweise ein Landwirt Öko-Produkte herstellt und diese auch als solche kennzeichnen möchte, so muss er sich bei einer zugelassenen Kontrollstelle anmelden. In Deutschland gibt es derzeit 23 Öko-Kontrollstellen.[18] Die Kontrollstellen sind private Unternehmen, die von der Bundesanstalt für Landwirtschaft und Ernährung zugelassen und von den Behörden der Bundesländer überwacht werden. Sie prüfen, ob der Betrieb die Anforderungen der EG-Öko-Verordnung und ggf. weitere Vorschriften der Anbauverbände erfüllt.

Die Kosten für die Kontrollen trägt der Hersteller – in unserem Beispiel also der Landwirt. Jährlich findet eine angemeldete Kontrolle im Betrieb statt. Dies wird vorher angemeldet, damit die notwendigen Unterlagen vorbereitet werden können. Bei einer Kontrolle werden der Betrieb und die dazugehörigen Flächen begutachtet. Alle erforderlichen Dokumente und Aufzeichnungen müssen vorhanden sein, damit alle Abläufe nachvollziehbar sind.[19]

Zusätzlich werden noch unangemeldete Stichprobenkontrollen durchgeführt.
Ist die Kontrolle zufrieden stellend, dann erhält der Betrieb ein Zertifikat bzw. das Zertifikat wird verlängert. Damit dürfen die Produkte mit Bio oder Öko gekennzeichnet werden.

Besteht der Verdacht, dass ein Betrieb gegen eine Richtlinie verstößt, dann werden Proben genommen und analysiert, um dies gegebenenfalls beweisen zu können. Liegt tatsächlich ein Verstoß vor, so folgen Sanktionen, die von Auflagen und kostenpflichtigen Nachkontrollen bis zur Aberkennung des Öko-Betriebes reichen können.

Auf jedem verpackten Bio-Produkt muss die Code-Nummer der für den Betrieb zuständigen Öko-Kontrollstelle angebracht sein. Dies ist der wichtigste Hinweis dafür, dass es sich um ein echtes Bio-Produkt handelt.[20]

---

[17] EG = Europäische Gemeinschaft. Sie ist die erste der drei Säulen der Europäischen Union (EU).
[18] Dies Angabe beruht auf der Adressenliste von http://www.oekolandbau.de/service/adressen/oeko-kontrollstellen/ [14.12.2011]
[19] Vgl. Grundwissen Ökolandbau [14.12.2011]
[20] Vgl. http://www.biosiegel.de/infos-fuer-verbraucher/bio-kontrollen/ [14.12.2011])

Und so sieht die **Kontrollstellen-Codenummer** aus:

DE-0XX-Öko-Kontrollstelle

DE   =   Länderkürzel (DE = Deutschland, NL = Niederlande usw.)

0XX   =   Nummern- oder Buchstabenkombination der Öko-Kontrollstelle (in Deutschland werden Ziffern, in andern Ländern auch Buchstaben verwendet).[21] Zum Beispiel steht die 001 für die BCS-Öko-Garantie GmbH.

Produkte, die nach den Vorschriften der EU-Öko-Verordnung hergestellt wurden und die Codenummer einer zugelassenen Kontrollstelle tragen, dürfen zusätzlich das sechseckige staatliche Bio-Siegel tragen.

EU – Bio – Logo

Seit dem 1. Juli 2010 müssen alle verpackten Bioprodukte, die innerhalb der EU hergestellt werden, dieses Zeichen tragen. Unmittelbar unter dem EU-Bio-Logo ist die Codenummer der Stelle angegeben, die das Produkt kontrolliert hat. Diese Nummer beginnt immer mit dem Kürzel des Mitgliedsstaates. Daran schließt sich das Wort „Bio" oder „Öko" (in der jeweiligen Sprache) sowie die Referenznummer der Kontrollstelle an. Außerdem muss das Erzeugerland mit der Kennzeichnung ‚EU-Landwirtschaft' oder ‚Nicht EU-Landwirtschaft' angegeben werden.[22]

Und so sieht die **Kontrollstellen-Codenummer** aus:

    DE – ÖKO – 03

    EU – Landwirtschaft

Zugehöriges Arbeitsblatt: AB 4

---

[21] Vgl. http://www.oekolandbau.de/service/gesetze-und-verordnungen/eu-bio-logo [14.12.2011]

[22] Vgl. http://www.bio-siegel.de/infos-fuer-verbraucher/

- Der Aufdruck von Symbolen, die Bio-Produkte als solche kenntlich machen, ist nicht verpflichtend. Es hilft den Verbrauchern allerdings dabei, die Produkte besser zu erkennen.

- Beim Thema Bio-Produkte soll herausgearbeitet werden, worin die Unterschiede zur konventionellen Erzeugung liegen. Die hier aufgeführten Punkte enthalten viele Fachausdrücke. Deshalb ist es ggf. sinnvoll, den Biologieunterricht mit einzubeziehen. Auch eine Verbindung zur Fallstudie „Das Problem mit dem Milchpreis" kann hier sinnvoll sein.

Was ist bei Bio anders als bei konventionellen Lebensmitteln?

Wichtige Aspekte des ökologischen Landbaus und der Weiterverarbeitung von Öko-Produkten[23]:

- Verzicht auf chemisch-synthetische Pflanzenschutz- und Düngemittel

- Erhalt bzw. Steigerung der Bodenfruchtbarkeit

- Verbot der Verwendung von Gentechnik

- Verbot der Lebensmittelbestrahlung

- Ausgewogene Nährstoffkreisläufe durch flächengebundene Tierhaltung

- Tiergerechte Haltung mit Auslaufmöglichkeiten

- Ökologisch ausgerichtete Fütterung ohne Zusatz von Antibiotika und Leistungsförderern

- Erhaltung der Tiergesundheit vor allem durch Förderung der natürlichen Widerstandskraft

- Weniger Zusatz- und Verarbeitungshilfsstoffe

Hinweise:
- Die Anbauverbände (z. B. Bioland oder Demeter) haben eigene Standards, die über die Anforderungen der EG-Öko-Verordnung hinausgehen. Auf den Homepages der Verbände können die entsprechenden Bestimmungen nachgelesen werden (www.demeter.de, www.bioland.de, usw.).

---

[23] Verbraucherzentrale Bayern: Alles Öko? Durchblick im Labyrinth der Öko-Kennzeichnungen. 6. Auflage. Hamburg 2005, S. 2

Extra-Aufgaben

- Wieso gibt es nicht nur ein Bio-Siegel?
  Beispielhaft mögliche Schülerlösungen[24]:

  - Anbauverbände wollen ihre höheren Anforderungen an die Produkte kenntlich machen.

  - Produzenten und Handel wollen nicht darauf verzichten, da die Siegel mit großem Aufwand eingeführt wurden.

  - Einige Siegel gab es schon vor dem staatlichen Bio-Siegel.

  - Die Produkte können zusätzlich mit dem Bio-Siegel gekennzeichnet werden (sofern sie die Vorgaben der EG-Öko-Verordnung erfüllen).

  - Bewusste Abgrenzung von andern Anbietern.

  - Es gibt keine gesetzliche Regelung, die ein einheitliches Siegel vorschreibt.

- Nach der Erarbeitung der Siegel sollen die Erkenntnisse festgehalten werden. Dafür bietet sich die Ich-Du-Wir-Methode an. Die Partnerarbeit wird dabei als Gruppenarbeit durchgeführt.

- (Güte-)Siegel sind gut und recht, aber ...

  Siegel haben den Vorteil, dass ...

  Aber man muss beachten, dass ...

  Beispielhaft mögliche Schülerlösungen:

  - Siegel bieten schnelle Orientierungshilfe.

  - Siegel weisen auf besondere Eigenschaften von Produkten hin.

  - Gütezeichen garantieren die besondere Qualität eines Gutes.

  - Manche Siegel bescheinigen nur die Einhaltung der gesetzlichen Standards.

  - Bei manchen Siegeln gibt es keine überprüfbaren Kriterien für die Vergabe.

  - Es gibt eine unüberschaubare Anzahl an Siegeln.

  - Da jeder ein Siegel entwerfen darf, müssen diese kritisch hinterfragt werden.

  - Es gibt keine gesetzliche Regelung, aber die Siegel dürfen nicht irreführend sein.

---

[24] Vgl. http://www.vz-bawue.de/UNIQ123764196722478/link397471A.html [21.03.2009]

IB 4

Die Milch wird im Handel in verschiedenen Sorten angeboten.

- **Vorzugsmilch**

  Sie ist eine streng überwachte Rohmilch (Rohmilch ist die ursprüngliche, unbehandelte Milch, die die Kuh liefert). Sie ist bei Kühlung nur zwei bis drei Tage haltbar und nicht wärmebehandelt.

- **Frischmilch (pasteurisierte Milch)**

  Sie wird meist 15 bis 30 Sekunden lang auf 72 bis 75 °C erhitzt (Kurzzeiterhitzung). Sie ist im Kühlschrank ungeöffnet 6 bis 10 Tage haltbar.

- **Längerfrische Milch (Extended Shelf Life-Milch)**

  Bei dieser Milch steht auf der Verpackung meistens „Länger frisch" oder eine ähnliche Bezeichnung. Längerfrische Milch ist eine besondere Form der pasteurisierten Milch. Sie wird in speziellen Anlagen kurzzeitig auf 85 bis 127 °C erhitzt und anschließend sofort wieder abgekühlt. So bleibt sie ungeöffnet im Kühlschrank ca. drei Wochen haltbar.

- **H-Milch (Ultrahocherhitzte Milch)**

  Sie enthält aufgrund einer Erhitzung auf mindestens 135 °C für ein bis vier Sekunden keine vermehrungsfähigen Keime mehr. Ungeöffnet ist sie ungekühlt mindestens 6 Wochen haltbar.

- **Sterilmilch**

  Sie wird in luftdicht verschlossener Verpackung bis zu 20 Minuten auf mindestens 110 °C erhitzt und wird dadurch keimfrei, verliert jedoch auch deutlich an Vitaminen. Die Haltbarkeit beträgt im ungeöffneten und ungekühlten Zustand sechs bis zwölf Monate.

- **Laktosefreie Milch (Minus-L-Milch)**

  Sie ist für Menschen mit Laktoseintoleranz (Unverträglichkeit von Milchzucker) geeignet, die normale Milch nicht vertragen können. Bei der laktosefreien Milch wird der in der Milch vorhandene Milchzucker in seine beiden Bestandteile Glucose und Galactose gespalten. Laktosefreie Milch schmeckt durch den aufgespaltenen Zucker leicht süß.

Die Milchsorten sind in unterschiedlichen Fettstufen erhältlich:

- Vollmilch mit natürlichem Fettgehalt von mindestens 3,8 %

- Vollmilch mit 3,5 % Fett

- Teilentrahmte bzw. fettarme Milch mit 1,5 % bis maximal 1,8 % Fett

- Entrahmte Milch bzw. Magermilch mit höchstens 0,5 % Fett

Homogenisieren

Bei frischer Milch bildet sich nach kurzer Zeit eine Rahmschicht an der Oberfläche. Die vielen Fettkügelchen in der Milch sind leichter als die übrigen Milchbestandteile und schweben daher langsam nach oben. Damit dies nicht passiert wird die Milch homogenisiert. Unter hohem Druck werden die Fettkügelchen in der Milch verkleinert und diese verteilen sich dann gleichmäßig in der Flüssigkeit.

Wärmebehandlung

Jede Milch muss erhitzt werden, damit die krankheits- und verderbniserregenden Keime abgetötet werden. Die Haltbarkeit der Milch erhöht sich dadurch.

Pasteurisieren

Es gibt zwei Varianten des Pasteurisierens. Bei der Kurzzeiterhitzung wird die Milch für 15 bis 30 Sekunden auf 72 bis 75 °C erhitzt. Von der Hocherhitzung spricht man, wenn die Milch für kurze Zeit auf 85–127 °C erhitzt wird.[25] Pasteurisierte Milch muss im Kühlschrank aufbewahrt werden.

Zugehöriges Arbeitsblatt: AB 6

---

[25] Vgl. Ministerium für Ernährung und Ländlichen Raum Baden-Württemberg (Hrsg.): Milch. Informationen für Verbraucher. Stuttgart 2004; S. 39

Literaturverzeichnis

aid infodienst (Hrsg.): Milch und Milcherzeugnisse. Bonn 2005; 16. Aufl.

Bensch, Jörg: Die Rechte des Käufers – Der Verbraucherschutz. in: Die Großhandelskaufleute: Zeitschrift für Aus- und Weiterbildung. Kiehl-Verlag. 6/2005, S. 4–12

Bundesministerium für Gesundheit: Verbraucherschutz im Lebensmittelrecht. Bonn 1997.

CMA/Milchindustrie-Verband e.V.: Stichwort Milch. Herstellung, Sortiment, Inhaltsstoffe, Sonstiges, Verbrauchertipps.

Dassler, Stefan: Verbraucherbildung als Aufgabe der Schule. In: Erziehungswissenschaft und Beruf 2/2008. S. 302–306.

Europäische Kommission: Vom Erzeuger bis zum Verbraucher. Sichere Lebensmittel für die europäischen Verbraucher. Luxemburg 2005.

FAO/WHO: Lebensmittel-Kennzeichnung. Codex alimentarius. 13. Ausgabe. Rom 2003.

Lindemann-Brecker, Meike: Kreative Bausteine für den kaufmännischen Unterricht. 2. Auflage. Rinteln 2008.

Maschkowski, Gesa (aid)/Rempe, Christina: Achten Sie aufs Etikett! Kennzeichnung von Lebensmitteln. 14. Auflage. Bonn 2008.

Ministerium für Ernährung und Ländlichen Raum Baden-Württemberg (Hrsg.): Milch. Informationen für Verbraucher. Stuttgart 2004.

Verbraucherzentrale Bayern: Alles Öko? Durchblick im Labyrinth der Öko-Kennzeichnungen. 6. Auflage. Hamburg 2005.

Weiß, Claudia: Zeichenvielfalt auf Lebensmitteln: ein Wegweiser. In: Ernährungs Umschau. 2/2008, S. 83–93.

Bio-Siegel
>>> http://www.biosiegel.de
>>>> Letzter Zugriff am 14.03.2009; Herausgeber: Bundesministerium für Ernährung, Landwirtschaft und Verbraucherschutz

Das Bio-Siegel: Orientierung am Einkaufsregal
>>> http://www.vz-bawue.de/UNIQ122763226605483/link397471A.html
>>>> Letzter Zugriff am 21.03.2009; Herausgeber: Verbraucherzentrale Baden-Württemberg

Das Qualitätszeichen Baden-Württemberg
>>> http://www.alko-cert.de/unser-angebot/lebensmittel/qzbw/
>>>> Letzter Zugriff am 14.03.2009; Herausgeber: ALKO-Cert Agrar- und Lebensmittelkontrollorganisation e.V.

Das Qualitätszeichen Baden-Württemberg. Kriterien für Milch und Milchprodukte.
>>> http://www.was-liegt-naeher.de/qualitaetszeichen/ seite_qual_hqz_tierischeprodukte_milch_388.html
>>>> Letzter Zugriff am 10.03.2009; Herausgeber: MBW Marketinggesellschaft mbH

EU – BIO – Logo
>>> http://www.ratgeber-verbraucherzentrale.de/UNIQ127982702914769/link13415A.html
>>>> Letzter Zugriff am 06. 07. 2010; Herausgeber: Verbrauerzentrale Nordrhein – Westfalen

Grundwissen Ökolandbau
>>> http://www.oekolandbau.de/fileadmin/redaktion/oeko_lehrmittel/Allgemeinbildende_Schulen/Grundwissen/Grundwissen_Oekolandbau.pdf
>>>> Letzter Zugriff am 21.03.2009; Herausgeber: Geschäftsstelle Bundesprogramm Ökologischer Landbau in der Bundesanstalt für Landwirtschaft und Ernährung

Kennzeichnung von Lebensmitteln
>>> http://www.vz-bawue.de/UNIQ123703914525633/link397821A.html
>>>> Letzter Zugriff am 18.11.2008; Herausgeber: Verbraucherzentrale Baden-Württemberg

Kennzeichnung von Lebensmitteln
>>> http://www.vz-bawue.de/UNIQ123609478028852/link530601A.html
>>>> Letzter Zugriff am 03.03.2009; Herausgeber: Verbraucherzentrale Baden-Württemberg

Kennzeichnung von Lebensmitteln
>>> http://www.vz-nrw.de/UNIQ123705867708202/link13415A.html
>>>> Letzter Zugriff am 19.03.2009; Herausgeber: Verbraucherzentrale Nordrhein-Westfalen

Kontrollstellen-Codenummer, Bio-Siegel und EU-Logo
>>> http://www.oekolandbau.de/verbraucher/wissen/einsteigerfragen/wie-erkenne-ich-bio-lebensmittel/kontrollstellen-nummer-eu-logo-und-bio-siegel/?L=0
>>>> Letzter Zugriff am 14.03.2009; Herausgeber: Bundesanstalt für Landwirtschaft und Ernährung

Nährwert-Kennzeichnungsverordnung (NKV)
>>> http://bundesrecht.juris.de/nkv/BJNR352610994.html
>>>> Letzter Zugriff am 14.03.2009; Herausgeber: Bundesministerium der Justiz

Öko-Kontrollstellen

    http://www.oekolandbau.de/service/adressen/oeko-kontrollstellen/

        Letzter Zugriff am 21.03.2009; Herausgeber: Bundesanstalt für Landwirtschaft und Ernährung

Ohne GenTechnik

    http://www.ohnegentechnik.org/

        Letzter Zugriff am 17.12.2010; Herausgeber: Verband Lebensmittel ohne Gentechnik e.V.

Preisangabenverordnung (PAngV)

    http://bundesrecht.juris.de/pangv/index.html

        Letzter Zugriff am 14.03.2009; Herausgeber: Bundesministerium der Justiz

Verordnung über die Kennzeichnung von Lebensmitteln (LMKV)

    http://bundesrecht.juris.de/lmkv/index.html

        Letzter Zugriff am 14.03.2009; Herausgeber: Bundesministerium der Justiz

Warenkunde Milch

    http://www.landwirtschaft-mlr.baden-wuerttemberg.de/servlet/PB/menu/ 1070806_l1/
index1215773436727.html

        Letzter Zugriff am 18.11.2008; Herausgeber: Ministerium für Ernährung und Ländlichen
        Raum Baden-Württemberg (MLR)

Was muss aufs Etikett?

    http://www.verbraucher.org/verbraucher.php/cat/40/aid/69/title/Was+muss+aufs+Etikett%3F

        Letzter Zugriff am 03.03.2009; Herausgeber: Die Verbraucher Initiative e.V.

Wie wird aus der Milch die Trinkmilch?

    http://www.cma.de/content/unterrichtsmaterial/unterrichtsmaterial-lehrermappe-milch.php

        Letzter Zugriff am 12.01.2009; Herausgeber: CMA Centrale Marketing-Gesellschaft der
        deutschen Agrarwirtschaft mbH i.L.

Label „Der Grüne Punkt"

    www.gruener-punkt.de

        Letzter Zugriff am 18.02.2010; Herausgeber: Duales System Deutschland Gmbh

Label USK

    http://www.usk.de

        Letzter Zugriff am 18.02.2010; Herausgeber: Unterhaltungssoftware Selbstkontrolle (USK)

Label Online

    http://www.label-online.de

        Letzter Zugriff am 25.03.2009;Herausgeber: Verbraucher Initiative e.V.

Inhalt: Fallstudie – Das Problem mit dem Milchpreis

1. Abkürzungsverzeichnis 79

2. Auf einen Blick 80

3. Unterrichtsverlauf 81

Ausgangssituation 84

Arbeitsauftrag 85

AB 1   zu IB 1 Die Hofsituation 86

AB 1   LH zu IB 1 Die Hofsituation 87

AB 2   zu IB 2 Die Qualität der Milch 87

AB 3   zu IB 3 Beurteilung der Konkurrenzsituation Seite 1 88

AB 3   zu IB 3 Beurteilung der Konkurrenzsituation Seite 2 89

AB 3   zu IB 3 Beurteilung der Konkurrenzsituation Seite 3 90

AB 3   zu IB 3 Beurteilung der Konkurrenzsituation Seite 4 91

AB 4   zu IB 4 Die Kosten 92

AB 5   zu IB 4 Fixe und variable Kosten 92

AB 6   zu IB 4 Die Kosten eines Bauernhofes 93

AB 6   LH zu IB 4 Die Kosten eines Bauernhofes 94

AB 7   Die Serviceleistungen 94

AB 8   zu IB 3 Stärken-Schwächen-Analyse der Bauernhöfe 95

AB 8   LH zu IB 3 Stärken-Schwächen-Analyse der Bauernhöfe 96

AB 9   Erstellen eines Verkaufskonzeptes 97

AB 10 Die Kosten 98

AB 10 Milchverkaufskonzepte   Entscheidungsmatrix 98

AB 10 LH Milchverkaufskonzepte 99

AB 11 Das Verkaufskonzept für Pauls Milch 99

AB 12 zu IB 5 Wer bestimmt den Milchpreis? 100

AB 1   LS* zu IB 1 Die Hofsituation 101

AB 2   LS* zu IB 2 Die Qualität der Milch 102

AB 3   LS* zu IB 3 Beurteilung der Konkurrenzsituation Seite 1 103

AB 3   LS* zu IB 3 Beurteilung der Konkurrenzsituation Seite 2 104

AB 3   LS* zu IB 3 Beurteilung der Konkurrenzsituation Seite 3 105

AB 3   LS* zu IB 3 Beurteilung der Konkurrenzsituation Seite 4 106

Inhalt: Fallstudie – Das Problem mit dem Milchpreis

AB 4   LS* zu IB 4 Die Kosten 107

AB 5   LS* zu IB 4 Fixe und variable Kosten. 107

AB 6   LS/LS zu IB 4 Die Kosten eines Bauernhofes 108

AB 7   LS* Die Serviceleistungen 109

AB 8   LS* zu IB 3 Stärken-Schwächen-Analyse der Bauernhöfe 110

AB 9   LS* Erstellen eines Verkaufskonzeptes 111

AB 10 LS* Milchverkaufskonzepte   Entscheidungsmatrix 112

AB 11 LS* Das Verkaufskonzept für Pauls Milch 113

AB 12 zu IB 5 Wer bestimmt den Milchpreis? 114

IB 1   Die Hofsituation 115

IB 2   Bio-Milch Seite 1 116

IB 2   Bio-Milch Seite 2 117

IB 2   LH Bio-Milch Seite 1 118

IB 2   LH Bio-Milch Seite 2 119

IB 3   Beurteilung der Konkurrenzsituation 120

IB 4   Die Kostenarten 121

IB 5   Wer verdient was und wie viel an der Milch? Seite 1 122

IB 5   Wer verdient was und wie viel an der Milch? Seite 2 123

Tafelbild 1 Einflussfaktoren des Milchpreises von Bauer Paul 124

Tafelbild 1 LH Einflussfaktoren des Milchpreises von Bauer Paul 125

LH zur Fallstudie 125

4.   Literatur- und Abbildungsverzeichnis 126

1. Abkürzungsverzeichnis

AB = **Arbeitsblatt**
LS = **Lösungsskizze**
LS* = **beispielhaft mögliche Schülerlösungen**
IB = **Informationsblatt**
LH = **Lehrerhinweis**

2. Auf einen Blick ...

Beschreibung	In dieser Fallstudie dreht sich alles um die Milch. Speziell geht es um das Thema „Preisbildung" am Beispiel der Milch. Die Schüler sollen sich Gedanken darüber machen, welche Faktoren den Milchpreis beeinflussen. Darunter fallen in dieser Fallstudie die örtlichen Gegebenheiten, die Konkurrenz, die Kosten, die Qualität und der Service. Mit diesen Faktoren sollen sich die Schüler näher auseinandersetzen. Anschließend sollen sie versuchen, mithilfe der erarbeiteten Informationen verschiedene Verkaufskonzepte für ihren Hof zu erstellen und für diese die passenden Milchpreise festlegen. Dadurch sollen sie erkennen, wie Preise, verbunden mit dem Verkaufskonzept, variieren können und wie entscheidend es ist, das richtige Verkaufskonzept für das beabsichtigte Kundenklientel zu erstellen.
Lerninhalte	• Situationsanalysen • Informationsverwertung • Kostenarten • Erlöse/Gewinnbetrachtung • Marktforschung • Entscheidungsfindung
Lernziele (LZ)	Die Schüler sollen LZ 1 die Einflussfaktoren des Milchpreises kennen und beschreiben, wie diese den Milchpreis beeinflussen. LZ 2 die Unterschiede zwischen Ökomilch und normaler Milch kennen. LZ 3 den Unterschied zwischen fixen und variablen Kosten erklären und die Kosten der Milchproduktion diesen beiden Kostenarten zuordnen. LZ 4 die Methode der Stärken-Schwächen-Analyse anwenden und damit sowohl ihren Hof als auch die Konkurrenzhöfe bewerten. LZ 5 verschiedene Verkaufskonzepte erstellen und die dazugehörigen Preise ermitteln. LZ 6 mithilfe der Entscheidungsmatrix die Vor- und Nachteile der Verkaufskonzepte einschätzen und sich für ein Konzept entscheiden und diese Entscheidung auch begründen.
Vorkenntnisse	Die Schüler sollten im Vorfeld mit der Mind Map-Methode vertraut sein. Ihnen sollte auch das Preisbildungsmodell bzw. die Angebots- und Nachfragekurve bekannt sein.
Dauer	ungefähr 12 Schulstunden (abhängig vom Leistungsniveau der Klasse)

3. Unterrichtsverlauf

Lernschritt (Unterrichtsphase und geplante Zeit)[1]	Inhalt der Stunde/didaktisch-methodisches Vorgehen	Sozialform und Methode	Medien/ Materialien
Orientierung (30 Minuten)	Lehrer gibt kurze Orientierung und Information über den Ablauf einer Fallstudie.	Lehrervortrag	Ggf. Tafel oder OHP
Konfrontation mit dem Fall (45 Minuten)	Präsentation der Entscheidungssituation durch die Schüler: Dialog wird von ihnen vorgelesen. Die Schüler sollen sich in kleine Arbeitsgruppen einteilen (ca. 3–4 Schüler pro Gruppe je nach Klassengröße).	Schülerpräsentation	Ausgangssituation/ Fallbeschreibung
Information Die Schüler setzen sich mit dem Fall auseinander, erschließen Informationsquellen. (225 Minuten)	Die Schüler sollen sich mithilfe der Materialien zunächst einen Überblick über Bauer Pauls Hofsituation verschaffen.	Gruppenarbeit	Informationsblatt IB 1 Arbeitsblatt AB 1
	Übersicht über die Einflussfaktoren des Milchpreises (Örtliche Gegebenheiten, Kosten, Qualität, Konkurrenz, Service): Die Einflussfaktoren des Milchpreises werden zusammen mit den Schülern in Form einer Mind Map an der Tafel erarbeitet und von den Schülern in ihre Unterlagen übernommen und nachfolgend ergänzt.	Gruppenarbeit/ Lehrer-Schüler-Gespräch	Tafelbild 1

[1] Die hier angegebenen Zeitvorgaben stellen nur eine grobe Orientierung dar und sind ggf. an das Lerntempo der Schüler anzupassen.

Lernschritt (Unterrichtsphase und geplante Zeit)	Inhalt der Stunde/didaktisch-methodisches Vorgehen	Sozialform und Methode	Medien/ Materialien
	Vertiefung zur „Qualität der Milch": Die Schüler arbeiten Unterschiede zwischen normaler und Biomilch heraus, indem sie die gegebenen Informationen sortieren.	Gruppenarbeit	Informationsblatt IB 2 Arbeitsblatt AB 2
	Vertiefung zur „Konkurrenzsituation": Die Schüler beurteilen die Konkurrenzsituation systematisch anhand der gegebenen Informationen.	Gruppenarbeit	Informationsblatt IB 3 Arbeitsblatt AB 3
	Vertiefung zu den „Kosten der Milchproduktion": Die Schüler sollen sich Gedanken darüber machen, welche Kosten bei der Herstellung von Pauls Milch entstehen. Anschließend werden Pauls Kosten nach fixen und variablen sortiert.	Gruppenarbeit	Informationsblatt IB 4 Arbeitsblatt AB 4 Arbeitsblatt AB 5
	Monatsabrechnung von Bauer Paul: Die Schüler sollen einen Einblick in die realen Kosten eines Bauernhofes bekommen.	Einzelarbeit	Arbeitsblatt AB 6
	Vertiefung zu den „Serviceangeboten": Die Schüler sollen sich Gedanken darüber machen, welche Serviceleistungen für Bauer Pauls Hof in Frage kommen.	Gruppenarbeit	Informationsblatt IB 3 Arbeitsblatt AB 3 Arbeitsblatt AB 7
	Die Schüler erhalten Informationen über die Stärken-Schwächen-Analyse als Methode und sollen diese Methode zur Bewertung der Konkurrenzbauernhöfe und Bauer Pauls Hof nutzen.	Gruppenarbeit	Arbeitsblatt AB 8

Lernschritt (Unterrichtsphase und geplante Zeit)	Inhalt der Stunde/didaktisch-methodisches Vorgehen	Sozialform und Methode	Medien/ Materialien
	Vergleich der Ergebnisse: „Warum spricht Sie dieses Werbemittel an?" „Auf was kommt es bei den verschiedenen Werbemitteln an?"	Lehrer-Schüler-Gespräch	Arbeitsblatt AB 3
Exploration Diskussion alternativer Lösungsmöglichkeiten **(60 Minuten)**	Die Schülergruppen sollen ein Konzept entwerfen, das für ihre Milchvermarktung in Frage kommt. Hierbei sollen sie die zuvor gesammelten Ergebnisse (siehe Mind Map) berücksichtigen. Die Konzepte werden in der Klasse präsentiert.	Gruppenarbeit Schülerpräsentation	Arbeitsblatt AB 9 Mind Map (Tafelbild 1) Ggf. OHP
Resolution Gruppen treffen ihre Entscheidung **(30 Minuten)**	Ggf. Vorstellung der Entscheidungsmatrix als Methode durch den Lehrer. Die Konzepte der anderen Gruppen werden zur Verfügung gestellt. Mithilfe der Entscheidungsmatrix bearbeiten die Schüler die Vor- und Nachteile aller Konzepte. Bewertung aller Verkaufskonzepte und Entscheidung für eins.	Lehrervortrag Gruppenarbeit	Ggf. OHP Arbeitsblatt AB 10
Disputation Gruppen verteidigen ihre Ergebnisse **(90 Minuten)**	Die verschiedenen Gruppen präsentieren ihr Ergebnis des Entscheidungsprozesses und versuchen ihre Mitschüler von ihren Konzepten zu überzeugen.	Schülerpräsentation	Arbeitsblatt AB 11 Ggf. Tafel oder OHP
Kollation Vergleich der Ergebnisse mit der Realität (Milchpreisentstehung) **(45 Minuten)**	Mithilfe der gegebenen Informationen sollen die Schüler das Verfahren zu Milchpreisbestimmung nachvollziehen. Im Anschluss daran wird im Klassenplenum ein Vergleich zum gewählten Milchpreis der Schüler angestellt.	Einzelarbeit Lehrer-Schüler-Gespräch	Informationsblatt IB 5 Arbeitsblatt AB 12 Tafel oder OHP

Ausgangssituation

Bauer Paul geht wie jeden Tag seiner Arbeit auf dem Hof nach. Heute muss er den ganzen Tag seine Felder bearbeiten. Während er auf seinem Traktor eine Bahn nach der anderen zieht, hängt er seinen Gedanken nach. Das Überleben in der Landwirtschaft wird immer schwieriger. Paul überlegt deshalb, was er tun könnte, um seine Einnahmen zu verbessern.

Nach einer Weile kommt ihm eine Idee: Er könnte einen Teil seiner Milch selbst verkaufen und nicht alles an die Molkereien abgeben. Das ist seiner Meinung nach längst überfällig. Alle anderen Bauern im Ort verkaufen bereits seit einiger Zeit ihre Milch auf ihren Höfen und zwar mit großem Erfolg. Deshalb will nun auch Paul nachziehen. Nur wie soll er vorgehen? Und vor allem, was kann er für einen Liter Milch verlangen?

Bauer Paul ist unsicher, da er so etwas noch nie gemacht hat und überhaupt nicht weiß, womit er anfangen soll. Doch zum Glück hat Paul gerade den Praktikanten Tom auf seinem Hof. Tom ist 16 Jahre alt und nun schon seit zwei Monaten bei Paul auf dem Hof. Paul hält ihn für einen pfiffigen Jungen und deshalb will er ihn um Hilfe bitten. Er nimmt sich vor, Tom gleich beim Abendessen darauf anzusprechen.

Gespräch zwischen Bauer Paul und dem Praktikanten Tom beim Abendessen:

(Mit verteilten Rollen lesen!)

Bauer: „Tom du musst mir helfen. Ich habe mir heute ein paar Gedanken darüber gemacht, wie ich die Einnahmen des Hofes steigern könnte. Und ich habe mir gedacht, ich verkaufe zukünftig einen Teil meiner Milch selbst. Was hältst du davon?"

Tom: „Keine schlechte Idee, Chef. Wie haben Sie sich das vorgestellt?"

Bauer: „Ja, genau das ist mein Problem. Ich habe so etwas noch nie gemacht und weiß nicht, worauf man dabei achten muss. Vor allem welchen Preis ich für meine Milch verlangen kann. Deshalb habe ich gedacht, du könntest mich dabei unterstützen."

Tom: „Ja, kein Problem Chef. Geben Sie mir ein paar Tage Zeit. Ich werde die nötigen Informationen einholen und Ihnen den optimalen Preis berechnen."

Bauer: „Super! Dann bin ich auf deine Ergebnisse gespannt."

Nach dem Gespräch mit seinem Chef ist Tom ziemlich deprimiert und macht sich folgende Gedanken:

„Ich Idiot, wieso hab ich nur gesagt, dass ich mich darum kümmern werde? Ich habe genauso wenig Ahnung wie der Chef. Worauf kommt es bei der eigenen Vermarktung von Milch an? Und wie erhalte ich den richtigen Preis für die Milch? Da muss man doch bestimmt eine Menge berücksichtigen. Was mache ich jetzt nur? Ich will den Chef doch nicht enttäuschen.

Ich brauche dabei unbedingt Hilfe von jemandem, der sich damit auskennt."

Arbeitsauftrag

Jetzt sind Sie gefragt! Tom bittet Sie um Hilfe, da er weiß, dass Sie sich in der Schule mit Themen rund um den Bereich Wirtschaft beschäftigen. Versuchen Sie Tom bei seiner Aufgabe zu unterstützen, sodass er am Ende seinem Chef vernünftige Ergebnisse präsentieren kann.

Die Hofsituation

Zunächst einmal benötigen Sie Informationen rund um Bauer Pauls Hof. Tom hat für Sie alles Wissenswerte in einem Informationsblatt (Informationsblatt IB 1) zusammengefasst.

1. Lesen Sie sich diese Informationen genau durch und unterstreichen Sie alles, was für den zukünftigen Milchverkauf von Bedeutung sein könnte.

2. Übertragen Sie diese Informationen anschließend in die auf Tabelle 1 auf der nächsten Seite. Welche Bedeutung diese Informationen für Ihren Milchverkauf haben, schreiben Sie in die rechte Spalte der Tabelle.

AB 1 zu IB 1

Tabelle 1

Wichtige Infos	Bedeutung für den Milchverkauf
kleiner Ort mit rund 1.200 Einwohnern	nicht allzu viele mögliche Kunden

3. Überlegen Sie sich mithilfe von Tabelle 1, welche Faktoren den Milchpreis beeinflussen? Erstellen Sie dazu eine Mind Map.

4. Überlegen Sie sich, zu welchen Einflussfaktoren die Punkte aus Tabelle 1 gehören. Markieren Sie diese mit der jeweiligen Farbe des dazugehörigen Einflussfaktors.

5. Übertragen Sie die Informationen aus der Tabelle 1 in Ihre Mind Map.

zu 3. Je nach Leistungsniveau der Klasse kann variiert werden. Die Schüler sollen sich selbst überlegen, welche Faktoren ihrer Meinung nach den Milchpreis beeinflussen. Bei einer leistungsschwachen Klasse können die Einflussfaktoren vorgegeben werden. Wichtig ist jedoch die anschließende Besprechung, sodass gewährleistet ist, dass alle Schüler mit den gleichen Einflussfaktoren weiterarbeiten.

Die Einflussfaktoren werden zusammen mit den Schülern erarbeitet und farblich dargestellt. Die Schüler übernehmen das Tafelbild auf ein Extrablatt in ihr Heft. Im Verlauf der Fallstudie entsteht so eine Mind Map (vgl. Vorlage Tafelbild 1). Diese Mind Map soll im Verlauf der Fallstudie immer weiter ausgebaut werden, sodass die Schüler am Ende der Informationsphase eine vollständige Mind Map zur Verfügung haben, das sie für ihre Entscheidungsfindung verwenden können. Bei der Erstellung des Mind Map-Grundgerüstes (fünf Einflussfaktoren des Milchpreises) besteht auch, je nach Leistungsniveau der Klasse, die Möglichkeit, dass die Schüler die Erstellung zunächst selbst versuchen und eine anschließende Besprechung stattfindet. Man kann die Mind Map auch direkt mit der gesamten Klasse erstellen. Auch hierbei ist es wichtig, dass alle Schüler vom gleichen Grundgerüst ausgehen.

zu 5. Bei der Informationsübertragung aus der Tabelle 1 in die Mind Map ist darauf zu achten, dass die Informationen dem Einflussfaktor der örtlichen Gegebenheiten zugeordnet werden. Die Schüler könnten sich dazu verleiten lassen, die Informationen den Einflussfaktoren zuzuordnen, die die gleiche Farbe wie die Informationsbedeutung besitzen. Hierauf ist zu achten.

Die Qualität der Milch

„Milch ist Milch" denkt sich der Laie. Aber das stimmt nicht! Wie Sie bereits in der Beschreibung des Hofes von Bauer Paul gelesen haben, stellt dieser Hof Biomilch her. Kennen Sie überhaupt den Unterschied zwischen normaler Milch und Biomilch?

1. Um diesen Unterschied zu verstehen, lesen Sie sich den Artikel über Biomilch durch (Informationsblatt IB 2)!

2. Notieren Sie sich anschließend die wesentlichen Unterschiede zwischen Biomilch und normaler Milch.

Biomilch	normale Milch

3. Übertragen Sie die Merkmale der Biomilch in Ihre Mind Map, Seite xxx!

1. Notieren Sie sich hier die wichtigsten Informationen über die drei Konkurrenzhöfe aus dem Informationsblatt IB 3. Überlegen Sie sich, ob es sich dabei um einen Vorteil oder einen Nachteil für den Milchverkauf des jeweiligen Hofes handelt und begründen Sie Ihre Antworten.

2. Machen Sie sich auch Gedanken über die Vor- und Nachteile der Merkmale, die Sie bereits von Bauer Paul kennen.

Neubauer Hof

Merkmale	Informationen	Vorteil	Nachteil
Lage des Hofes			
Größe des Hofes			
Art der Bewirtschaftung			
Erfahrung			
Angebot			
Öffnungszeiten			
Milchpreis			
Serviceleistungen			

Kurvenhof

Merkmale	Informationen	Vorteil	Nachteil
Lage des Hofes			
Größe des Hofes			
Art der Bewirt-schaftung			
Erfahrung			
Angebot			
Öffnungszeiten			
Milchpreis			
Serviceleistungen			

Mallenhof

Merkmale	Informationen	Vorteil	Nachteil
Lage des Hofes			
Größe des Hofes			
Art der Bewirtschaftung			
Erfahrung			
Angebot			
Öffnungszeiten			
Milchpreis			
Serviceleistungen			

Fügen Sie die drei Namen der drei Höfe in Ihre Mind Map ein!

Bauer Pauls Hof

Merkmale	Informationen	Vorteil	Nachteil
Lage des Hofes			
Größe des Hofes			
Art der Bewirtschaftung			
Erfahrung			
Angebot			
Öffnungszeiten			
Milchpreis			
Serviceleistungen			

Die Kosten

Überlegen Sie sich nun, welche Kosten für Bauer Paul bei der Herstellung seiner Milch entstehen.

Fixe und variable Kosten

Versuchen Sie nun, Ihre gesammelten Kosten nach fixen und variablen Kosten aufzuteilen.

fixe Kosten	variable Kosten

→ Übertragen Sie Ihr Ergebnis in die Mind Map!

! Bauer Paul hat für Sie seine Kosten berechnet. Er hat für jeden Liter Milch Kosten von insgesamt **31 Cent.** Um kostendeckend zu arbeiten und um zusätzlich einen Gewinn zu erwirtschaften, muss er für seine Milch mindestens **45 Cent** verlangen.

Dies ist ein Beispiel für die Höhe der Kosten eines Bauernhofes. Dabei sehen Sie die Auswirkungen des Milchpreises von 22,82 Cent pro Liter auf die Gewinn- bzw. Verlustrechnung eines Hofes.

Die Monatsabrechnung
Einnahmen und Ausgaben von Bauer Paul im Monat Februar 2012

Einnahmen in Euro	
Milchgeld zu einem Preis von 22,82 Cent pro Liter	36.389,33
Verkauftes Vieh	4.780,00
Ausgaben in Euro	
Futter	16.290,89
Strom	1.851,64
Lohn für Mitarbeiter	12.058,42
Diesel	4.763,40
Viehhaltungskosten	2.403,82
Pacht	2.926,08
Zinsen	4.207,41
Kredit-Tilgung	7.272,44
Sozialabgaben	2.400,00
Monatsverlust	**–13.004,77**

Quelle: Familie Dammeyer

Abgeändert nach F.A.Z[2]

1. Wie viel Liter Milch produziert Bauer Paul im Monat?

2. Wie hoch dürfen die Kosten für einen Liter Milch höchstens sein, damit diese am Monatsende durch die Einnahmen gedeckt sind?

3. Ordnen Sie die entstehenden Kosten den fixen und variablen Kosten zu.

---

[2] http://www.faz.net/s/Rub0E9EEF84AC1E4A389A8DC6C23161FE44/
Doc~EA5860933F8264CC98490801E738CE008~ATpl~Ecommon~Scontent.html [14.12.2011]

Die Kosten eines Bauernhofes

- Die Schüler sollen mit dem Lehrer gemeinsam berechnen, wie hoch die Kosten für 1 Liter Milch sein müssen, damit der Bauer diese am Monatsende mit seinen Einnahmen decken kann.

- Begrifflichkeiten wie beispielsweise Kredit-Tilgung, Pacht, Zinsen, Gewinn (Umsatz – Kosten), Verlust und Sozialabgaben müssen gegebenenfalls erläutert werden.

- Der Unternehmergewinn ist hier ausgeklammert, kann aber im Unterricht thematisiert werden.

Die Serviceleistungen

Nachdem Sie nun alle nötigen Informationen über Hof, Qualität, Konkurrenz und Kosten haben, ist es an der Zeit, dass Sie sich Gedanken darüber machen, wie Sie sich von der Konkurrenz unterscheiden können und wie Sie die potenziellen Kunden dazu bewegen, Milch auf Ihrem Hof zu kaufen.

Um sich von der Konkurrenz abzuheben, müssen Sie sich überlegen, welche zusätzlichen Leistungen Sie anbieten können, um Ihren Hof und Ihre Milch für die Kunden attraktiver zu machen.

1. Sammeln Sie hier Ihre Ideen und begründen Sie Ihre Antworten!

Mögliche Leistungen	Begründung
Lieferdienst	Dadurch können auch Kunden gewonnen werden, die nicht in der Lage sind oder denen es nicht möglich ist, zu den angegebenen Öffnungszeiten zu kommen.

2. Diskutieren Sie in der Gruppe, welche Serviceleistungen Einfluss auf den Preis haben. [3]

3. Fügen Sie Ihre Ideen in Ihre Mind Map ein.

---

[3] http://www.faz.net/s/Rub0E9EEF84AC1E4A389A8DC6C23161FE44/
Doc~EA5860933F8264CC98490801E738CE008~ATpl~Ecommon~Scontent.html [14.12.2011]

Um einen direkten Vergleich zwischen Pauls Hof und den Konkurrenzhöfen zu bekommen, bewerten Sie diese und Bauer Pauls Hof mithilfe der Stärken-Schwächen- Analyse.

Verwenden Sie dazu nachfolgende Tabelle. Als Orientierung dient Ihnen das bereits ausgefüllte Arbeitsblatt AB 3 und für Bauer Pauls Hof Arbeitsblatt AB 1.

Damit Sie am Ende ein übersichtliches Ergebnis erhalten, benutzen Sie für die verschiedenen Höfe unterschiedliche Buchstaben:

Neubauer Hof = A

Kurvenhof = B

Mallenhof = C

Bauer Pauls Hof = D

Vorgehensweise in der nachstehenden Stärken-Schwächen-Analyse: Auf Grundlage der bereits erhaltenen Informationen über die Bauernhöfe werden diese nun anhand der aufgelisteten Kriterien bewertet. Die Bewertung erfolgt individuell innerhalb des abgebildeten Punkteschemas. Je höher eine Stärke eingestuft wird, desto höher fällt die positive Punktevergabe aus. Bei den Schwächen hingegen werden starke Schwächen stärker negativ bepunktet als niedrigere Schwächen. Wichtig ist, darauf zu achten, dass die einzelnen Bewertungen der Höfe immer im Vergleich zueinander vorgenommen werden. Erst dann zeigt sich, welcher Hof in Bezug auf das bewertete Kriterium besser abschneidet bzw. einen Vorteil gegenüber den anderen Höfen hat.

Kriterium	Schwächen			Stärken		
	−3	−2	−1	1	2	3
Lage des Hofes						
Größe des Hofes						
Art der Bewirtschaftung (Qualität)						
Erfahrung						
Angebot						
Öffnungszeiten						
Serviceleistungen						
Preis						

Abbildung 1: Checkliste zur Stärken-Schwächen-Analyse[4]

---

[4] ebd. S. 295.

- Die Ergebnisse der Schüler können von der vorgeschlagenen Lösung abweichen. Wichtig ist nur, dass die Verhältnisse stimmen.

- Zu den Kriterien Angebot, Öffnungszeiten, Serviceleistungen und Preis wurden in der vorgeschlagenen Lösung noch keine Angaben zu Bauer Pauls Hof gemacht. Da die Gestaltung des Hofes von Bauer Paul bezüglich dieser Kriterien noch nicht feststeht und erst auf den folgenden Arbeitsblättern im Rahmen der Verkaufskonzepte entwickelt wird.

- Jedoch könnten die Schüler von dem auf Arbeitsblatt AB 5 angegebenen Mindestpreis von 45 Cent pro Liter Milch ausgehen und würden dies als einen absoluten Preisvorteil und eine Stärke Bauer Pauls Hof gegenüber den anderen Bauernhöfen werten.

- Ggf. könnten die Schüler von einem höheren Preis ausgehen, um beispielsweise Serviceangebote zu decken. Diese würden allerdings auch dazu führen, dass Bauer Pauls Hof auch beim Kriterium Serviceleistungen eine Stärke zugebilligt würde.

- Ggf. findet schon ein Abwägen seitens der Schüler statt, bis zu welchem Preis Bauer Paul diesbezüglich noch konkurrenzfähig ist.

- Mithilfe der Stärken-Schwächen-Analyse werden die Schüler also für weitere Interdependenzen zwischen den einzelnen Kriterien sensibilisiert, sodass hierdurch ein guter Übergang zum Arbeitsblatt AB 9 besteht.

Das Verkaufskonzept

Bauer Paul ist jetzt komplett informiert über den Hof, die Milchqualität, die Konkurrenz, seine Kosten und über die potenziellen Serviceleistungen.

Erstellen Sie nun anhand der erarbeiteten Informationen ein Verkaufskonzept für Bauer Paul.

Unterbreiten Sie ihm einen Vorschlag für eine Preisgestaltung.

Berücksichtigen Sie beim Erstellen des Verkaufskonzeptes die in der Mind Map ausdifferenzierten Einflussfaktoren.

Konzept und Preis

Sie besitzen nun auch die Verkaufskonzepte der anderen Gruppen.

Überlegen Sie sich nun, welche Vor- und Nachteile die jeweiligen Konzepte haben und welche möglichen Konsequenzen diese mit sich bringen. Füllen Sie dazu die Entscheidungsmatrix aus.

Milchverkaufskonzepte   Entscheidungsmatrix

	Vorteile	Nachteile	Konsequenzen
Konzept 1			
Konzept 2			
Konzept 3			

• Bei den Konzepten ist es wichtig, dass die Schüler erklären können, wie sie auf den dazugehörigen Preis gekommen sind. Je nachdem, welche Konzepte entstehen, bieten diese eine gute Möglichkeit zur Vertiefung verschiedener Themenbereiche. Ein Beispiel hierfür wäre das Konzept Nr. 3 (siehe AB 9 LS* und AB 10 LS*). Ausgehend davon könnte man Themen wie Unternehmenszusammenschlüsse oder Arbeitsteilung näher behandeln.

Das Verkaufskonzept für Pauls Milch

Entscheiden Sie sich für eines der Konzepte und begründen Sie Ihre Wahl.

_____

_____

_____

_____

_____

Wer bestimmt den Milchpreis?

Erarbeiten Sie aus dem Informationsblatt in welcher Beziehung die Teilnehmer zueinander stehen.

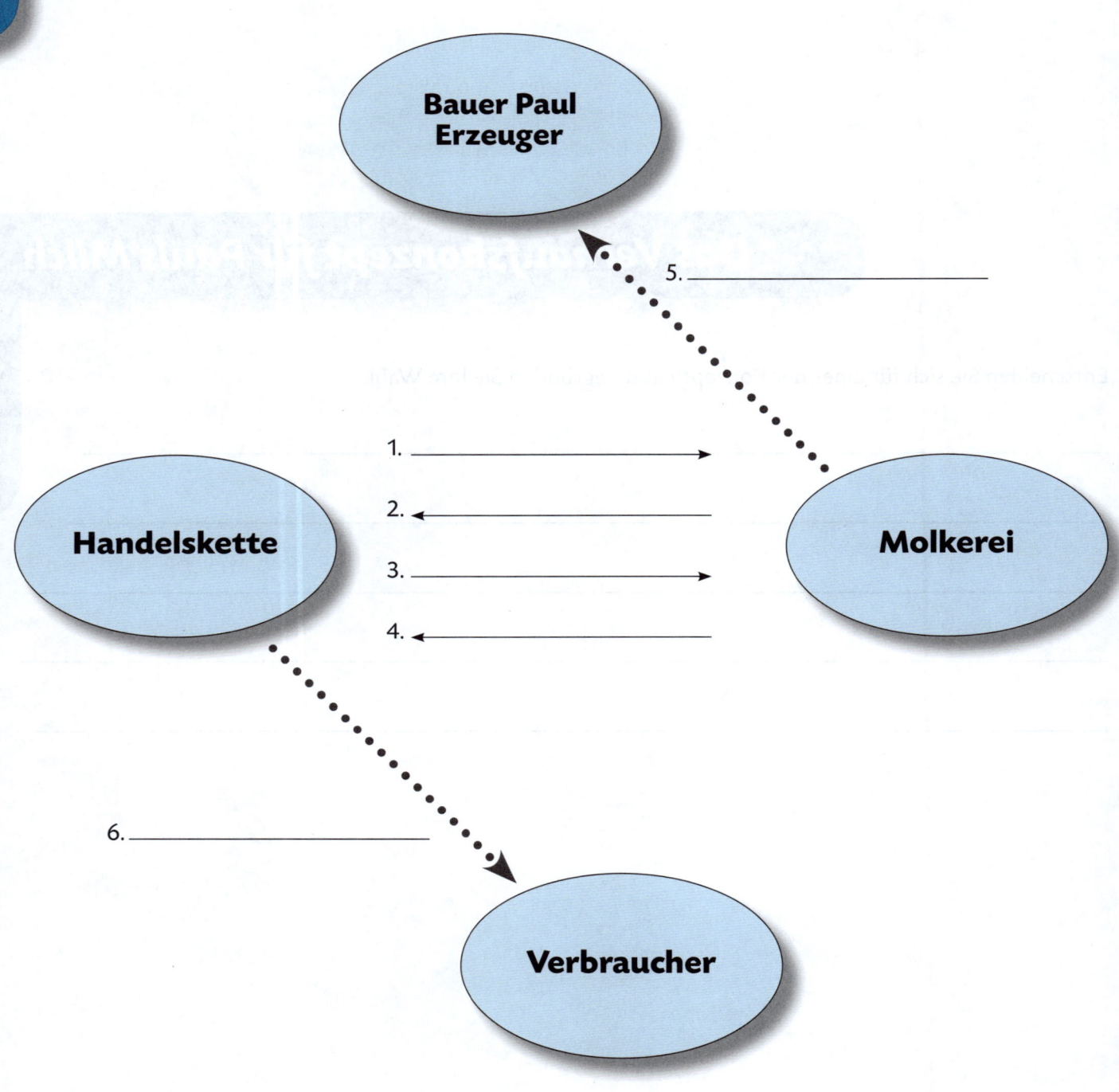

Die hier aufgeführte Tabelle entspricht der Lösung der Aufgabenteile 2. und 4.:

Tabelle 1:

Wichtige Infos	Bedeutung für den Milchverkauf
	Kosten Konkurrenz Service Qualität Örtliche Gegebenheiten
kleiner Ort mit rund 1.200 Einwohnern	nicht allzu viele mögliche Kunden
nächste Stadt circa 3 km entfernt	Positiv für den Bauern, da die Bevölkerung von Blaubach eher bei ihm einkauft, anstatt in die Stadt zu fahren
In Althausen befinden sich drei Supermärkte.	Negativ, da viele trotz des längeren Weges in der Stadt einkaufen könnten, wegen dem größeren Angebot.
mehrere landwirtschaftliche Betriebe in der Umgebung	Konkurrenz, aber keine direkte
3 weitere Bauernhöfe in Blaubach	direkte Konkurrenz
Ökohof	gute Qualität, ansprechen einer bestimmten Zielgruppe
einmal pro Woche Metzger und zweimal pro Woche Bäcker	schlechte Versorgung
Hof liegt in Richtung Stadt	gute Verkehrsanbindung gute Lage, viele kommen an dem Hof vorbei
60 Jahre im Familienbesitz	langjährige Erfahrung
60 Milchkühe + weitere Tiere	hohe Kosten
6 Hektar Getreide	eigenes Futter vorhanden → schmalere Kosten, da kein Zukauf notwendig ist ermöglicht Angebot von weiteren Produkten
11 Hektar Ackerfläche + großer Obstgarten	Gemüse und Obst kann zusätzlich angeboten werden
große Familie	Kosten für zusätzliche Mitarbeiter können eingespart werden

Die Qualität der Milch

„Milch ist Milch" denkt sich der Laie. Aber das stimmt nicht! Wie Sie bereits in der Beschreibung des Hofes von Bauer Paul gelesen haben, stellt dieser Hof Biomilch her. Kennen Sie überhaupt den Unterschied zwischen normaler Milch und Biomilch?

1. Um diesen Unterschied zu verstehen, lesen Sie sich den Artikel über Biomilch durch (Informationsblatt IB 2)!

2. Notieren Sie sich anschließend die wesentlichen Unterschiede zwischen Biomilch und normaler Milch.

Biomilch	normale Milch
Kühe bekommen frisches Gras gefüttert.	Kühe bekommen Kraftfutter.
60% mehr Omega-3-Fettsäuren in der Milch	
Tiere bekommen nur sehr selten Antibiotika. Zunächst wird versucht, diese mit homöopathischen Mitteln und Pflanzenarzneien zu behandeln.	Tiere bekommen Antibiotika.
Biomilch darf nicht verkauft werden, wenn die Tiere Antibiotika bekommen haben.	Chemie-Reste in der Milch
keine Hormonbehandlungen	Tiere bekommen Hormone.
keine gentechnisch veränderten Futtermittel	
Rückstände von Dioxinen, DDT oder Hexachlorbenzol sind in der Milch enthalten.	Rückstände von Dioxinen, DDT oder Hexachlorbenzol sind in der Milch enthalten.

3. Übertragen Sie die Merkmale der Biomilch in Ihre Mind Map!

1. Neubauer Hof

Merkmale	Informationen	Vorteil	Nachteil
Lage des Hofes	nördlich von Blaubach in unmittelbarer Nähe des Hofes von Bauer Paul	liegt in Richtung Althausen, man fährt daran vorbei, wenn man in die Stadt will Bauer Paul verkauft bis jetzt noch keine Milch.	evtl. kaufen Einige die Milch dann lieber gleich in der Stadt Wenn Bauer Paul Milch verkauft, wird er zu einer starken Konkurrenz, da der Hof im Vergleich sehr klein ist.
Größe des Hofes	sehr kleiner Hof mit einer Fläche von 10 Hektar	weniger Arbeit	Im Vergleich zu den anderen Höfen kann nur eine geringe Menge Milch angeboten werden.
Art der Bewirtschaftung	nur Weideland	eigenes Futter → Kostenersparnis	keine zusätzlichen Anbaumöglichkeiten für Obst und Gemüse
Erfahrung	1 Jahr		Besitzer sind noch nicht lange in der Landwirtschaft tätig.
Angebot	Milch und Eier		sehr schmales Angebot
Öffnungszeiten	täglich von 19 – 20 Uhr	sogar am Wochenende geöffnet gut für Berufstätige	nur eine Stunde Milchverkauf und auch erst abends
Milchpreis	70 Cent/Liter	liegt im mittleren Bereich	liegt im mittleren Bereich
Serviceleistungen	2 Eier gratis	Kunden erhalten Kaufanreiz	zusätzliche Kosten

Kurvenhof

Merkmale	Informationen	Vorteil	Nachteil
Lage des Hofes	südlich von Blaubach		liegt nicht in Richtung Stadt
	unmittelbare Nähe des Mallenhofs		Konkurrenz in unmittelbarer Nähe
Größe des Hofes	ca. 60 Hektar Gesamtfläche [etwa gleichgroß wie Bauer Pauls Hof (56 Hektar) und Mallenhof]	große Kapazität	
Art der Bewirtschaftung	Weideland und Futterquellen	eigenes Futter ➜ Kostenersparnis	keine Anbaumöglichkeiten für Obst und Gemüse
	Ökobauernhof	sehr gute Qualität	strengere Auflagen
Erfahrung	Hof ist 40 Jahre alt, seit acht Jahren wird er als Ökohof betrieben	lange Tradition und viel Erfahrung	
Angebot	Milch, Fleisch und Nudeln	alleiniger Nudelanbieter	geringes Angebot
Öffnungszeiten	Einkauf immer möglich (tagsüber)	sehr flexible Öffnungszeiten	ständige Bereitschaft erforderlich
Milchpreis	60 Cent/Liter	billigster Milchpreis in Blaubach	
Serviceleistungen	keine	keine zusätzlichen Kosten	keine Kaufanreize

Mallenhof

Merkmale	Informationen	Vorteil	Nachteil
Lage des Hofes	südlich von Blaubach unmittelbare Nähe des Kurvenhofs		liegt nicht in Richtung Stadt Konkurrenz in unmittelbarer Nähe
Größe des Hofes	ca. 60 Hektar Gesamtfläche [etwa gleichgroß wie Bauer Pauls Hof (56 Hektar) und Kurvenhof)]	große Kapazität	
Art der Bewirtschaftung	Weideland und Ackerland	Kostenersparnis beim Futter Anbau von Obst und Gemüse	mehr Arbeitsaufwand
Erfahrung	3 Jahre	neue Technik	noch recht wenig Erfahrung
Angebot	Milch, Fleisch, Wurst, Fruchtaufstrich, Konfitüren, Fruchtsäfte, Bauernbrot, Obst Gemüse, Wein, Likör und Honig	größtes Angebot	
Öffnungszeiten	Mo–Fr: 8:00 – 11:00	Es ist möglich, die Milch ganz frisch, also direkt nach dem Melken zu bekommen.	einkaufen am Wochenende nicht möglich nur morgens geöffnet, schlecht für Berufstätige
Milchpreis	99 Cent/Liter		teuerster Milchpreis in Blaubach
Serviceleistungen	keine	keine zusätzlichen Kosten	keine Kaufanreize

2. Bauer Pauls Hof

Merkmale	Informationen	Vorteil	Nachteil
Lage des Hofes	liegt in Blaubach	liegt in Richtung Althausen, man fährt daran vorbei, wenn man in die Stadt will	evtl. kaufen Einige die Milch dann lieber gleich in der Stadt
Größe des Hofes	56 Hektar (6 Hektar Getreide, 11 Hektar Ackerfläche, 39 Hektar Weidefläche)	große Kapazität	
Art der Bewirtschaftung	Weideland Anbau von Gemüse und Obst ist möglich Ökobauernhof	eigenes Futter ➜ Kostenersparnis sehr gute Qualität	mehr Arbeitsaufwand strengere Auflagen
Erfahrung	60 Jahre Familienbesitz	lange Tradition, viel Erfahrung	
Angebot			
Öffnungszeiten			
Milchpreis			
Serviceleistungen			

Überlegen Sie sich nun, welche Kosten für Bauer Paul bei der Herstellung seiner Milch entstehen.

Personalkosten	Futter
Maschinen/Anlagen	Tierarzt/Medikamente
Verbrauchsmaterial/Viehpflege	Energie/Wasser
Beiträge/Tierversicherungen	Unterhaltung/Gebäude
sonstige Kosten	

Hinweis:

„Verbrauchsmaterialien sind alle Pflegemittel, Kennzeichnungsartikel, Kleinwerkzeuge sowie Desinfektionsmittel und Einstreu."[5]

Fixe und variable Kosten

Versuchen Sie nun, Ihre gesammelten Kosten nach fixen und variablen Kosten aufzuteilen.

fixe Kosten	variable Kosten
Personalkosten für das Stammpersonal	Aushilfen
Maschinen	Verbrauchsmaterial/Viehpflege
Unterhaltung/Gebäude	Beiträge/Tierversicherungen
	Futter
	Tierarzt/Medikamente
	Energie/Wasser

➜ Übertragen Sie Ihr Ergebnis in die Mind Map!

! Bauer Paul hat für Sie seine Kosten berechnet. Er hat für jeden Liter Milch Kosten von insgesamt **31 Cent.** Um kostendeckend zu arbeiten und um zusätzlich einen

Gewinn zu erwirtschaften, muss er für seine Milch mindestens **45 Cent** verlangen.

---

[5] http://www.rind24.com/modules.php?op=modload&name=FAQ&file=index&myfaq=yes&id_cat=11 [14.12.2011]

1. Wie viel Liter Milch produziert Bauer Paul im Monat?

   36.389,33 € : 0,2282 €/Liter = 159.462,4452 Liter

2. Wie hoch dürfen die Kosten für einen Liter Milch höchstens sein, damit diese am Monatsende durch die Einnahmen gedeckt sind?

   36.389,33 € + 13.004,77 € = 49.394.10 €
   49.394,10 € : 159.462,4452 Liter = 0,3098 €/Liter ≈ 0,31 €/Liter

3. Ordnen Sie die entstehenden Kosten den fixen und variablen Kosten zu.

fixe Kosten	variable Kosten
Personalkosten	Diesel
Pacht	Viehhaltungskosten
Sozialabgaben	Futter
Tilgung	Zinsen
	Strom

Nachdem Sie nun alle nötigen Informationen über Hof, Qualität, Konkurrenz und Kosten haben, ist es an der Zeit, dass Sie sich Gedanken darüber machen, wie Sie sich von der Konkurrenz unterscheiden können und wie Sie die potenziellen Kunden dazu bewegen, Milch auf Ihrem Hof zu kaufen.

Um sich von der Konkurrenz abzuheben, müssen Sie sich überlegen, welche zusätzlichen Leistungen Sie anbieten können, um Ihren Hof und Ihre Milch für die Kunden attraktiver zu machen.

1. Sammeln Sie hier Ihre Ideen und begründen Sie Ihre Antworten!

Mögliche Leistungen	Begründung
Lieferdienst	Dadurch können auch Kunden gewonnen werden, die nicht in der Lage sind oder denen es nicht möglich ist, zu den angegebenen Öffnungszeiten zu kommen.
Streichelzoo für Kinder	Tiere sind sowieso auf dem Hof vorhanden und bieten so ein zusätzliches Angebot für Kinder.
komplett eingerichteter Hofladen	Durch eine größere Produktvielfalt wird eine breitere Schicht von Kunden angelockt.
Kunden, die ihre Verpackungen selbst mitbringen, bekommen Rabatt.	vergünstigter Einkauf als Anreiz für die Kunden
Spielplatz	Kinder können spielen, während die Eltern in Ruhe einkaufen.
Cafe/Bistro	Radfahrer, Wanderer und Wochenendausflügler lernen den Hof kennen und werden so auf die Produktpalette des Hofladens hingewiesen.

2. Diskutieren Sie in der Gruppe, welche Serviceleistungen Einfluss auf den Preis haben.

3. Fügen Sie Ihre Ideen in Ihre Mind Map ein.

Stärken-Schwächen-Analyse der Bauernhöfe

Um einen direkten Vergleich zwischen Pauls Hof und den Konkurrenzhöfen zu bekommen, bewerten Sie diese und Bauer Pauls Hof mithilfe der Stärken-Schwächen-Analyse.

Verwenden Sie dazu nachfolgende Tabelle. Als Orientierung dient Ihnen das bereits ausgefüllte Arbeitsblatt AB 3, Seite 132 und für Bauer Pauls Hof Arbeitsblatt AB 1, Seite 130.

Damit Sie am Ende ein übersichtliches Ergebnis erhalten, benutzen Sie für die verschiedenen Höfe unterschiedliche Buchstaben:

Neubauer Hof = A

Kurvenhof = B

Mallenhof = C

Bauer Pauls Hof = D

Vorgehensweise in der nachstehenden Stärken-Schwächen-Analyse: Auf Grundlage der bereits erhaltenen Informationen über die Bauernhöfe werden diese nun anhand der aufgelisteten Kriterien bewertet. Die Bewertung erfolgt individuell innerhalb des abgebildeten Punkteschemas. Je höher eine Stärke eingestuft wird, desto höher fällt die positive Punktevergabe aus. Bei den Schwächen hingegen werden starke Schwächen stärker negativ bepunktet als niedrigere Schwächen. Wichtig ist, darauf zu achten, dass die einzelnen Bewertungen der Höfe immer im Vergleich zueinander vorgenommen werden. Erst dann zeigt sich, welcher Hof in Bezug auf das bewertete Kriterium besser abschneidet bzw. einen Vorteil gegenüber den anderen Höfen hat.

Kriterium	Schwächen			Stärken		
	−3	−2	−1	1	2	3
Lage des Hofes		B C		D A		
Größe des Hofes		A			D B C	
Art der Bewirtschaftung (Qualität)				A	B C	D
Erfahrung		A		C	B	D
Angebot			A	B		C
Öffnungszeiten				A C		B
Serviceleistungen		B C		A		
Preis	C		A	B		

Abbildung 2: Checkliste zur Stärken-Schwächen-Analyse der Bauernhöfe[6]

---

[6] In Anlehnung an: Voss, 2006, S. 294–295

Erstellen eines Verkaufskonzeptes

AB 9 LS*

Das Verkaufskonzept

Bauer Paul ist jetzt komplett informiert über den Hof, die Milchqualität, die Konkurrenz, seine Kosten und über die potenziellen Serviceleistungen.

Erstellen Sie nun anhand der erarbeiteten Informationen ein Verkaufskonzept für Bauer Paul.

Unterbreiten Sie ihm einen Vorschlag für eine Preisgestaltung.

Berücksichtigen Sie beim Erstellen des Verkaufskonzeptes die in der Mind Map ausdifferenzierten Einflussfaktoren.

Konzept und Preis

1 Das Easy-Going-Konzept

Bei diesem Konzept verzichtet man auf jegliche Art von Serviceleistungen. Man bietet lediglich seine Milch zum Verkauf an. Diese kann täglich während der Stallzeiten auf dem Hof abgeholt werden. Diese sind morgens von 7 – 10 Uhr und abends von 18 – 20 Uhr. Die Kunden müssen ihre eigene Verpackung mitbringen. Da man die Milch ganz frisch nach dem Melken verkauft und es sich bei dem Hof um einen reinen Biohof handelt, verlangt man für die Milch 60 Cent/Liter.

2 Das Luxus-Konzept

Hierbei läuft alles nach dem Motto „Der Kunde ist König" ab. Die frische Hofmilch wird direkt auf dem Hof in einem riesigen Hofladen angeboten. Dieser verfügt über alles, was man sich nur vorstellen kann. Es gibt zum Beispiel selbstgemachte Nudeln, frisches Fleisch, Obst, Gemüse und frisch gebackenes Brot.

Die Kunden können anrufen und ihre Einkäufe vorbestellen, sodass sie diese nur noch abholen müssen. Die Milch bekommen die Kunden gut verpackt in einer wieder verwendbaren Glasflasche. Für die ältere Kundschaft bietet dieses Konzept einen speziellen Lieferservice frei Haus. Für interessierte Kunden wird einmal pro Tag eine Hofführung mit anschließendem Bauernvesper angeboten. Für die kleinen Besucher gibt es sogar einen extra Streichelzoo. Um die zusätzlichen Kosten für den Service auszugleichen, gibt Bauer Paul die Ökobewirtschaftung wieder auf und bewirtschaftet seinen Hof in herkömmlicher Weise. Die Milch kostet hier 85 Cent/Liter.

3 Connection-Konzept

Hierbei schließt sich Bauer Pauls Hof mit dem Neubauer Hof zusammen.

Paul übernimmt die komplette Milchproduktion und das Ehepaar Neubauer spezialisiert sich auf ihre Hühner. Sie nehmen auch Pauls 40 Hühner auf ihren Hof. So haben sie die Möglichkeit, zusätzlich zu ihren frischen Landeiern, frisches Hühnerfleisch und allerlei frisch Gebackenes anzubieten. Der Verkauf der Produkte findet auf Bauer Pauls Hof statt, da dieser mehr Platz zur Verfügung hat und immer jemand auf dem Hof ist, der Milch, Eier und andere Produkte verkaufen kann. Deshalb besteht von 8 – 19 Uhr die Möglichkeit, einzukaufen. Die Milch kostet hier 75 Cent/Liter.

	Vorteile	Nachteile	Konsequenzen
Konzept 1	• gute Qualität für niedrigen Preis • Milchverkauf morgens und abends	• keine Service-leistungen • Kunden müssen ihre eigene Verpa-ckung mitbringen.	Aufgrund der guten Qualität und der recht flexiblen Öffnungszeiten wird man zwei wichtigen Punkten gerecht, auf die die Kunden Wert legen. Dadurch, dass keine Serviceleistungen angeboten werden und die Kunden ihre Verpackung selbst mitbringen, spart man zusätzliche Kosten. Das Problem ist allerdings, dass einige Kundenwünsche nicht berücksichtigt werden, wie zum Beispiel ein breites Sortiment, gute Beratung und Bedienung. Aber durch dieses Konzept ist es möglich, gute Qualität zu einem niedrigen Preis anzubieten. Dieser Aspekt könnte einige Kunden über nicht vorhandene Serviceleistungen und ein schmales Sortiment hinweg trösten.
Konzept 2	• eigener Hofladen • breites Sortiment • Vorbestellung der Einkäufe • Lieferservice • wiederverwend-bare Glasflaschen • Hofführung • Streichelzoo	• hoher Milchpreis • keine Ökomilch mehr • hohe Servicekosten	Bei diesem Konzept werden so gut wie alle Kundenwünsche befriedigt. Ein breites Sortiment, Lieferservice und auch gute Beratung sind im Hofladen gewährleistet. Das Problem an diesem Konzept ist allerdings der Kostenfaktor. Die Kosten könnten sogar dazu führen, dass die Qualität leidet. Der Wunsch nach guter Qualität wird nicht mehr in dem Maße befriedigt, in dem es zuvor bei der Bio-milch der Fall war und trotzdem ist der Milchpreis aufgrund der vielen Serviceleistungen sehr hoch.
Konzept 3	• Spezialisierung der beiden Höfe • ein Teil der Kon-kurrenz fällt weg • flexible Einkaufs-möglichkeiten • zusätzliches Angebot an Eiern und Gebackenem • gute Qualität	• gewisse Abhän-gigkeit zwischen den Bauernhöfen • hoher Milchpreis • keine zusätzlichen Serviceleistungen	Durch den Zusammenschluss der beiden Höfe beim Milchverkauf können mehr Kundenwünsche befriedigt werden. Es gibt ein breiteres Sortiment, die Einkaufszeiten sind flexibel und eine gute Qualität ist ebenfalls gewährleistet. Für die beiden Höfe ist es von Vorteil, da sie einen Konkurrenten weniger haben. Um einen Nachteil handelt es sich allerdings beim Milchpreis. Dieser ist mit 75 Cent/Liter recht hoch und das, obwohl keine zusätzlichen Serviceleistungen angeboten werden.

Entscheiden Sie sich für eines der Konzepte und begründen Sie Ihre Wahl.

Wir wählen das Easy-Going-Konzept, weil ...

wir der Meinung sind, dass gute Qualität und flexible Öffnungszeiten zwei wichtige Punkte sind, auf die die Kunden Wert legen. Dadurch, dass keine Serviceleistungen angeboten werden und die Kunden ihre Verpackung selbst mitbringen, spart man zusätzliche Kosten. Das Problem ist allerdings, dass einige Kundenwünsche nicht berücksichtigt werden, wie zum Beispiel ein breites Sortiment, gute Beratung und Bedienung. Aber durch dieses Konzept ist es möglich, gute Qualität zu einem niedrigen Preis anzubieten. Dieser Aspekt könnte einige Kunden über nicht vorhandene Serviceleistungen und ein schmales Sortiment hinweg trösten.

oder

Wir wählen das Luxus-Konzept, weil ...

bei diesem Konzept so gut wie alle Kundenwünsche befriedigt werden. Ein breites Sortiment, Lieferservice und auch gute Beratung sind im Hofladen gewährleistet. Wir hoffen, dass durch diesen umfassenden Service der hohe Preis der Milch gerechtfertigt ist und die Kunden daher bereit sind, diesen zu zahlen.

oder

Wir wählen das Connection-Konzept, weil ...

durch den Zusammenschluss der beiden Höfe beim Milchverkauf mehr Kundenwünsche befriedigt werden können. Es gibt ein breiteres Sortiment, die Einkaufszeiten sind flexibel und eine gute Qualität ist ebenfalls gewährleistet. Für die beiden Höfe ist es von Vorteil, da sie einen Konkurrenten weniger haben. Wir denken, dass die Kunden aufgrund dieser Vorteile bereit sind, den noch relativ hohen Milchpreis zu bezahlen.

Erarbeiten Sie aus dem Informationsblatt in welcher Beziehung die Teilnehmer zueinander stehen.

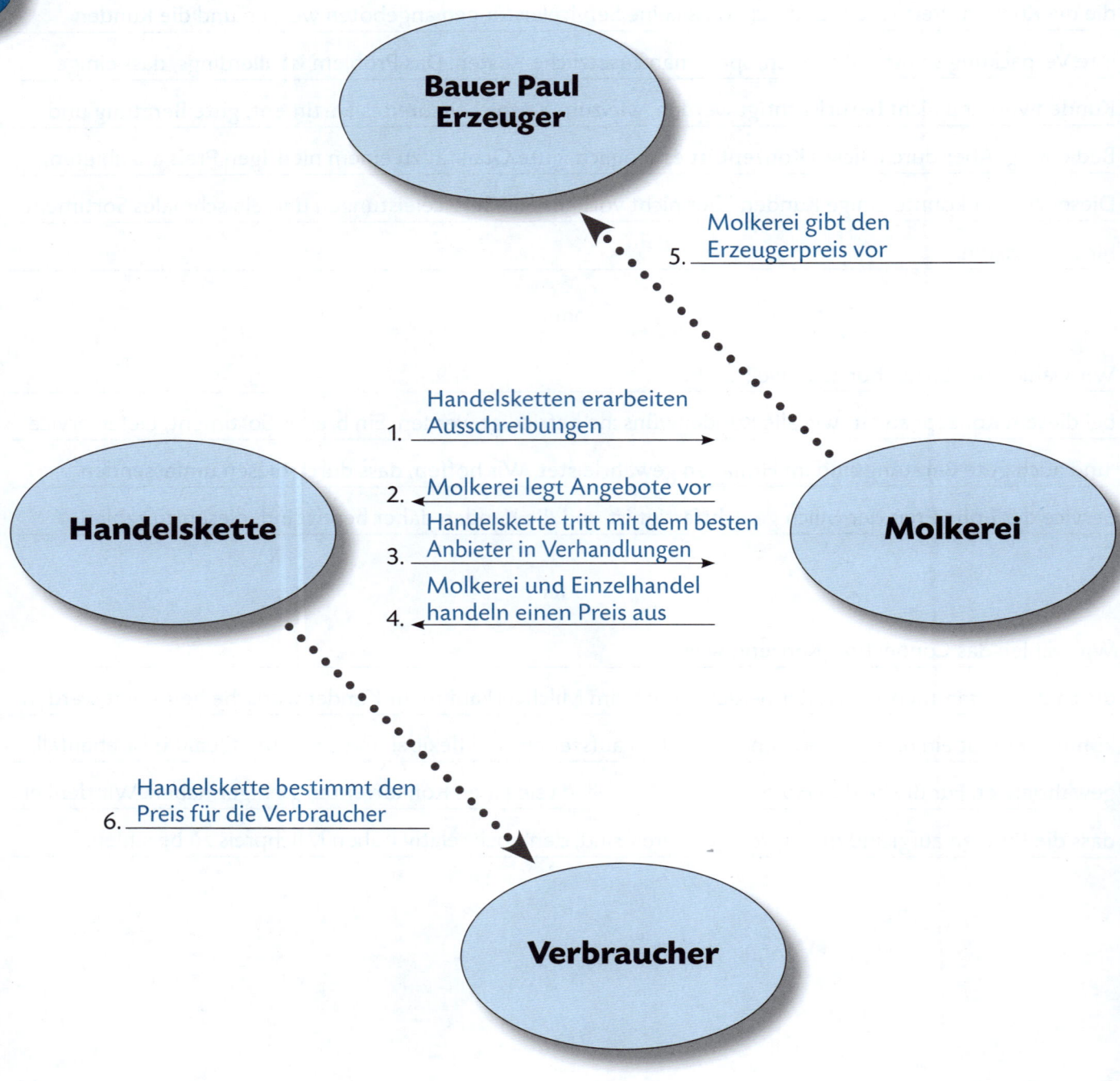

**Bauer Paul
Erzeuger**

Molkerei gibt den
5. Erzeugerpreis vor _____

Handelsketten erarbeiten
1. Ausschreibungen _____

2. Molkerei legt Angebote vor

Handelskette tritt mit dem besten
3. Anbieter in Verhandlungen _____

Molkerei und Einzelhandel
4. handeln einen Preis aus _____

Handelskette

Molkerei

Handelskette bestimmt den
6. Preis für die Verbraucher _____

Verbraucher

Die Umgebung des Hofes

Bauer Pauls Hof liegt im ruhigen Blaubach. Blaubach ist ein kleiner Ort im Schwarzwald und hat rund 1.200 Einwohner. Die nächst größere Stadt Althausen liegt circa 3 Kilometer nördlich von Blaubach. Dort befinden sich drei große Einkaufsmärkte sowie mehrere Metzgereien und Bäckereien. Blaubach liegt circa 600 Meter über dem Meeresspiegel. Die Landschaft ist flach und weitläufig und bietet somit optimale Vorrausetzungen für eine landwirtschaftliche Nutzung. So sind im Umkreis von 50 km mehrere landwirtschaftliche Betriebe angesiedelt. In Blaubach kommt einmal pro Woche ein mobiler Metzger vorbei. Mittwochs und samstags ist der Bäcker im Ort.

© MEV Verlag, Augsburg

Bauer Pauls Hof

Bauer Pauls Ökohof ist einer von insgesamt vier Höfen in Blaubach. Er liegt im nördlichen Teil von Blaubach, Richtung Althausen. Der Hof ist schon seit über 60 Jahren in Besitz von Pauls Familie. Vor ihm haben seine Großeltern und seine Eltern den Hof bewirtschaftet.

Das Hofgelände selbst ist 5.000 m² groß. Auf dem Grundstück befinden sich das Haupthaus der Familie, das alte Leibgedinghaus (Ferienwohnungen für Besucher), der Stall von 60 Milchkühen und circa 40 Jungtieren, eine kleine Kapelle sowie eine große Halle für Stroh und Getreide.

Neben den Kühen gibt es auf dem Hof noch 40 Hühner, 4 Pferde, 1 Pony, einige Kaninchen und Katzen und den Hofhund Tobi.

Zum Hof gehören Felder und Weiden mit einer Fläche von 56 Hektar. Davon sind 6 Hektar Getreide, 11 Hektar Ackerfläche und 39 Hektar Dauergrünland beziehungsweise Weidefläche.

Auf dem Acker wird überwiegend Gemüse angebaut: Kartoffeln, Kohl, Zuckerrüben und Rettich. Direkt neben dem Hof befindet sich noch ein großer Obstgarten, indem eine Menge Apfel-, Birnen- und Kirschbäume stehen.

Bauer Pauls Familie

Auf dem Hof lebt Bauer Paul mit seiner Frau, seinen beiden Söhnen (14 und 17 Jahre) sowie seinen Eltern. Im Leibgedinghaus (= kleineres Gebäude, in das der Altbauer zog, als der Jungbauer den Hof übernommen hat), neben dem Haupthaus, wohnt seine Tochter (23 Jahre) mit ihrem Freund.

Der Traum vom fetten Gras

Nur Bio-Kühe haben es so gut wie die Milka-Kuh. Rinder aus herkömmlichen Betrieben können von fettem Gras nur träumen. In überfüllten Ställen wird ihnen Kraftfutter hingeworfen, eine Weide bekommen die meisten nicht zu sehen.

Dabei ist es das Gras, das die Milch wertvoll macht: Die Milch von Biokühen enthält daher bis zu 60 Prozent mehr gesunde Omega-3-Fettsäuren. Diese können vor Herz-Kreislauf-Erkrankungen schützen, wie viele Studien gezeigt haben.

Ob dieser Qualitätsunterschied der Milch tatsächlich unsere Gesundheit verbessert, ist noch nicht eindeutig nachgewiesen. Untersuchungen legen jedoch nahe, dass die Säuren auch das Immunsystem stärken. Bekommen herkömmlich gehaltene Kühe viel frisches Gras oder Klee, enthält ihre Milch ebenso viele gute Omega-3-Fettsäuren. Sie könnten also auch diese Milch kaufen. Leider lässt sich an der Verpackung nicht erkennen, welches Futter die Tiere bekommen. Daher liegen Sie mit Bio-Milch immer auf der sicheren Seite.

Normale Kuhmilch enthält Medikamente

Ob Öko oder nicht – Milch wird während des gesamten Produktionsablaufs ständig kontrolliert. Giftige Rückstände und Überbleibsel von Arzneimitteln kommen in herkömmlich hergestellter Milch nur unterhalb der festgelegten Grenzwerte vor. Doch die Chemie-Reste sind da: Denn die Euter der Kühe entzünden sich schnell. Deshalb mischen die Bauern vorbeugend tagtäglich Antibiotika ins Futter. Diese Medikamente sollen die Entzündungen verhindern.

In Bio-Milch werden nur sehr selten Antibiotika nachgewiesen. Denn Biobäuerinnen versuchen es zunächst mit homöopathischen Mitteln und Pflanzenarzneien. Schlagen diese Substanzen nicht an, geben auch Biolandwirte ihren Tieren Antibiotika. Allerdings nur wenige Tage lang, bis die Entzündung verheilt ist. In diesem Zeitraum – und auch noch eine Weile danach – dürfen Biobauern ihre Milch nicht verkaufen. So sollen Arzneirückstände so gering wie möglich gehalten werden.

Biobauern experimentieren nicht mit der Natur

Bauern, die auf herkömmliche Art und Weise Kühe halten, geben ihren Tieren Hormone. So wollen die Landwirte den Zeitpunkt des Eisprungs kontrollieren – das ist wichtig, wenn der Bauer die Kuh künstlich besamen lassen will und einen festen Kalbtermin wünscht.

Biolandwirte und Biolandwirtinnen können einen solchen Eingriff nicht mit ihrem Naturverständnis vereinbaren und verzichten deshalb auf Hormone. Im Übrigen sind aus demselben Grund auch gentechnisch veränderte Futtermittel in Biobetrieben verboten.

---

[7] Helms, Antje: Bio-Milch. Der Traum vom fetten Gras. URL: http://www.stern.de/gesundheit/ernaehrung/ gesunde-ernaehrung/:Biolebensmittel-Besser/615751.html?p=4. [14.12.2011]

Milch ist nicht gegen jedes Gift gefeit

Andere Rückstände in der Milch können Biobauern hingegen nicht verhindern. Dazu gehören Dioxine, DDT oder Hexachlor-Benzol. Denn diese Gifte gelangen über Luft, Boden und Trinkwasser zu den Tieren und sammeln sich in ihrem Fettgewebe sowie in der Milch. Die Pegel dieser Substanzen sind bei Biomilch genauso hoch wie bei normaler Milch. Die festgelegten Höchstmengen werden dabei meist nicht überschritten.

Erläuterungen:

Omega-3-Fettsäuren: „Omega-3-Fettsäuren gehören sowohl zu den ungesättigten als auch zu den essenziellen, das heißt lebensnotwendigen, Fettsäuren. Im Unterschied zu anderen Fettsäuren können Omega-3-Fettsäuren nicht vom Körper selbst hergestellt werden. Daher muss man sie mit der Nahrung zuführen."[8]

Dioxine: „Dioxine sind farb- und geruchlose organische Verbindungen, die Kohlenstoff, Wasserstoff, Sauerstoff und Chlor enthalten. Sie entstehen als unerwünschtes Nebenprodukt bei der Verbrennung chlorhaltiger Stoffgemische, so beispielsweise bei der Metallherstellung, bei der Müllverbrennung oder beim Bleichen in der Papierindustrie. Sie können sich aber auch bei erdgeschichtlichen Ereignissen wie Vulkanausbrüchen oder Waldbränden gebildet haben. [...]"[9]

DDT: „Das DDT (Dichlor-diphenyl-trichloretan) wurde viele Jahre als wirkungsvolles Insektizid eingesetzt. Inzwischen ist der Einsatz von DDT in der Landwirtschaft verboten, da der Stoff in der Natur nur sehr langsam abgebaut wird. Deshalb gelangt er über die Nahrungskette in den menschlichen Körper."[10]

Hexachlorbenzol: „Farblose, kristalline, schwer wasserlösliche Substanz. Verwendung als Flammschutzmittel, Weichmacher für PVC, Pflanzenschutzmittel und für organische Synthesen. Hexachlorbenzol zählt zu den gefährlichsten langlebigen Umweltgiften. Es wird kaum abgebaut und gelangt über die Nahrungskette bis ins menschliche Serum, ins Fett und in die Muttermilch. Daher wurde 1981 der früher übliche Einsatz von Hexachlorbenzol als Pflanzenschutzmittel in Deutschland verboten."[11]

Zugehöriges Arbeitsblatt: AB 2

---

[8] http://www.onmeda.de/lexika/naehrstoffe/fette/omega-3-fettsaeuren.html?p=2 [14.12.2011]
[9] http://www.foodwatch.de/kampagnen__themen/dioxine_und_pcb/fragen_und_antworten/frage_1/index_ger.html [14.12.2011]
[10] Kemnitz, Simon u.a. 2007, S. 287.
[11] http://www.wissen.de/wde/generator/wissen/ressorts/natur/naturwissenschaften/indexoffline,page=1121798.html [14.12.2011]

- Es besteht auch die Möglichkeit, auf die Erläuterungen zu verzichten und der Klasse den Auftrag zu erteilen, die Bedeutung der Begriffe mithilfe des Internets oder durch Sachbücher selbst herauszufinden. Eine weitere Möglichkeit ist hier der fächerübergreifende Unterricht mit den Fächern Chemie und Biologie.

- Auch wenn die Omega-3-Fettsäuren als Pluspunkt dargestellt werden, so zeigen andere Studien das die Omega-3-Fettsäuren nur bedingt Einfluss auf die Gesundheit haben, um zum Beispiel den Omega-3-Fettsäurengehalt eines Lachsfilets zu erreichen, müsste man zwischen 27 und 40 Liter Bio-Milch trinken.

- Die Thesen des Artikels können mit den Schülern aufgegriffen und kritisch diskutiert werden.

- Der Lösungsvorschlag zum Arbeitsblatt AB 2 „Qualität der Milch" baut ausschließlich auf der Textquelle des Informationsblattes IB 2 auf. Die Textquelle argumentiert einseitig pro Bio-Milch und erschwert eine objektive Sichtweise. Im Folgenden liegt ein weiterer Artikel bei, der die Thematik „Bio-Milch" nochmals sachlich fundiert aufgreift. Dieser Artikel sollte nicht nur wie im Lehrerhinweis angedeutet Ausgangspunkt für eine kritische Diskussion sein, sondern auch den Lösungsbeitrag zum Arbeitsblatt AB 2 mit beeinflussen. Laut diesem Artikel ist der Nutzen der Bio-Milch auf den ersten Blick für den Konsumenten stark limitiert. Bio-Milch unterscheide sich von herkömmlicher Milch nur dahingehend, dass sie mehr Omega-3-Fettsäuren erhält. Die Menge an Omega-3-Fettsäure in der Bio-Milch ist für den Menschen praktisch nutzlos, da es in viel zu geringer Konzentration vorhanden ist. Da die Omega-3-Fettsäuren in der Bio-Milch aber bedingt durch einen Bio-Standard bei der Futtergabe verpflichtend sind, kann der Nutzen für den Konsumenten eher im Bereich Tierschutz gesehen werden. Der Mehrpreis als Beitrag für einen nachhaltigen Umgang mit Tier und Pflanzen, sollte für den Konsumenten auch nutzenstiftend sein.

Bio-Milch: nicht gesünder, aber dafür teurer

Alex Avery fordert dazu auf, nicht alles zu schlucken, was „gesünder" sein soll.

Immer wieder macht in den Medien die Mär die Runde, Bio-Milch sei gesünder als herkömmliche. Der heraufbeschworene Unterschied zwischen beiden ist jedoch zu vernachlässigen. Zwei Cents mögen doppelt so viel wert sein wie einer, aber diese Wertdifferenz macht noch lange nicht wohlhabend.

Kern der Debatte ist die Rolle der sogenannten Omega-3-Fettsäuren. Diese Fettsäuren sind essenziell, d.h., sie müssen mit der Nahrung aufgenommen werden, da sie der menschliche Körper nicht selbst herstellen kann. Sie kommen insbesondere in Seefischen wie Makrele, Sardine, Sardelle oder Thunfisch, aber auch in Leinsamen-, Soja-, Walnuss- und Rapsölen vor. Lange Zeit ging man – auf Basis überaus zweifel-

gegenüber „konventionellen" Lebensmitteln betont, ohne dass dies nachgewiesen werden konnte.

Auch die aktuelle Studie gibt wenig Anlass, diese skeptische Grundhaltung aufzugeben: Tatsächlich verglichen die Forscher lediglich Weidekühe mit solchen, die vorwiegend mit Heu und Futtergetreide gefüttert werden. Der britische Bio-Standard legt fest, dass das Bioviehfutter im Jahresmittel zu mindestens 60 Prozent aus Gras oder gelagertem Heu bestehen muss. Hierdurch wird die Menge an Futtergetreide wie auch die Futtermenge insgesamt begrenzt. Kühe aus konventioneller Landschaft würden, wenn mit der „Bio-Diät" gefüttert, Milch mit demselben Omega-3-Fettsäuregehalt produzieren.

Omega-3-Fettsäuregehalt eines Drei-Euro-Lachsfilets zu erreichen, müsste man zwischen 27 und 40 Litern teurer britischer Bio-Milch trinken. Der Gehalt von „gesunder", fettreduzierter Milch ist sogar noch geringer, da neben unterschiedlichen Fetten auch Omega-3-Fettsäuren entfernt werden.

Futterproduzenten haben die öffentliche Aufregung um Omega-3-Fettsäuren aufgegriffen und setzen dem Tierfutter entsprechend angereicherte Öle zu. Geforscht wird auch nach Wegen, Getreidesorten zu züchten, die mehr Omega-3-Fettsäuren enthalten und kostengünstiger, ergiebiger und weniger naturverbrauchend sind, als es die Biolandwirtschaft ist.

Eine weitaus wichtigere Frage ist aber, ob die Omega-3-Fettsäuren tatsächlich die Wirkung auf unsere Gesundheit haben, die ihnen zugeschrieben wird. Jüngste Forschungsergebnisse deuten darauf hin, dass dem nicht so ist. Eine in diesem Jahr im *Journal of the American Medical Association* veröffentlichte umfassende Analyse der bisher zu dieser Frage betriebenen Forschung kommt zu dem Schluss, dass erhöhter Konsum von Omega-3-Fettsäuren nicht zu einer Reduktion des Krebsrisikos führt. Das *British Medical Journal* schließt sich in seiner eigenen Bewertung von Studien der letzten fünf Jahre dieser Einschätzung an. Langkettige und kurzkettige Omega-3-Fettsäuren hätten keinen eindeutigen Effekt auf die durch Herz- und Gefäßerkrankungen oder durch Krebs verursachte allgemeine Sterblichkeit, heißt es dort.

Tatsächlich gibt es also auch weiterhin keinerlei Beweise dafür, dass Bio-Milch gesünder ist als konventionell erzeugte: Daran konnte die 50 Mrd. US-Dollar schwere Bioindustrie in den letzten 50 Jahren nichts ändern, es wird ihr auch künftig nicht gelingen. Milch bleibt Milch. Sollten Sie sich wirklich um den Omega-3-Fettsäuregehalt Ihrer Nahrung sorgen, empfehle ich Ihnen, das Geld für Biolebensmittel zu sparen und Ihre Familie zum Abendessen in ein gutes Fischrestaurant einzuladen.   ■

Um den Omega-3-Fettsäuregehalt eines Drei-Euro-Lachsfilets zu erreichen, müsste man zwischen 27 und 40 Liter Bio-Milch trinken.

hafter und dünner wissenschaftlicher „Beweise" – davon aus, dass diese Fettsäuren vor Herz- und Krebserkrankungen schützen.

In Großbritannien hat kürzlich eine Forschergruppe – finanziert von der organischen Lebensmittelindustrie, aber dies nur am Rande – verkündet, dass konventionelle Milch 40 Prozent weniger Omega-3-Fettsäuren enthalte als Milch aus biologisch betriebenen Kuhhöfen. Diese Feststellung wurde als „signifikant" bezeichnet, und die britische Presse griff das Thema auf. Eine Zeitungsschlagzeile lautete: „Bio-Milch: Sie sieht gut aus, sie schmeckt gut, und endlich wurde auch bewiesen, dass sie uns gut tut."

Andere Unterschiede zwischen herkömmlicher Milch und Bio-Milch konnten die Forscher nicht feststellen. Der Gehalt von Omega-3-Fettsäuren reichte der Biolobby jedoch aus, um von der britischen Regierung das Recht zu fordern, diese Milch als „gesünder" vermarkten zu dürfen. Die für die Festlegung und Einhaltung von Lebensmittelstandards zuständige British Food Standards Agency sagte eine Überprüfung der Angelegenheit zu, zeigte sich aber eher skeptisch. Zu Recht: Immer wieder in den letzten Jahrzehnten hatten Hersteller von Biolebensmitteln die Überlegenheit ihrer Erzeugnisse

Während das Klima auf den britischen Inseln es zulässt, Milchkühe fast während des ganzen Jahres mit Gras zu füttern, stammt US-amerikanische und kanadische Biomilch überwiegend von Kühen, die mit Futtergetreide, Soja und Heu gefüttert werden. Der Omega-3-Fettsäuregehalt britischer Bio-Milch ist daher in der Regel höher als der von nordamerikanischer. Zudem ist zu berücksichtigen, dass in beiden Ländern auch viele konventionelle Milchhöfe Gras verfüttern und lediglich in den kalten und trockenen Monaten auf Fertigfutter zurückgreifen.

Außer Acht ließen die Forscher des Weiteren die Tatsache, dass der Omega-3-Fettsäuregehalt von Milch erheblichen Schwankungen ausgesetzt ist, sowohl jahreszeitlich als auch geografisch. Es ist also geradezu unmöglich zu wissen, ob die als gehaltvoller vermarktete Bio-Milch tatsächlich ihr Versprechen hält.

Unabhängig davon ist Milch für unsere Versorgung mit Omega-3-Fettsäuren gänzlich unerheblich, wie auch immer sie hergestellt wird. 100 Gramm Lachs enthalten 60- bis 90-mal mehr Omega-3-Fettsäuren, als man durch das Trinken von 200 Milliliter Bio-Milch an zusätzlichem Omega-3-Fettsäuregehalt gegenüber konventioneller Vollmilch zu sich nimmt. Um in etwa den

Übersetzt von Matthias Heitmann.

Alex Avery lebt und arbeitet im wunderschönen, landwirtschaftlich geprägten Virginia's Chenandoah Valley in den USA, wo er im Auftrag des Hudson Instituts die Gesundheitspolitik analysiert. Demnächst erscheint sein Buch *The Truth About Organic Foods*.

NOVO 85 November – Dezember 2006

http://www.animal-health-online.de/lme_/biomilchnovo.pdf [14.12.2011]

Wie bereits erwähnt, ist Pauls Hof nicht der einzige Hof in Blaubach, sondern es existieren noch drei weitere Höfe. Diese Höfe werden euch im Folgenden näher beschrieben.

Neubauer Hof

Dieser Hof befindet sich in unmittelbarer Nähe zu Bauer Pauls Hof. Er ist mit nur 10 Milchkühen, 20 Hühnern und einer Gesamtfläche von 10 Hektar jedoch wesentlich kleiner. Die 8 Hektar Nutzfläche bestehen ausschließlich aus Weideland. Die Besitzer betreiben diesen Hof seit einem Jahr als Hobby neben ihrer Arbeit in einer Metallfabrik. Sie verkaufen ihre Milch immer abends von 19:00 – 20:00 Uhr. Für einen Liter ihrer Milch verlangen sie 0,70 Euro. Zu jedem Liter Milch bekommen die Kunden zwei Hühnereier gratis.

Kurvenhof

Dieser Hof befindet sich am südlichen Ende Blaubachs und hat etwa die gleiche Größe wie Bauer Pauls Hof. Allerdings verfügt dieser 40 Jahre alte Hof, der seit acht Jahren als Ökobauernhof betrieben wird, nur über einfache Felder, die als Weiden und Futterquellen dienen. Ackerbau wird nicht betrieben. Neben der eigenen Milch gibt es frisches Fleisch auf Vorbestellung sowie selbstgemachte Nudeln. Ein Liter Milch kostet dort 0,60 Euro. Milch kann man tagsüber jederzeit an der Haustüre kaufen.

Mallenhof

Der Mallenhof befindet sich ganz in der Nähe des Kurvenhofs und hat ebenfalls eine ähnliche Größe wie Bauer Pauls Hof. Er wurde vor drei Jahren von den Besitzern gekauft, komplett umgebaut und modernisiert. Dieser Hof verfügt als einziger Hof in Blaubach über einen voll eingerichteten Hofladen, in dem neben der eigenen Milch auch Wurst- und Fleischspezialitäten, Fruchtaufstriche und Konfitüren, Fruchtsäfte, Bauernbrot oder frisches Obst und Gemüse angeboten wird. Auch Weine, Liköre und Honig von fremden Herstellern sind dort erhältlich. Es handelt sich hierbei um einen konventionell arbeitenden Bauernhof und nicht um einen Ökobauernhof. Die Öffnungszeiten des Hofladens sind Mo-Fr von 8:00 – 11:00 Uhr. Für einen Liter Milch bezahlt man 0,99 Euro.

Zugehörige Arbeitsblätter: AB 3, AB 8

Auch innerhalb der Gesamtkosten wird eine Unterscheidung vorgenommen. Man unterteilt die Gesamtkosten in fixe und variable Kosten. Aber was ist damit gemeint?

Fixe Kosten

= „Kosten, die sich nicht mit der Produktionsmenge verändern."[12]

Bei Bauer Paul handelt es sich bei den Kosten um fixe Kosten, die entstehen, egal ob eine oder 100 Kühe im Stall stehen.

Typische Beispiele für fixe Kosten: Miete, Personalkosten für die Stammbelegschaft ...

Variable Kosten

= „Kosten, die mit der Produktionsmenge variieren."[13]

In unserm Fall sind diese Kosten also davon abhängig, wie viele Milchkühe im Stall stehen.

Typische Beispiele für variable Kosten: Stromkosten, Rohstoffkosten

Zugehörige Arbeitsblätter: AB 4, AB 5, AB 6

---

[12] Mankiw/Taylor, 2008, S. 299
[13] ebd.

Wer verdient was und wie viel an der Milch? Seite 1

IB 5

Bei dem Milchpreis muss man zwischen dem Verbraucherpreis – also dem Preis, den der Konsument für ein Milchprodukt beim Kauf im Handel bezahlt – und dem Erzeugerpreis – auch Milchauszahlungspreis genannt, den die Molkerei an den Milcherzeuger entrichtet – unterscheiden.

Der Milchpreis wird in Euro-Cent pro Kilogramm berechnet und setzt sich aus einem Grundpreis, von Fett- und Eiweißgehalte der Milch sowie der Mehrwertsteuer zusammen.

Dabei bezieht sich der Grundpreis in allen Regionen Deutschlands, außer in Bayern, auf einen Fettgehalt von 3,7 Prozent und einen Eiweißgehalt von 3,4 Prozent.

Auch für die Molkereien hat der Milchauszahlungspreis eine wirtschaftlich zentrale Bedeutung. Je nach erzeugtem Produkt können sich die Rohstoffkosten, also der Preis für Rohmilch, auf 60 bis 90 Prozent der Gesamtkosten der Milchverarbeitung belaufen.

Wie errechnet sich der Ladenpreis für Milch?

Bis die Trinkmilch beim Verbraucher auf dem Tisch steht, sind viele Akteure an der Verarbeitungs- und Lieferkette beteiligt. Entsprechend wird der Milchpreis, den der Endverbraucher zahlt, von vielen einzelnen Faktoren bestimmt. Neben dem Erzeugerpreis schließt der Preis im Laden die Produktion in der Molkerei, die Verpackungskosten, die Lagerung, die Auslieferung, die erneute Lagerung im Handel, den anteiligen Aufwand für Verkaufsstätten und Verkauf und, nicht zuletzt, die Mehrwertsteuer ein.

In aller Regel beliefern die Molkereien die Zentrallager der großen Einzelhandelsketten direkt. Grundlage für die Lieferungen sind Verträge, die regelmäßig neu verhandelt werden, mittlerweile zwei Mal pro Jahr (im Frühjahr und im Herbst).

Der Einzelhandel macht dabei eine so genannte Ausschreibung, das heißt, die Molkereien haben die Möglichkeit, Angebote für die Lieferung von bestimmten Mengen an genau festgelegten Produkten abzugeben. Dabei konkurriert die Molkerei mit den Angeboten anderer Milchverarbeitungsbetriebe – früher auf regionaler und nationaler Ebene, heutzutage auch auf internationaler Ebene.

Nach Sichtung der eingegangenen Angebote treten die Handelsunternehmen mit den Molkereien in Verhandlungen, die schließlich zum Vertragsabschluss zugunsten des einen oder anderen Anbieters führen.

Diese Vertragsabschlüsse haben in den Folgemonaten eine entscheidende Auswirkung auf den Grund- und Auszahlungspreis, den eine Molkerei – ob genossenschaftlich oder privatwirtschaftlich organisiert – ihren Milchlieferanten auszahlen kann.

abgeändert nach http://www.meine-milch.de/artikel/was-ist-der-%E2%80%9Emilchpreis%E2%80%9C [14.12.2011]

Entsprechend nachvollziehbar ist der hohe Druck, der auf Molkereien und Bauern liegt, da der Einzelhandel mittlerweile selbstverständlich auch Milchprodukte aus anderen Ländern der Europäischen Union, ja sogar aus anderen Erdteilen, einkaufen und wieder verkaufen kann.

ife Molkereimodell Trinkmilch : bei aktuell 47 Cent Verbraucherpreis ergeben sich 23 Cent Rohstoffwert der Milch

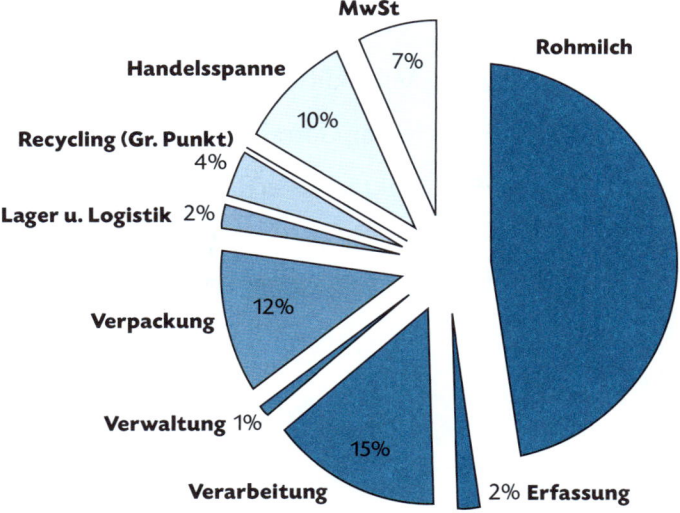

Von der Kuh ins Kühlregal
Für 1 Liter Vollmilch (3,5% Fett) zahlen deutsche Verbraucher im Lebensmittelhandel im Durchschnitt 54 Cebt seit November 2009, davon entfallen prozentual auf:

Wie sehen Erzeuger-, Verarbeiter- und Verbraucherpreise in der Praxis aus?

Aktuell kostet ein Liter Trinkmilch 47 Cent. Davon entfallen ca. 3 Cent auf die Mehrwertsteuer, ca. 5 Cent auf die Handelsspanne, ca. 6 Cent auf die Verpackungskosten und nicht ganz 1 Cent auf Lager- und Logistikkosten.

Erfassung, Verwaltung und Verarbeitung kosten ca. 8 Cent.

Auf ca. 2 Cent belaufen sich die Kosten für die Entsorgung der Verpackung (Grüner Punkt).

Für den Rohstoff Milch zur Herstellung von einem Liter Trinkmilch müssen ca. 23 Cent bezahlt werden.

Zugehöriges Arbeitsblatt: AB 12

---

abgeändert nach http://www.meine-milch.de/artikel/was-ist-der-%E2%80%9Emilchpreis%E2%80%9C [23.05.2010]

Kosten

fixe Kosten:
- Personalkosten für Stammpersonal
- Unterhaltung/Gebäude
- Maschinen

variable Kosten:
- Aushilfen
- Verbrauchsmaterial/Viehpflege
- Beiträge/Tierversicherung
- Futter
- Tierarzt/Medikamente
- Energie/Wasser

Örtliche Begebenheiten

- kleiner Ort 1200 Einwohner
- nächste Stadt 3km entfernt
- in Althausen befinden sich drei Supermärkte
- mehrere landwirtschaftliche Betriebe in der Umgebung existieren
- drei weitere Bauernhöfe in Blaubach → Ökohof
- einmal pro Woche kommt der Metzger und zweimal pro Woche der Bäcker
- Hof liegt in Richtung Stadt
- seit 60 Jahren im Familienbetrieb
- 60 Milchkühe und weitere Tiere
- 6 Hektar Getreide
- 11 Hektar Ackerfläche
- große Familie

Einflussfaktoren des Milchpreises von Bauer Paul

Konkurrenz

- Neubauer Hof
- Kurvenhof
- Mallenhof

Qualität

- Kühe bekommen frisches Gras gefüttert
- 60 % mehr Omega-3-Fettsäuren in der Milch
- Tiere bekommen nur sehr selten Antibiotika, zunächst wird versucht diese mit homöopathischen Mitteln und Pflanzenarzneien zu behandeln
- Biomilch darf nicht verkauft werden, wenn die Tiere Antibiotika bekommen haben
- keine Hormonbehandlungen
- keine gentechnisch veränderten Futtermittel
- Rückstände von Dioxine, DDT oder Hexachlorbenzol sind in der Milch enthalten

Service

- Lieferdienst
- Streichelzoo
- Cafe/Bistro
- Spielplatz
- Kunden, die ihre Verpackung selber mitbringen bekommen Rabatt
- komplett eingerichteter Hofladen

Einflussfaktoren des Milchpreises von Bauer Paul

- Das Tafelbild dient zur Verdeutlichung der Gesamtstruktur. Es kann aus Platzgründen lediglich in Teilen auf der Tafel festgehalten werden, damit die Schüler diese übernehmen können. Hierbei ergänzen sie von Mal zu Mal ihre bisherigen Notizen um die nachfolgenden Teile, bis o. g. Gesamtstruktur entsteht.

- Daher sollte den Schülern vorab mitgeteilt werden, dass sie das Tafelbild auf ein großes Blatt Papier (Heft-Doppelseite) übertragen sollten und an welcher Stelle die Ergänzungen folgen.

LH zur Fallstudie

- In dieser Fallstudie wurden gesetzliche Vorschriften wie Hygiene- und Reinheitsbestimmungen nicht berücksichtigt. Bei Schülerinteresse etc. können diese Aspekte von der Lehrkraft integriert werden.

- Aus aktuellem Anlass kann man auf das aktuelle Problem des Milchpreises eingehen und die verschiedenen Seiten der beteiligten Parteien näher betrachten. In diesem Zusammenhang lässt sich auch das Konzept der Discountermärkte besprechen.

- Es bietet sich auch an, einen Bauernhof zu besuchen und sich vor Ort über die Probleme und Möglichkeiten des eigenen Milchverkaufs zu informieren.

4. Literatur- und Abbildungsverzeichnis

Armbruster, A. (2009): Landwirtschaft – Die Milchbauern-Rechnung. Frankfurt a.M.
http://www.faz.net/s/Rub0E9EEF84AC1E4A389A8DC6C23161FE44/Doc~EA5860933F8264CC9849
0801E738CE008~ATpl~Ecommon~Scontent.html [14.06.2010]

Bundesministerium für Ernährung, Landwirtschaft und Verbraucherschutz (2010): Das Bio-Siegel. Berlin
http://www.bio-siegel.de [14.06.2010]

foodwatch (Hrsg.) (2007): Was sind Dioxine? Berlin
http://www.foodwatch.de/kampagnen_themen/dioxine_und_pcb/fragen_und_antworten/frage_1/
index_ger.html [14.06.2010]

Helms, A. (2009): Ratgeber Ernährung. Biolebensmittel: Besser essen. Hamburg
http://www.stern.de/gesundheit/ernaehrung/gesunde-ernaehrung/:Biolebensmittel-Besser/
615751.html?p=4 [14.06.2010]

Kemnitz,E./Simon,R. (Hrsg.) (2004): Duden Chemie Gymnasium. Mannheim.

Kresser, T. et al. (2009): Nährstofflexikon: Was sind Omega-3-Fettsäuren? In: Gesundheitsportal Onmeda. Köln
http://www.onmeda.de/lexika/naehrstoffe/fette/omega-3-fettsaeuren.html?p=2 [14.06.2010]

Krippl, M./Jacobsen, J/Krämer, A. (o.J.): SWR-Wissen: Warum wird Sahne steif? Stuttgart
http://www.planet-schule.de/warum_chemie/sahne/themenseiten/t3/s1.html [14.06.2010]

Mankiw,G./Taylor,M (2008): Grundzüge der Volkswirtschaftslehre. Stuttgart

Meyer-Struthoff, J. (Hrsg.) (2002): Hilfen zum Milch Manager. Kirch Jesar
http://www.rind24.com/modules.php?op=modload&name=FAQ&file=index&myfaq=yes&id_
cat=11(14.06.2010)

Milchindustrie Verband e.V. (Hrsg.) (2010): Was ist der Milch-Preis? Berlin
http://www.meine-milch.de/artikel/was-ist-der %E2%80%9Emilchpreis%E2%80%9C [14.06.2010]

Wissen.de (2000–2010): Hexachlorbenzol. München
http://www.wissen.de/wde/generator/wissen/ressorts/natur/naturwissenschaften/
indexoffline, page=1121798.html [14.06.2010]

Inhalt: Fallstudie – Pauls Milchbar

1. Abkürzungsverzeichnis.. 128

2. Auf einen Blick 129

3. Unterrichtsverlauf 130

Ausgangssituation 133

Arbeitsauftrag 134

AB 1   Alles Werbung oder was!? 135

AB 2   Werbung beeinflusst Kaufentscheidungen 135

AB 2 LH Werbung beeinflusst Kaufentscheidungen 136

AB 3   Flyer/Annoncen/Plakate Seite 1 136

AB 3   Flyer/Annoncen/Plakate Seite 2 137

AB 3   Flyer/Annoncen/Plakate Seite 3 138

AB 3   LH Flyer/Annoncen/Plakate 139

AB 4   Farben Seite 1 139

AB 4   Farben Seite 2 140

AB 4   Farben Seite 3 141

AB 4   LH Farben 141

AB 5   Formen Seite 1 142

AB 5   Formen Seite 2 143

AB 5   Formen Seite 3 144

AB 5   LH Formen 144

AB 6   Schrift Seite 1 145

AB 6   Schrift Seite 2 146

AB 7   zu IB 1 Pauls Werbemittel auf einen Blick Seite 1 146

AB 7   zu IB 1 Pauls Werbemittel auf einen Blick Seite 2 147

AB 7   LH zu IB 1 Pauls Werbemittel auf einen Blick 148

AB 8   zu IB 1 Vor- und Nachteile der Werbemittel 149

AB 8   zu IB 1 Vor- und Nachteile der Werbemittel Entscheidungsmatrix 149

AB 8   LH zu IB 1 Vor- und Nachteile der Werbemittel 150

AB 9   zu IB 2 Gestaltung eines Werbemittels 150

AB 9   LH zu IB 3 Gestaltung eines Werbemittels 151

AB 10 Begriffsbox: Werbung 152

AB 10 LH Begriffsbox: Werbung 153

Inhalt: Fallstudie – Pauls Milchbar

AB 1 LS* Alles Werbung oder was!? 154

AB 2 LS Werbung beeinflusst Kaufentscheidungen 154

AB 3 LS* Flyer/Annoncen/Plakate Seite 1 155

AB 3 LS* Flyer/Annoncen/Plakate Seite 2 156

AB 3 LS* Flyer/Annoncen/Plakate Seite 3 157

AB 4 LS Farben Seite 1 158

AB 4 LS Farben Seite 2 159

AB 5 LS* Formen Seite 1 160

AB 5 LS* Formen Seite 2 161

AB 5 LS* Formen Seite 3 162

AB 6 LS* Schrift Seite 1 163

AB 6 LS* Schrift Seite 2 164

AB 7 LS* zu IB 1 Pauls Werbemittel auf einen Blick Seite 1 164

AB 7 LS* zu IB 1 Pauls Werbemittel auf einen Blick Seite 2 165

AB 7 LS* zu IB 1 Vor- und Nachteile der Werbemittel Entscheidungsmatrix 166

AB 10 LS* Begriffsbox: Werbung 167

IB 1 Werbemittel für Bauer Paul 168

IB 2 Hinweise zur Gestaltung eines Werbemittels Seite 1 168

IB 2 Hinweise zur Gestaltung eines Werbemittels Seite 2 169

IB 2 Hinweise zur Gestaltung eines Werbemittels Seite 3 170

IB 2 LH Gestaltung eines Werbemittels 171

1. Abkürzungsverzeichnis

AB = Arbeitsblatt
LS = Lösungsskizze
LS* = beispielhaft mögliche Schülerlösungen
IB = Informationsblatt
LH = Lehrerhinweis

2. Auf einen Blick ...

Beschreibung	In dieser Fallstudie steht das Thema Werbung im Mittelpunkt. Tagtäglich strömt sie auf uns ein und doch ist sie schon so normal geworden, dass wir sie kaum bewusst wahrnehmen. Es ist gar nicht so einfach, sich einen Überblick über das Thema Werbung zu verschaffen. Die Schüler sollen zunächst einmal die Bedeutung, Aufgaben und Ziele sowie die unterschiedlichen Arten von Werbung erarbeiten und die Gefahren, die in Zusammenhang mit der Werbung entstehen können, kennen lernen. Die beiden Begriffe Werbemittel und Werbeträger werden voneinander abgegrenzt und anhand von Beispielen verdeutlicht. Nach intensiver Betrachtung von verschiedenen Werbemitteln und ihren Merkmalen, ihrer Reichweite sowie ihrer Ziele, stehen die Schüler vor der Entscheidung, ein geeignetes Werbemittel für einen Öko-Hofladen, der für seine Milch werben möchte, zu finden. Die Schüler setzen sich dabei mit den Vor- und Nachteilen der einzelnen Werbemittel auseinander. Außerdem informieren sich die Schüler im Internet über die Farbenlehre, die Formenlehre sowie die Entwicklung der Schrift bis heute. Diese Internetrecherche dient als Basis zur Erstellung eines Werbemittels für das Produkt Milch, welche im Anschluss erfolgt. Im Rahmen der Gestaltung einer Annonce, eines Plakates, eines Werbespots, einer Radiosendung oder eines Flyers greifen die Schüler auf die zuvor erarbeiteten Informationen zurück und lernen ihre Kreativität und ihre gestalterischen Fähigkeiten in der Gruppe einzusetzen.
Lerninhalte	• Bedeutung, Aufgaben und Ziel der Werbung sowie ihre Gefahren • Existenz verschiedener Arten von Werbung (Einzelwerbung, Sponsoring ...) • Abgrenzung der Begriffe: Werbeträger, Werbemittel • Erarbeitung von wichtigen Inhalten zur Farben- und Formenlehre sowie zur Geschichte der Schrift • Grundlagen zur Erstellung eines Werbemittels • Betrachtung von Vor- und Nachteilen einzelner Werbemittel • Reflexion der eigenen Beachtung von verschiedenen Werbemitteln/Werbeträgern • Präsentation und Argumentation für ein bestimmtes Werbemittel
Lernziele (LZ)	Die Schüler sollen LZ 1 verschiedene Werbemittel nennen. LZ 2 die Bedeutung, Aufgaben und Ziele der Werbung benennen. LZ 3 die verschiedenen Arten von Werbung unterscheiden. LZ 4 verschiedene Werbemittel anhand ihrer Merkmale und mithilfe von Informationen aus dem Internet unterscheiden, analysieren und bewerten. LZ 5 die verschiedenen Werbemittel bezüglich ihrer Reichweite, ihrer Dauer und ihres Preises unterscheiden und bewerten. LZ 6 ein Werbemittel unter Abwägung der Vor- und Nachteile mithilfe der Entscheidungsmatrix präferieren und ihre Entscheidung vor der Klasse darstellen und verteidigen. LZ 7 anhand der erarbeiteten und vom Lehrer zur Verfügung gestellten Informationen ein Werbemittel erstellen.

Lernziele (LZ)	LZ 8 das von ihnen erstellte Werbemittel als geeignet vorstellen und verteidigen. LZ 9 die erlernten Begriffe und Inhalte in einem kurzen Spiel wiedergeben und strukturieren/darstellen.
Vorkenntnisse	Beim Einsatz des Internets zur Informationsbeschaffung und evtl. zur Gestaltung des Werbemittels ist ein sicherer Umgang mit modernen Kommunikationsmitteln Voraussetzung.
Dauer	Ca. 15 Unterrichtsstunden (abhängig vom Leistungsniveau der Klasse). Je nach Gestaltung und Ausweitung der einzelnen Aktivitäten (für Hofbesichtigung oder Besichtigung eines Druckzentrums sollte mehr Zeit eingeplant werden).

3. Unterrichtsverlauf

Lernschritt (Unterrichtsphase und geplante Zeit)[1]	Inhalt der Stunde/didaktisch-methodisches Vorgehen	Sozialform und Methode	Medien/Materialien
Optionale Orientierung (30 Minuten)	Lehrer gibt kurze Orientierung und Informationen über den Ablauf einer Fallstudie, indem er an bereits durchgeführte Fallstudien erinnert	Lehrer-Schüler-Gespräch	Ggf. Tafel oder OHP
Konfrontation mit dem Fall (45 Minuten)	Identifikation mit dem Fall: Die Entscheidungssituation wird von den Schülern präsentiert, indem der Dialog von ihnen vorgelesen wird.	Schülerpräsentation	Ausgangssituation/Fallbeschreibung
Information Auseinandersetzung der Schüler mit dem Fall sowie Erschließung von Informationen, die für den weiteren Verlauf notwendig sind (225 Minuten)	Die Schüler überlegen und nennen verschiedene Werbemittel.	Einzelarbeit	Informationsblatt IB 1 Arbeitsblatt AB 1
	Vergleich der Ergebnisse: Lehrer notiert Ergebnisse geordnet an der Tafel	Lehrer-Schüler-Gespräch	Tafel
	Die Schüler erarbeiten Bedeutung, Aufgaben und Ziele von Werbung	Einzelarbeit	Arbeitsblatt AB 2
	Besprechung der Ergebnisse	Lehrer-Schüler-Gespräch	Arbeitsblatt AB 2

[1] Die hier angegebenen Zeitvorgaben stellen nur eine grobe Orientierung dar und sind ggf. an das Lerntempo der Schüler anzupassen.

Lernschritt (Unterrichtsphase und geplante Zeit)	Inhalt der Stunde/didaktisch-methodisches Vorgehen	Sozialform und Methode	Medien/Materialien
	Es erfolgt eine Gruppenbildung (4 – 6 Schüler pro Gruppe). Betrachtung verschiedener Werbemittel je Gruppe (Plakat, Flyer, Annonce): Die Gruppen entdecken äußere Unterschiede und jeweilige Besonderheiten von verschiedenen Werbemitteln: • Aufbau • darin enthaltene Informationen • Slogan • ...	Gruppenarbeit	Arbeitsblatt AB 3
	Vergleich der Ergebnisse: „Warum spricht Sie dieses Werbemittel an?" „Auf was kommt es bei den verschiedenen Werbemitteln an?"	Lehrer-Schüler-Gespräch	Arbeitsblatt AB 3
	Arbeitsteilige Erarbeitung von Informationen über Formen- und Farbenlehre sowie die Bedeutung der Schrift mithilfe von Internetrecherche sowie Bio-, Mathe- und Physikbüchern.	Arbeitsungleiche Gruppenarbeit	Arbeitsblatt AB 4 Arbeitsblatt AB 5 Arbeitsblatt AB 6 Internetfähiger Computer Ggf. Fachbücher
	Präsentation der einzelnen Ergebnisse in der Klasse	Schülerpräsentation	Ggf. Tafel oder OHP
	Die Schüler überdenken mögliche Wirkung der einzelnen Werbemittel anhand „Pauls Milchbar": Wirkung einzelner Werbemittel: • Reichweite • Dauer der Werbung • Zielgruppe • Preis • Ziel der Werbung • Wie wird Werbemittel dem Ziel gerecht?	Gruppenarbeit	Informationsblatt IB 2 Arbeitsblatt AB 7

Fallstudie – Pauls Milchbar

Lernschritt (Unterrichtsphase und geplante Zeit)	Inhalt der Stunde/didaktisch-methodisches Vorgehen	Sozialform und Methode	Medien/ Materialien
Exploration Diskussion alternativer Lösungsmöglichkeiten **(90 Minuten)**	Ggf. Einführung der Entscheidungsmatrix als Methode durch den Lehrer. Die Schüler erarbeiten Vor- und Nachteile der Werbemittel und halten sie in ihrer Entscheidungsmatrix fest.	Gruppenarbeit	Arbeitsblatt AB 8
Resolution Gruppen treffen ihre Entscheidung **(90 Minuten)**	Vergleich der Ergebnisse: Die Schüler diskutieren über die verschiedenen Darstellungen und überprüfen sich gegenseitig kritisch.	Gruppenarbeit	Arbeitsblatt AB 8
	Die Schüler erstellen ihr in der Gruppe gewähltes Werbemittel und können dabei auf das Informationsblatt zurückgreifen.	Gruppenarbeit	Arbeitsblatt AB 9 Informationsblatt IB 3 Bastelutensilien
Disputation Gruppen verteidigen ihre Ergebnisse **(90 Minuten)**	Die verschiedenen Gruppen präsentieren und verteidigen ihre Ergebnisse und das erstellte Werbemittel vor der Klasse.	Präsentation durch Schüler	Ggf. Tafel oder OHP
Kollation Vergleich der Ergebnisse der Gruppendiskussion **(60 Minuten)**	Vergleich der Ergebnisse und ggf. Prämierung und Ausstellung. Die Schüler reflektieren über ihr Ergebnis und das ihrer Mitschüler und setzen sich kritisch damit auseinander. Diskussion und Argumentation zwischen den einzelnen Gruppen.	Lehrer-Schüler-Gespräch	Ggf. Tafel
Optionaler Abschluss (45 Minuten)	Vorstellung der Begriffsbox als Methode durch den Lehrer. Begriffe zum Thema Werbung werden von den Schülern aus einer Box gezogen. Diese sollen von ihnen auf Zeit erklärt werden.	Sicherungsspiel	Arbeitsblatt AB 10
	Die Begriffe werden vom Lehrer strukturiert festgehalten.	Lehrer-Schüler-Gespräch	Ggf. Tafel

Grafik: Wolfgang Herzig, Essen

Ausgangssituation

Es könnte alles so schön sein ...
Bauer Paul hat mit seiner Frau vor fünf Monaten seinen Hofladen: „Pauls Milchbar" eröffnet.
In diesem Laden, der auch gleich zu Beginn als „Öko-Hofladen" zertifiziert wurde, verkauft er unter anderem Marmelade, selbstgebackenes Holzofenbrot, Obst und Gemüse sowie Käse und Wurst aus eigener Herstellung.

Eine besondere Bedeutung hat aber die jeden Tag frisch gemolkene Milch, die in kleinen „Milchkännchen" (1 l) verkauft wird.

Paul hat rund 60 Kühe und ist besonders stolz auf seine Milch. Seine Kühe bekommen nämlich nur Gras und Heu zu fressen. Sie grasen täglich auf saftigen Wiesen und können sich ausreichend bewegen. Dennoch haben sie auch viele schattige Plätze, um sich auszuruhen. Das ist wichtig, denn während eine Kuh sich ausruht, produziert sie Milch. Viele Kunden schwärmen besonders von dem frischen, leichten und natürlichen Geschmack der Milch.

Sein Hofladen ist wunderschön, mit sehr viel Holz und Naturmaterialien gebaut und hat ein breites Angebot an frischen Lebensmitteln. Die Öffnungszeiten des kleinen Ladens sind montags bis samstags von 9:00 – 12:00 Uhr und von 16:00 – 19:00 Uhr. Diese Zeiten sind besonders geeignet, weil die Leute dann nach dem Arbeiten noch schnell vorbeikommen können. Morgens kommen vor allem ältere Leute oder junge Mütter.

© Stefan Körber – Fotolia.com

© MEV Verlag, Augsburg

Der Hof von Bauer Paul liegt am Rand des kleinen Dorfes Blaubach im Schwarzwald. Blaubach ist ein Teilort der Gemeinde Grünbach, zu der noch weitere zwei Teilorte gehören. Umgeben von grünen Wiesen und Wald genießen nicht nur der Bauer und seine Frau das Leben in diesem kleinen Dorf. Es gibt zwei Gasthäuser in Blaubach, in die jährlich Urlauber aus vielen Ländern kommen und Erholung suchen. Sie wollen das Leben auf dem Land genießen und dem Alltag entfliehen.

Doch nun hat Paul ein Problem:
Es kommen zwar einige Leute aus dem Dorf und kaufen in seinem Hofladen ein, doch im Moment sind es noch viel zu wenige Kunden. In den Nachbardörfern kennt man seinen Laden noch kaum und auch die Touristen kommen nicht. Das liegt unter anderem daran, dass der Hof ein bisschen abgelegen liegt und der Hofladen relativ neu eröffnet wurde. Was Paul besonders betroffen macht, ist die Tatsache, dass seine Milch gar nicht so gefragt ist. Wenn die Leute kommen, dann sind sie erst einmal von seinem Gemüseangebot begeistert ...

Pauls Frau Karla rät ihm nun mehr zu werben, damit die Kunden auf „Pauls Milchbar" aufmerksam werden.

Karla: „Ich könnte mir vorstellen, dass wir mehr Kunden bekommen, wenn wir mehr Werbung machen. Die Leute wissen einfach noch nicht genug über unseren Laden und von unserer Milch ..."

Paul: „Hmm, stimmt schon, man müsste die Leute mit irgendetwas anlocken. Hat nicht Anton neulich was von „Interesse wecken" geredet?"

Karla: „Ja, das stimmt. Wir müssten das Interesse und den Bedarf bei unseren Kunden wecken, besonders nach unserer Milch. Vielleicht könnten wir besonders die gesundheitsfördernde Wirkung der Milch betonen. Der hohe Calciumgehalt in der Milch wirkt sich doch echt positiv auf den ganzen Körper aus ... wer viel Milch trinkt, der verringert Osteoporose, Herzinfarkt ... „Trinken Sie unsere Milch, die Milch von Paul und sie werden nie wieder krank ...". Na ja, so besonders gut ist es nicht, aber ein Anfang?? Ach ich weiß nicht so recht ..."

Paul: „Ja, ja darüber können wir ja noch reden ... aber überhaupt erst einmal die Leute informieren, dass es unseren Hofladen gibt und dass wir ökologisch arbeiten ... Aber wie ...?"

Karla: „Ich könnte mir vorstellen, in der Tageszeitung eine Annonce zu veröffentlichen: „Kaufen sie bei uns ..." oder so ähnlich! Oder noch besser zusätzlich noch im Gemeindeblatt, dann erfahren es erst mal alle in der Gemeinde."

Paul: „Ja, aber denk dran, allzu viel Geld können wir nicht ausgeben. Jetzt, wo ich grade den neuen Traktor gekauft habe ..."

Pauls und Karlas Tochter Susi kommt hinzu und hört dem Gespräch aufmerksam zu.

Susi: „Cool, ihr wollt Werbung machen! Da bin ich dabei! Wir haben gerade in der Schule das Thema Werbung, das ist total interessant und wisst ihr was? Vielleicht erstellen wir sogar selbst eine Werbung!"

Paul: „Na dann kannst du uns ja sicher helfen!"

Karla: „Sag mal, was meinst du: Mit welcher Werbung könnten wir am meisten Kunden anlocken? Wie findest du eine Anzeige in der Zeitung?"

Susi: „Keine schlechte Idee, aber da gibt's doch noch so viel mehr! Ich werde das mal in der Schule ansprechen und mich genau drüber informieren und dann schauen wir mal was sich daraus machen lässt!"

Arbeitsauftrag

Susi möchte ihre Eltern gerne unterstützen und sich daher wie versprochen gleich am nächsten Tag in der Schule genau zum Thema Werbung informieren.

Doch, oh Schreck, beim Aufwachen fühlt sie sich matt und elend. Sie geht mit ihrer Mutter zum Arzt und der verordnet ihr strikte Bettruhe, denn sie hat die Grippe.

© Thomas Sansa – Fotolia.com

Gut, dass Sie über die Situation von Bauer Paul und Karla aufgeklärt sind, so können Sie Susi helfen. Sammeln Sie für Susi in der Schule alle notwendigen Infos zum Thema Werbung, damit sie sich erholen kann.

Grafik: Wolfgang Herzig, Essen

134

Werbemittel werden dazu benutzt die Werbebotschaften zu vermitteln.
Welche weiteren Werbemittel (außer der Annonce) fallen Ihnen ein?

Notieren Sie Ihnen bekannten Werbemittel hier:

1.)_____   2.)_____

3.)_____   4.)_____

5.)_____   6.)_____

Werbung beeinflusst Kaufentscheidungen

1. Füllen Sie mithilfe der angegebenen Begriffe den Lückentext aus.

2. Sie sollten anschließend zu folgenden Fragen jeweils eine kurze Antwort geben können (in eigenen Worten!):

• Was ist Werbung?   • Was ist ein Werbeträger?
• Was ist ein Werbemittel?   • Welche Ziele hat Werbung? (mind. 2 Stück)

Was ist Werbung?[2]

Unter Werbung versteht man die bewusste _____von Menschen auf einen bestimmten Zweck

hin. Die Beeinflussung von Menschen wird nicht nur für _____Zwecke eingesetzt, sondern auch

für politische, religiöse, kulturelle oder ähnliche.

In welcher Form erfolgt Werbung?

Werbung kann in_____, _____, oder _____Form erfolgen.

Plakate, Werbespots sowie Anzeigen gehören zu den wichtigsten Werbemitteln.
Werbemittel bezeichnet die Form, in der die Werbung erscheint, z. B. die Anzeige, das Plakat oder eine Annonce.
Zeitschriften, Schaufenster, Verkehrsmittel usw. nennt man **Werbeträger,** denn sie „tragen" das jeweilige Werbemittel auf sich.

Ziele und Wirkung der Werbung?

Die Werbung der Wirtschaft hat den_____, dass sich Menschen für ein bestimmtes Produkt entschei-

den, das sie dann _____und _____ sollen.

Durch die Werbung soll somit der Bekanntheitsgrad eines Produktes erhöht werden, sowie die _____

des Produktes genannt werden. Wichtig ist auch, dass die Werbung dazu beiträgt, das eigene Produkt von

anderen _____ abzugrenzen.

weiterempfehlen; akustischer; Zweck; kaufen; bildhafter; Beeinflussung; schriftlicher; wirtschaftliche; Produkten; Eigenschaften

---

[2] Golas/Stern/Voß: Betriebswirtschaftslehre für die Aus- und Weiterbildung in Schule und Beruf, Rinteln 2003, S. 434 – 442.
  Schulbuch: TERRA- WZG 4 Welt Zeit Gesellschaft. Hauptschule Baden-Württemberg, Würzburg, 2006, S. 28f. (Klett-Verlag)

- Alternativ könnte man auch, falls das Schulbuch das Thema Werbung aufweist, anhand des Buches die Bedeutung, Aufgaben und Ziele der Werbung herausarbeiten.

Flyer/Annoncen/Plakate Seite 1

AB 3

Flyer

Aufgabe:

- Betrachten Sie den Flyer genau.
- Was fällt Ihnen auf?
- Was wirkt Ihrer Meinung nach ansprechend, was nicht? Warum?
- Wie wird Ihr Blick geleitet?

Außenseite des Flyers

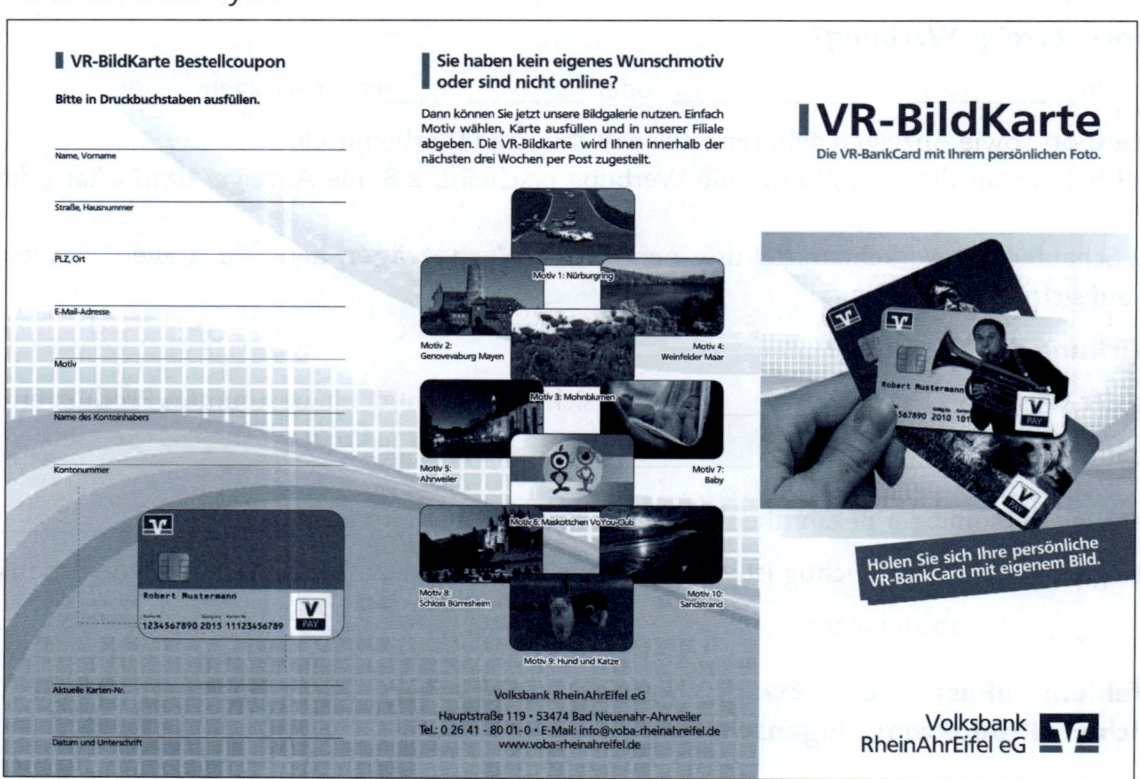

Innenseite des Flyers

So einmalig und besonders wie Sie sind, so kann ab sofort auch Ihre VR-BankCard aussehen.

Gestalten Sie Ihre VR-BankCard jetzt ganz nach Ihren Wünschen mit Ihrem Lieblingsbild. Ob ein Foto mit Ihrem Partner, Kind, Haustier oder vom letzten Sommerurlaub. Ihrer Kreativität sind kaum Grenzen gesetzt.

Die Erstellung der individuell gestalteten VR-BankCard kostet einmalig 14,90 € und ist bis zu 4 Jahren gültig. PRIMAX-Kinder erhalten zum 10. Geburtstag eine solche Karte geschenkt.

Machen Sie Schluss mit dem "Einheitslook".

So kommen Sie zu Ihrer VR-BankCard mit Wunschbild:

- Bestellen Sie Ihre VR-BankCard als Bildkarte im Internet unter: www.voba-rheinahreifel.de/bildkarte

- Wählen Sie Ihr privates Lieblingsfoto aus und laden Sie dieses hoch*.

- Füllen Sie alle vorgegebenen Felder aus und tragen Sie die Kartennummer Ihrer aktuellen VR-BankCard ein.

- Und jetzt noch einen kleinen Moment Geduld haben: Ihre neue Bildkarte wird Ihnen in den folgenden drei Wochen mit der Post zugeschickt.

* Bitte denken Sie daran, dass Sie ein Bild auswählen, das frei von Urheberrechten ist! Falls Sie unsicher sind, was möglich ist, können Sie unter www.voba-rheinahreifel.de/bildkarte die Nutzungsbedingungen nachlesen.

Diana Hedrich, Bilanzierung / Votierung
Ralf Schneider, Firmenkundenbetreuer Filiale Niederzissen

© Volksbank RheinAhrEifel eG

Aus drucktechnischen Gründen ist ein farbiger Abdruck des Flyers nicht möglich. Die Farbgestaltung hat natürlich einen entscheidenden Einfluss auf die Wirkung von Werbung und sollte auch bei der Interpretation und Auseinandersetzung mit dem Werbeträger „Flyer" Berücksichtigung finden. Alternativ können hier bspw. Flyer von ortsansässigen Unternehmen gewählt werden. Diese ermöglichen neben der Berücksichtigung und Interpretation der Farbgestaltung auch noch die Herstellung eines regionalen Bezuges.

Annonce

Aufgabe:

- Betrachten Sie die Annonce genau.
- Was fällt Ihnen auf?
- Was wirkt Ihrer Meinung nach ansprechend, was nicht? Warum?
- Wie wird Ihr Blick geleitet?

© Ollstein Bild – Tentopress

Aus drucktechnischen Gründen ist ein farbiger Abdruck der Annonce nicht möglich. Die Farbgestaltung hat natürlich einen entscheidenden Einfluss auf die Wirkung von Werbung und sollte auch bei der Interpretation und Auseinandersetzung mit dem Werbeträger „Annonce" Berücksichtigung finden. Alternativ kann hier eine Annonce gewählt werden, deren Farbgestaltung den Schülerinnen und Schülern mit Hilfe von Tageslichtprojektor und Farbfolie gezeigt wird.

Plakat

Aufgabe:

- Betrachten Sie das Plakat genau.
- Was fällt Ihnen auf?
- Was wirkt Ihrer Meinung nach ansprechend, was nicht? Warum?
- Wie wird Ihr Blick geleitet?

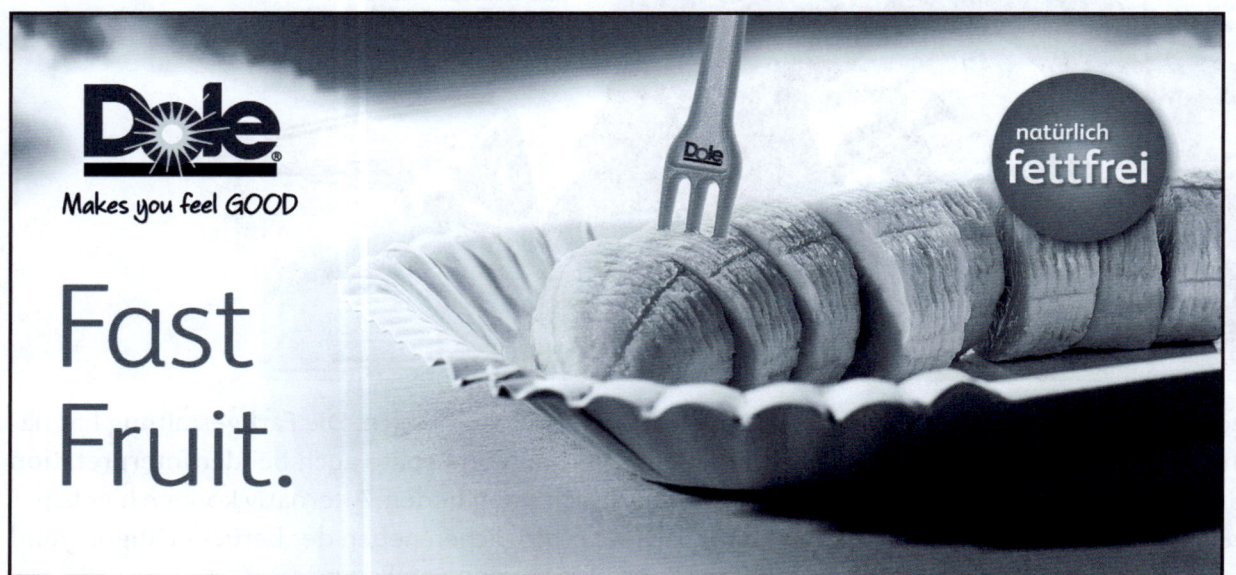

© Dole Fresh Fruit Europe OHG, Hamburg

Aus drucktechnischen Gründen ist ein farbiger Abdruck des Plakates nicht möglich. Die Farbgestaltung hat natürlich einen entscheidenden Einfluss auf die Wirkung von Werbung und sollte auch bei der Interpretation und Auseinandersetzung mit dem Werbeträger „Plakat" Berücksichtigung finden. Die farbige Version des Plakates finden Sie unter der Internetadresse http://rotkohlsuppe.de/wp-content/uploads/2009/03/dole_plakat-des-monats_wt-500x360.jpg

[24.09.2012]. Diese kann den Schülerinnen und Schülern mit geeigneten Medien (Farbfolie, Laptop und Beamer ...) zur Verfügung gestellt werden.

Die abgebildeten Flyer, Plakate und Annoncen sind exemplarisch und können durch andere ausgetauscht werden. Sie können also ggf. durch Plakate von ortsansässigen Unternehmen ausgetauscht werden, um einen größeren Bezug herzustellen.

Man könnte die Schüler im Vorwege beauftragen, Flyer, Annoncen oder Plakate zu sammeln bzw. ab zu fotografieren und diese für den Unterricht mit zu bringen.

Zur Bearbeitung des Arbeitsblattes können Sie im Internet recherchieren. Folgende Seiten könnten Ihnen dabei helfen.

www.ipsi.fraunhofer.de/~crueger/farbe
www.wikipedia.de ➔ Suchwort Farbenlehre
www.zeichnen-lernen.net/druck/farbenlehre.html

1. Wie nimmt unser Auge Farben[3] wahr?
   Erklären Sie die Wahrnehmung anhand einer kleinen Skizze und in kurzen Sätzen!

_____

_____

_____

_____

---

[3] www.ipsi.fraunhofer.de/~crueger/farbe [14.12.2011]; http://de.wikipedia.org/wiki/Farbenlehre [14.12.2011]; http://www.zeichnen-lernen.net/druck/farbenlehre.html [14.12.2011]

2. In welchen Farben sehen wir die Lichtstrahlen?

a.) _____

b.) _____

c.) _____

3. Tragen Sie in die Lücken Begriffe bzw. Zahlen ein.

Es gibt _____ verschiedene extreme Farbempfindungen, für die unser menschlicher Sehapparat empfindlich ist. Sie sind die Eckpfeiler der Farbwahrnehmung und werden deshalb auch _____ genannt.

4. Nennen Sie die 8 Grundfarben und unterscheiden Sie sie in bunte und unbunte Grundfarben!

Bunte Grundfarben:

Unbunte Grundfarben:

5. Zeichnen Sie das so genannte Farbsechseck auf. Was bedeutet es?

_____

_____

_____

6. Lückentext: „Farbe und Form"
   Verwenden Sie die unten stehenden Begriffe und setzen Sie sie an der richtigen Stelle ein!

Im Idealfall wirken _____ und _____ zusammen.

Die _____ unterstützt die Form und bringt sie besonders gut zur Geltung.

Durch eine gelungene Form wiederum wird die _____ einer Farbe unterstrichen und hervorgehoben.

Eine falsche Farbgebung dagegen kann die Wirkung einer guten Form _____und die
Vorzüge der gelungenen Form können die Wirkung der missglückten Farbgebung nicht wettmachen. Umgekehrt kann eine schlechte Form durch Farbe nicht _____werden. Auch die
schönste Farbgestaltung kann nicht über eine unharmonische Formgebung _____, sie
kann dadurch allenfalls etwas gemildert werden. Farbe und Form _____sich also, eins ist
ohne das andere undenkbar und wenn sie zusammenwirken, bilden sie eine _____.

Das beste Beispiel dafür bietet die _____. Betrachten wir die Farben und Formen der Natur,
dann stellen wir fest, dass sie optimal aufeinander abgestimmt sind.

Farbe, Wirkung, hinwegtäuschen, aufgewertet, Form, bedingen, Natur, Farbgebung, beeinträchtigen,
harmonische Einheit

- Quellen: www.ipsi.fraunhofer.de/~crueger/farbe [27.04.09]
            www.wikipedia.de → Suchwort Farbenlehre [27.04.09]
            http://www.zeichnen-lernen.net/druck/farbenlehre.html [11.02.11]

- Vorgesehen ist bei dieser Arbeit sowie bei der Arbeit über die Formen und über die Schrift die Internet-
  recherche. Dazu sollte der Umgang mit dem Internet für die Schüler bereits vertraut sein. Die Internetseiten
  werden den Schülern jeweils angegeben und sie können sich dann dort ihre Informationen suchen.

- Die Informationsquellen sollten ggf. an das Niveau der Schüler angepasst werden.

- Die Schüler können auch in Zusammenarbeit mit dem Physik-, Biologie- und Kunstunterricht die Fragen
  beantworten. Und dort den Bezug zur Werbung aufgreifen.

- Am Ende sollte jede Gruppe einen Bereich (Farben, Formen, Schrift) vor der Klasse mithilfe des Arbeitsblattes vorstellen, den anderen Gruppen werden die Ergebnisse zur Verfügung gestellt und verglichen!

- Jede Gruppe erarbeitet nur einen Bereich (Farben, Formen, Schrift)!

- Bei einer großen Schüleranzahl erarbeiten zwei Gruppen dasselbe Thema. Am Ende werden die Ergebnisse
  dann von den jeweiligen Gruppen in der Klasse präsentiert.

AB 5

1. Nennen Sie drei Formen[4], die Ihnen spontan einfallen!

a.) _____

b.) _____

c.) _____

2. Beschreiben Sie diese Formen kurz! (Ecken, Kanten, Winkel ...)

a.) _____

_____

_____

b.) _____

_____

_____

c.) _____

_____

_____

---

[4] www.mathematik-wissen.de/geometrie.htm [14.12.2011]; www.mathepower.com [14.12.2011]

3. Suchen Sie sich im Internet Informationen hinsichtlich Name, Zahl der Ecken, Zahl der Seiten und
Eigenschaften zu folgenden Formen!

Hilfreiche Seiten: www.mathematik-wissen.de/geometrie.htm
www.mathepower.com

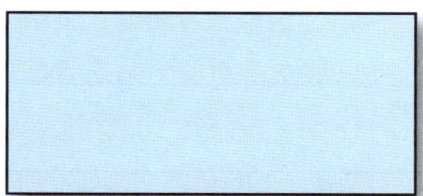

Bsp.: Name: Rechteck
Zahl der Ecken: vier Ecken
Zahl der Seiten: vier Seiten
Eigenschaften: Ein Rechteck ist ein
Viereck, bei dem alle Ecken rechtwinklig sind.
Gegenüberliegende Seiten sind gleich lang.

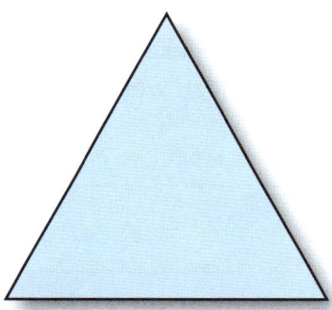

Name:

Zahl der Ecken:

Zahl der Seiten:

Eigenschaften:

Name:

Zahl der Ecken:

Zahl der Seiten:

Eigenschaften:

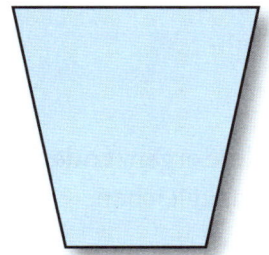

Name:

Zahl der Ecken:

Zahl der Seiten:

Eigenschaften:

Formen Seite 3

AB 5

4. Wie wirken die Formen auf Sie? Beschreiben Sie Ihren Eindruck.

Kreise: ______

Dreiecke: ______

Vierecke: ______

Kreuz: ______

Pfeil: ______

5. Überlegen Sie in Ihrer Gruppe:
   - Welche Rolle spielt die Form zum Beispiel in einer Annonce, einem Flyer oder einem Plakat?
   - Welche Form würden Sie für eine Anzeige/Plakat/Flyer nehmen, um für Pauls Milch zu werben?

______

______

______

______

Formen

AB 5 LH

Natürlich können die angegebenen Websites auf dem Arbeitsblatt auch um andere ergänzt oder ersetzt werden, um das Arbeitsblatt dem Leistungsniveau der Schüler entsprechend anzugleichen.

1. Was soll Schrift in Werbung bewirken und wie?

2. Betrachten Sie folgende Schriften[5]:
   Was fällt Ihnen auf?
   Was könnten die Firmen mit ihnen beabsichtigen?
   Welche Schrift wirkt ansprechend, welche nicht?
   Welchen Einfluss hat die Schrift?

 © Coca Cola GmbH, Berlin

 © Bitburger Braugruppe GmbH, Bitburg

 © Esprit Retail B.V. & Co. KG, Ratingen

Fanta:

_____

_____

_____

Bitburger:

_____

_____

_____

Esprit:

_____

_____

_____

---

[5] www.schrift.biz [14.12.2011]

AB 6

3. Überlegen Sie in ihrer Gruppe: Welche Schrift würden Sie verwenden, um für Pauls Milch zu werben? Begründen Sie Ihre Aussage in 2 – 3 Sätzen!

_____

_____

_____

_____

Pauls Werbemittel auf einen Blick Seite 1

AB 7 zu IB 1

Bauer Paul und seine Frau Karla haben bereits herausgefunden, dass sich die verschiedenen Werbemittel in bestimmten Punkten unterscheiden. Diese Punkte haben sie schon in einer Tabelle festgehalten, haben aber noch Schwierigkeiten, die Tabelle zu vervollständigen (Informationsblatt IB 1).

Gut, dass Sie gerade zur Stelle sind, so können Sie gemeinsam überlegen:
- Welche Zielgruppe wird durch das Werbemittel angesprochen?
- Wie weit gelangt die Werbeinformation? (Reichweite)
- Wie oft wird die Werbeinformation gegeben? (Häufigkeit)
- Wie hoch ist der Preis für das Werbemittel?
- Wie groß ist die Menge an Informationen, die durch das Werbemittel weitergegeben werden können?

Natürlich können Sie sich auch im Internet informieren oder bei Druckereien und Zeitungen nachfragen.

Werbe-mittel	Zielgruppe	Reichweite	Häufigkeit	Preis	Menge an Informa-tionen
Weitere Möglich-keiten					

Pauls Werbemittel auf einen Blick

- Die Schüler können mit der örtlichen Tageszeitung die verschiedenen Punkte der Tabelle bezüglich der Annoncen klären und von ansässigen Druckereien entsprechende Infos über Flyer und Plakate erhalten.

- Wenn die Schüler im Internet recherchieren, könnten folgende Homepages von Unternehmen, die die Erstellung von Werbemitteln anbieten, als Hilfestellung dienen. Hierbei ist allerdings Vorsicht geboten, denn auf diesen Homepages wird auch Werbung für das jeweilige Unternehmen gemacht:

Plakate

http://www.laser-line.de/news/fuenf-tipps-fuer-werbeplakate.html [20.02.2011]

http://www.aussenwerbung-ostfriesland.de/plakatmedien_vorteile.html [20.02.2011]

http://www.selbstaendig-im-netz.de/2007/11/19/marketing/
offline-marketing-fuer-selbstaendige-1-plakate/ [20.02.2011]

Flyer

http://www.unternehmer.de/werbemittel-10-vorteile-von-flyern-97556 [20.02.2011]

http://www.flyerpilot.de/vorteile-flyer-folder.htm [20.02.2011]

http://www.biz4you.at/biz4you/index.php?site=druck&detail=drucksorten&info=flyer [20.02.2011]

Annoncen

http://www.gruenderlexikon.de/magazin/anzeigen-in-printmedien-als-sinnvolle-werbeform [20.02.2011]

Je nach Leistungsniveau der Schüler könnte die Tabelle auch dahingehend abgewandelt werden, dass die einzelnen Punkte in den Spalten von den Schülern selbst entwickelt werden und nicht im Vorhinein vorgegeben sind. Es bietet sich dabei an, die Ergebnisse der Schüler im Klassenplenum zu besprechen und sich gemeinsam für bestimmte Punkte zu entscheiden, sodass die folgende Arbeitsphase (Vervollständigen der Tabelle) bei allen Schülern auf einer einheitlichen Grundlage basiert.

Vor- und Nachteile der Werbemittel

1. Überlegen Sie nun in Ihrer Gruppe: Welche Vor- und Nachteile haben die einzelnen Werbemittel?

2. Entscheiden Sie sich mithilfe dieser Matrix für ein Werbemittel und gestalten Sie dies. Beachten Sie bei der Gestaltung die spezifischen Bestandteile der Werbemittel (Form, Farbe, Schrift).

3. Tragen Sie die Vor- und Nachteile in Ihre Entscheidungsmatrix ein!

Vor- und Nachteile der Werbemittel Entscheidungsmatrix

Mitglieder unserer Gruppe: _____

Werbemittel	Vorteile	Nachteile	Entscheidung dafür, weil ...

- Die Schüler können in der Entscheidungsmatrix Vermutungen bzw. logische Überlegungen einfließen lassen, sollten aber vor allem Bezug auf ihre Ergebnisse auf dem Arbeitsblatt AB 7 nehmen.

- Bei der Wahl für ein Werbemittel ist darauf zu achten, dass dieses im Anschluss auch erstellt werden soll. Hierbei sind die technischen Möglichkeiten der Schule zu beachten, sodass wahrscheinlich nur die Werbemittel Flyer, Plakat und Anzeige in Frage kommen.

Gestaltung eines Werbemittels

Es ist soweit, Paul und Karla haben sich mit Ihrer Hilfe für ein geeignetes Werbemittel entschieden. Diese Entscheidung soll nun in die Tat umgesetzt werden.

Es ist doch Ehrensache, Paul und Karla nun nicht im Stich zu lassen und ihnen auch bei diesem letzten Schritt unter die Arme zu greifen.

Gut, dass Sie in der Schule auch Informationen zur Gestaltung eines Werbemittels erhalten haben. Diese können Sie nun gut nutzen, um das Werbemittel für Paul und Karla zu erstellen.

- Zur Erstellung einer Annonce sollten sich die Schüler vorher noch einmal bei der Tageszeitungsredaktion über die Größe sowie die Möglichkeiten der Annoncierung informieren (Da die Größe und Möglichkeiten der Anzeigengestaltung von Redaktion zu Redaktion unterschiedlich sind!). Diese Informationen sollen sie dann bei ihrer Gestaltung mit einbeziehen.

- Ein Flyer bietet die Möglichkeit, mehrere Informationen darzustellen. So könnte beispielsweise auch die Haltung der Tiere, die Herstellungsweise der Milch, der Hofladen und seine Besitzer im Flyer dargestellt werden. Hierzu eignet es sich, den Schülern erneut ein paar Flyer zur Anschauung mitzubringen.

- Den Schülern können Materialien zur Gestaltung bereitgestellt werden. Es bietet sich hierbei an, die Materialien aus dem Kunstraum zu nutzen. Aber auch der Computerraum (mit Internet) sollte den Schülern zur Verfügung stehen. Hier bietet sich ebenfalls an, einen Kollegen mit dem Fach Informatik mit einzubeziehen. Dieser könnte evtl. Gestaltungstechniken mit den Schülern erarbeiten sowie den Schülern helfen, mit Bildbearbeitungsprogrammen und weiteren Anwendungen umzugehen!

- Die Schüler hätten eine gute Möglichkeit, sich professionell mit der Gestaltung auseinander zu setzen, wenn man einen Fachmann einladen würde.

- Besonders interessant wäre es auch, mit den Schülern vor der Gestaltung eine Besichtigung eines Hofes oder eines Hofladens zu unternehmen. Dabei könnten sich die Schüler über die Abläufe auf einem Hof informieren und möglicherweise wichtige Informationen für die Werbemittel sammeln. Des Weiteren könnten sie Bilder machen. Diese Besichtigung müsste wiederum vorbereitet werden. Dies könnte durch die Erstellung eines Fragebogens oder einer Frageliste geschehen.

- Nachdem dann die Werbemittel erstellt sind, bietet sich eine Prämierung und ggf. Ausstellung an. Damit alle Schüler in die Entscheidung über das beste Werbemittel einbezogen werden, sollte jede Gruppe eine andere Gruppe als Sieger festlegen, wobei als Bewertungsgrundlage die Ergebnisse aus den vorangegangenen Arbeitsphasen herangezogen werden sollten. Die begründeten Entscheidungen würden von dem Lehrer im Gruppengespräch gesammelt werden. Die Gruppe mit den meisten Stimmen würde folglich gewinnen.

Begriffsbox: Werbung

Werbung	Werbeträger	Werbemittel
Gefahren	Vorüberlegungen zur Werbung	Arten der Werbung
Aufgaben der Werbung	Gemeinschaftswerbung	Einzelwerbung
Zeitungen	Sponsoring	Product Placement
Litfaßsäule	Verkehrsmittel	Kino
Plakate	Prospekte	Flyer
Annonce	Radiosendung	Filme
Kosten	Reichweite	Dauer/Häufigkeit
Informationsvermittlung	Gestaltung	Form
Farbe/Farbkreis	Schrift	Sucht
Schuldenfalle	Prestige	Interesse wecken
Produkt abgrenzen	Produkteigenschaften aufzeigen	Menschen beeinflussen
Rot	Gelb	Violett

Quelle: Lindemann, Meike (2000): Kreative Bausteine für den kaufmännischen Unterricht. S. 136–138.

- Der Lehrer bereitet eine Box vor (diese kann unterschiedlich gestaltet sein und für sämtliche Ergebnissicherungen verwendet werden!), in der sich kleine Kärtchen mit verschiedenen Stichworten zum Thema befinden. (Die Schrift auf den Kärtchen sollte mindestens 20 dp sein, damit es an der Tafel oder auf einem Plakat lesbar ist!)

- In obiger Tabelle mit den Stichworten wurden einige Kästchen freigelassen. Diese können vom Lehrer noch ergänzet werden. Aber auch die Schüler könnten in diesem Bereich ihnen wichtige Begriffe zum Thema einfügen.

- Die Schüler ziehen nacheinander einzelne Kärtchen. Jeder Schüler hat dann 1 Minute Zeit, um den Begriff auf seinem Kärtchen der Klasse in eigenen Worten zu erklären.
  Falls die Zeit zu lange wäre, könnte sie auf 30 Sekunden reduziert werden. Dies könnte auch geschehen, um das Spiel zu beschleunigen bzw. spannender zu gestalten. Die Zeit wird beispielsweise mit einer Sanduhr vom Lehrer oder einem Schüler gestoppt.

- Anschließend werden die Begriffe von den Schülern auf einem Plakat sortiert und in eine sinnvolle Ordnung gebracht. Dies kann sowohl in Mindmap-Form erfolgen (siehe oben) oder in Tabellenform. Es können des Weiteren für jeden Unterpunkt einzelne Unterplakate/Untergruppen erstellt werden, die dann noch mit Stichwörtern von den Schülern ergänzt und in irgendeiner Weise gestaltet werden.

  Beispielsweise könnten die Schüler das/die Plakat/e anschließend noch durch das Fallbeispiel und die verschiedenen, von den Schülern gestalteten Werbemittel ergänzen und eventuell am nächsten Schulfest auf einer Schautafel präsentieren.

- Die Begriffsbox soll der Ergebnissicherung und dem Abschluss der Fallstudie dienen. Die Schüler bekommen dadurch einen Überblick über die relevanten Teilpunkte des Themas. Wichtige Aspekte werden wieder erinnert, in den Gesamtzusammenhang gebracht und gesichert.

Alles Werbung oder was!?

Werbemittel werden dazu benutzt die Werbebotschaften zu vermitteln.
Welche weiteren Werbemittel (außer der Annonce) fallen Ihnen ein?

Notieren Sie Ihnen bekannten Werbemittel hier:

1.) Plakate   2.) Flyer

3.) Radiosendung   4.) Werbespot im Fernsehen

5.) Werbung im Internet   6.) Stand auf Messen

Werbung beeinflusst Kaufentscheidungen

1. Füllen Sie mithilfe der angegebenen Begriffe den Lückentext aus.

2. Sie sollten anschließend zu folgenden Fragen jeweils eine kurze Antwort geben können (in eigenen Worten!):

- Was ist Werbung?
- Was ist ein Werbemittel?
- Was ist ein Werbeträger?
- Welche Ziele hat Werbung? (mind. 2 Stück)

Was ist Werbung?[6]

Unter Werbung versteht man die bewusste __Beeinflussung__ von Menschen auf einen bestimmten Zweck hin. Die Beeinflussung von Menschen wird nicht nur für __wirtschaftliche__ Zwecke eingesetzt, sondern auch für politische, religiöse, kulturelle oder ähnliche.

In welcher Form erfolgt Werbung?

Werbung kann in __schriftlicher__, __akustischer__, oder __bildhafter__ Form erfolgen.

Plakate, Werbespots sowie Anzeigen gehören zu den wichtigsten Werbemitteln.
Werbemittel bezeichnet die Form, in der die Werbung erscheint, z. B. die Anzeige, das Plakat oder eine Annonce.
Zeitschriften, Schaufenster, Verkehrsmittel usw. nennt man **Werbeträger,** denn sie „tragen" das jeweilige Werbemittel auf sich.

Ziele und Wirkung der Werbung?

Die Werbung der Wirtschaft hat den __Zweck__, dass sich Menschen für ein bestimmtes Produkt entscheiden, das sie dann __kaufen__ und __weiterempfehlen__ sollen.

Durch die Werbung soll somit der Bekanntheitsgrad eines Produktes erhöht werden, sowie die __Eigenschaften__ des Produktes genannt werden. Wichtig ist auch, dass die Werbung dazu beiträgt, das eigene Produkt von anderen __Produkten__ abzugrenzen.

weiterempfehlen; akustischer; Zweck; kaufen; bildhafter; Beeinflussung; schriftlicher; wirtschaftliche; Produkten; Eigenschaften

---

[6] Golas/Stern/Voß: Betriebswirtschaftslehre für die Aus- und Weiterbildung in Schule und Beruf, Rinteln 2003, S. 434 – 442.
  Schulbuch: TERRA- WZG 4 Welt Zeit Gesellschaft. Hauptschule Baden-Württemberg, Würzburg, 2006, S. 28f. (Klett-Verlag)

Flyer

Aufgabe:

- Betrachten Sie den Flyer genau.
- Was fällt Ihnen auf?
- Was wirkt Ihrer Meinung nach ansprechend, was nicht? Warum?
- Wie wird Ihr Blick geleitet?

Beschreibung Flyer

Im Flyer von der Volksbank RheinAhrEifel eG wird die Möglichkeit der individuellen Gestaltung einer BankCard beworben.

Die Außenseiten des Flyers sind durch eine strikte Dreiteilung gekennzeichnet. Auf der rechten Seite des Flyers wird der Werbegegenstand deutlich, indem drei individuell gestaltete Bankkarten gezeigt werden und die Leser durch den Text motiviert werden, ihre persönliche BankCard zu gestalten. In der mittleren Außenseite des Flyers werden Motive vorgeschlagen, die die Kunden wählen können, wenn sie kein eigenes Wunschbild haben oder nicht über die Möglichkeit eines Internetzugangs verfügen, um ihre BankCard mit ihrem individuellen Motiv zu bestellen. Die linke Außenseite des Flyers dient als Bestellcoupon, um seine individuelle BankCard Bildkarte mit den in der Mitte des Flyers vorgegebenen Wunschmotiven zu bestellen.

In der Innenseite des Flyers wird großflächig eine Abbildung dargestellt. Darauf ist eine Frau erkennbar, die auf einem Motorrad sitzt, eine Schutzbrille trägt und in die Kamera schaut. Die Frau ist leicht über den Lenker gebeugt und hält sichtbar in der rechten Hand eine individuell gestaltete BankCard. Die Art der Darstellung vermittelt dem Betrachter Individualität, Spontanität und Freiheit. Jeweils rechts und links von der Abbildung werden in Textform Informationen für die individuelle Gestaltung der BankCard gegeben. Auch hier werden konkret auf die „Einmaligkeit" und „Besonderheit" der Kunden Bezug genommen und diese konkret angesprochen den „Einheitslook" aufzugeben.

Der Flyer ist in den Farben blau und orange gehalten, die die zentralen Farben der Volksbank darstellen und somit einen hohen Wiedererkennungswert aufweisen. Die Farbgestaltung vom Titelblatt setzt sich auf den Innenseiten des Flyers fort.

Annoncen

Aufgabe:

- Betrachten Sie die Annonce genau.
- Was fällt Ihnen auf?
- Was wirkt Ihrer Meinung nach ansprechend, was nicht? Warum?
- Wie wird Ihr Blick geleitet?

Beschreibung Annonce

Die vorliegende Annonce wirkt sehr einheitlich, da hier vorwiegend mit den Farben rot und gelb gearbeitet wurde. Im unteren linken Bildrand wird das Produkt dargestellt. Der Leser erkennt, dass hier Bratwürste beworben werden. Über der Abbildung des beworbenen Produktes ist das Bild eine bekannten Sportmoderators (Johannes B. Kerner) abgebildet. Rechts unterhalb der Personenabbildung ist deutlich der Slogan „Jetzt anfeuern!" erkennbar. In der gesamten Annonce wird ein enger Bezug zwischen Fußball und Grillen hergestellt. Dies zeigt sich in verschiedenen Aspekten. Zum einen in der Farbgestaltung der Annonce. Durch die Farben rot und gelb wird eine Assoziation zum Grillfeuer hergestellt. Zum anderen weist der Slogan „Jetzt anfeuern!" eine Doppeldeutigkeit auf. „Anfeuern" kann einerseits auf das Anzünden eines Feuers im Grill bezogen werden und andererseits die Unterstützung einer (Fußball) Mannschaft bedeuten, die ich als Fan anfeuere. Des Weiteren wird neben dem Slogan ein Fußball abgebildet, der in der Darstellung eine gewisse Dynamik aufweist und der Leser dadurch den Eindruck gewinnt, dass der Ball gerade ins Bild fliegt. Über der Abbildung wird das Logo der Firma und der Firmenname „Gutfried" erkennbar. Der Hinweis im unteren rechten Bildrand, dass es für eine Packung Bratwurst ein WM-Buch gratis gibt, soll die Kaufentscheidung für dieses Produkt positiv beeinflussen und zeigt auch noch einmal den engen Zusammenhang zwischen Sommerzeit, Fußballweltmeisterschaft und Grillerlebnis auf.

Plakate

Aufgabe:

- Betrachten Sie das Plakat genau.
- Was fällt Ihnen auf?
- Was wirkt Ihrer Meinung nach ansprechend, was nicht? Warum?
- Wie wird Ihr Blick geleitet?

Beschreibung Plakat

Bei diesem Plakat denkt der Leser aufgrund des Motivs zunächst an eine Portion Pommes Frites. Allerdings stutzt man schon im nächsten Moment, denn in der Schale liegen keine Pommes Frites sondern Bananenscheiben. Das Bild passt also nicht, aber man ist als Leser interessiert und versucht den Inhalt der Botschaft zu erfassen. Oben links springt einem das Logo „Dole" aufgrund von Einkaufserfahrung Obst. Der Blick wandert entsprechend der Leserichtung weiter nach rechts und der Slogan „Fast Fruit" ist in großen Buchstaben zu lesen. Hierbei handelt es sich um ein Wortspiel mit dem Ausdruck „Fast Food". Dieser hat in der Regel ein schlechtes Image, Obst hingegen hat ein gutes Image. Die Verbindung von beidem ist interessant und könnte den Leser auf die Idee bringen, anstelle von Pommes Frites lieber eine Banane zu essen. Der Hinweis „natürlich fettfrei" unterstreicht die guten Eigenschaften von Bananen nochmal.

Das Plakat wirkt sehr locker, es existiert kein Rahmen und der leicht wolkige Hintergrund vermittelt ein Gefühl von Leichtigkeit. Es gibt nur wenige Elemente in dem Plakat, so dass es nicht überladen wirkt. Dies passt auch zu den Eigenschaften von Obst, ein leichter Snack zu sein.

Zur Bearbeitung des Arbeitsblattes können Sie im Internet recherchieren. Folgende Seiten könnten Ihnen dabei helfen.

www.ipsi.fraunhofer.de/~crueger/farbe
www.wikipedia.de ➔ Suchwort Farbenlehre
www.zeichnen-lernen.net/druck/farbenlehre.html

1. Wie nimmt unser Auge Farben[7] wahr?
   Erklären Sie die Wahrnehmung anhand einer kleinen Skizze und in kurzen Sätzen!

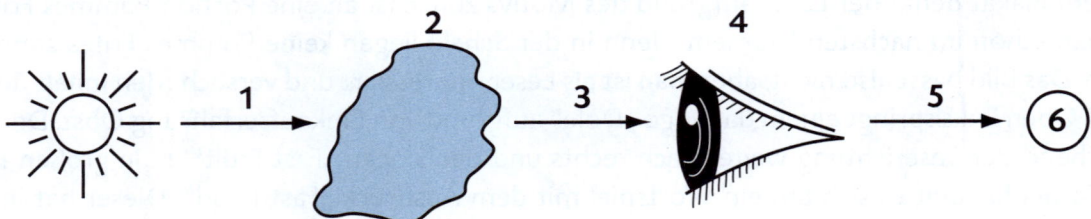

Eine Lichtquelle sendet Energiestrahlen aus (1), diese fallen auf Materie und werden zum Teil absorbiert (2). Die reflektierten Lichtstrahlen gelangen als Farbreiz (3) ins Auge und werden auf die Netzhaut projiziert (4). Organeigene Energieimpulse werden über die Nervenbahnen (5) ins Gehirn geleitet. Dort entsteht die eigentliche Farbempfindung (6).

---

[7] www.ipsi.fraunhofer.de/~crueger/farbe [14.12.2011]; http://de.wikipedia.org/wiki/Farbenlehre [14.12.2011];
 http://www.zeichnen-lernen.net/druck/farbenlehre.html [14.12.2011]

2. In welchen Farben sehen wir die Lichtstrahlen?

a.) Kurzwelliges Licht: Blau

b.) Mittelwelliges Licht: Grün

c.) Langwelliges Licht: Rot

3. Tragen Sie in die Lücken Begriffe bzw. Zahlen ein.

Es gibt ___8___ verschiedene extreme Farbempfindungen, für die unser menschlicher Sehapparat empfindlich ist. Sie sind die Eckpfeiler der Farbwahrnehmung und werden deshalb auch _Grundfarben_ genannt.

4. Nennen Sie die 8 Grundfarben und unterscheiden Sie sie in bunte und unbunte Grundfarben!

Bunte Grundfarben: Rot, Grün, Blau, Cyan, Magenta, Gelb
Unbunte Grundfarben: Schwarz, Weiß

5. Zeichnen Sie das so genannte Farbsechseck auf. Was bedeutet es?

Das Farbsechseck zeigt die 6 Grundfarben, welche beim Vermischen zu verschiedenen anderen

Farbtönen werden.

Siehe Internetlink: http://hartmut.homelinux.org/Technik/Bilder/Farbsechseck-klein.png

6. Lückentext: „Farbe und Form"
   Verwenden Sie die unten stehenden Begriffe und setzen Sie sie an der richtigen Stelle ein!

Im Idealfall wirken ___Farbe___ und ___Form___ zusammen.

Die ___Farbgebung___ unterstützt die Form und bringt sie besonders gut zur Geltung.

Durch eine gelungene Form wiederum wird die _Wirkung_ einer Farbe unterstrichen und hervorgehoben.

Eine falsche Farbgebung dagegen kann die Wirkung einer guten Form _beeinträchtigen_ und die Vorzüge

der gelungenen Form können die Wirkung der missglückten Farbgebung nicht wettmachen. Umgekehrt kann

eine schlechte Form durch Farbe nicht _aufgewertet_ werden. Auch die schönste Farbgestaltung kann nicht

über eine unharmonische Formgebung _hinwegtäuschen_, sie kann dadurch allenfalls etwas gemildert wer-

den. Farbe und Form _bedingen_ sich also, eins ist ohne das andere undenkbar und wenn sie zusammen-

wirken, bilden sie eine _harmonische Einheit_. Das beste Beispiel dafür bietet die ___Natur___. Betrachten

wir die Farben und Formen der Natur, dann stellen wir fest, dass sie optimal aufeinander abgestimmt sind.

Farbe, Wirkung, hinwegtäuschen, aufgewertet, Form, bedingen, Natur, Farbgebung, beeinträchtigen, harmonische Einheit

AB 5 LS*

1. Nennen Sie drei Formen[8], die Ihnen spontan einfallen!

a.) _Dreieck_

b.) _Rechteck_

c.) _Kreis_

2. Beschreiben Sie diese Formen kurz! (Ecken, Kanten, Winkel ...)

a.) Ein Dreieck hat drei Ecken und drei Seiten, die Winkel können unterschiedlich groß sein, wobei eine

Winkelsumme von 180° nicht überschritten werden kann.

b.) Ein Rechteck hat 4 Ecken und 4 Seiten, alle Winkel haben eine Größe von 90°. Die gegenüber-

liegenden Seiten sind gleich lang.

c.) Ein Kreis hat keine Ecken, da er rund ist. Er besteht aus einem Mittelpunkt und dem Kreisrand.

Der Abstand vom Kreisrand zum Mittelpunkt ist immer gleich weit entfernt. Diese Entfernung

nennt man Radius.

---

[8] www.mathematik-wissen.de/geometrie.htm [20.02.2011]; www.mathepower.com [20.02.2011]

3. Suchen Sie sich im Internet Informationen hinsichtlich Name, Zahl der Ecken, Zahl der Seiten und Eigenschaften zu folgenden Formen!

Hilfreiche Seiten: www.mathematik-wissen.de/geometrie.htm

www.mathepower.com

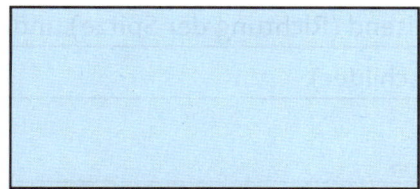

Bsp.: Name: Rechteck

Zahl der Ecken: vier Ecken

Zahl der Seiten: vier Seiten

Eigenschaften: Ein Rechteck ist ein Viereck, bei dem alle Ecken rechtwinklig sind. Gegenüberliegende Seiten sind gleich lang.

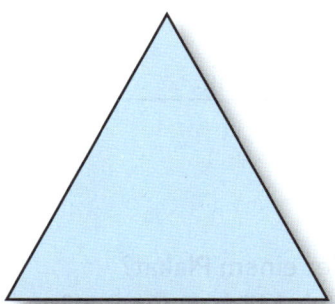

Name: Dreieck

Zahl der Ecken: drei Ecken

Zahl der Seiten: drei Seiten

Eigenschaften: Ein Dreieck hat eine Winkelsummer von 180°. Die Seiten können beliebig lang sein.

Name: Raute

Zahl der Ecken: vier Ecken

Zahl der Seiten: vier Seiten

Eigenschaften: Eine Raute ist ein Viereck mit vier gleich langen Seiten.

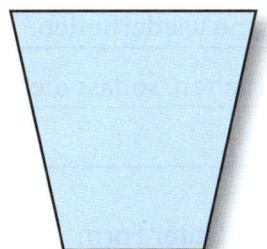

Name: Trapez

Zahl der Ecken: vier Ecken

Zahl der Seiten: vier Seiten

Eigenschaften: Ein Trapez ist ein Viereck, bei dem mindestens zwei gegenüber liegende Seiten parallel sind.

4. Wie wirken die Formen auf Sie? Beschreiben Sie Ihren Eindruck.

Kreise: Kreise lösen meist Ruhe aus, wirken formvollendet und ganzheitlich.

Dreiecke: Dreiecke erwecken das Gefühl für Standhaftigkeit und wirken durch die Spitze gewissermaßen aggressiv. Gleichzeitig wirken Dreiecke richtungsweisend (Richtung der Spitze) und können als Gefahrenhinweis verstanden werden (Verkehrsschilder).

Vierecke: Vierecke stehen für Ausgewogenheit.

Kreuz: Ein Kreuz wird meist mit absoluter Symmetrie assoziiert. Im westlichen Kulturraum kommt aber noch die religiöse Bedeutung hinzu. Das Kreuz ist auch eine Körperdarstellung.

Pfeil: Der Pfeil weist die Richtung und steht im weiteren Sinn für Verteidigung.

5. Überlegen Sie in Ihrer Gruppe:
- Welche Rolle spielt die Form zum Beispiel in einer Annonce, einem Flyer oder einem Plakat?
- Welche Form würden Sie für eine Anzeige/Plakat/Flyer nehmen, um für Pauls Milch zu werben?

Annonce: Die Form in einer Annonce ist variabel, da diese in Zeitschriften beliebig abgedruckt werden kann. Man könnte hier also gut mit Rundungen arbeiten, um ein Gefühl der Ruhe auszulösen. Vielleicht könnte der Rahmen der Anzeige die Form einer Milchflasche haben.

Flyer: Flyer sind in der Regel rechteckig und klein, damit sie handlich sind und schnell in einer Tasche verstaut werden können. Man sollte wahrscheinlich auch mit dieser Form arbeiten, um keine unnötigen Kosten für Sonderwünsche hervorzurufen. Vierecke, also auch Rechtecke, stehen außerdem für Ausgewogenheit. Es ist gut, wenn die Kunden Ausgewogenheit mit Bauer Pauls Milch in Verbindung bringen. Allerdings könnte man auf dem Flyer auch wieder die Form einer Milchflasche wiederfinden. So würde zu dem ein Gefühl der Ruhe hervorgerufen. Des Weiteren kann man Flyer falten, sodass die Informationen auf verschiedenen Seiten verteilt werden können.

Plakat: Die Form ist genormt, in der Regel rechteckig und groß. Plakate lösen aufgrund ihrer Form dieselben Eindrücke beim Kunden aus wie die Flyer, nur dass sie viel größer sind.

Allgemein: Sollte Bauer Paul alle drei Werbemittel verwenden wollen, sollte er ggf. darauf achten, dass diese einheitlich gestaltet sind, damit ein Wiedererkennungswert geschaffen wird.

1. Was soll Schrift[9] in Werbung bewirken und wie?

Die Wirkungen der Schrift kann man nicht so einfach losgelöst betrachten, weil alle Bestandteile des Werbemittels einen Gesamteindruck beim Kunden hinterlassen, aber sie trägt dazu bei, dass sich bestimmte Kunden von dem Produkt angesprochen fühlen. Mit einer verschnörkelten Schrift könnte beispielsweise eine reife Kundengruppe auf das Produkt aufmerksam gemacht werden, weil diese sich eventuell an frühere Zeiten erinnert fühlen, während klare einfache Linien in der Schrift eher jüngere Kunden anziehen. Genauso kann man aber auch sagen, dass die Schrift zum beworbenen Produkt passen sollte. Natürlich sollen auch Informationen vermittelt werden, sodass die Schrift in jedem Fall leserlich sein muss.

2. Betrachten Sie folgende Schriften:
   Was fällt Ihnen auf?
   Was könnten die Firmen mit ihnen beabsichtigen?
   Welche Schrift wirkt ansprechend, welche nicht?
   Welchen Einfluss hat die Schrift?

© Coca Cola GmbH, Berlin

© Bitburger Braugruppe GmbH, Bitburg

© Esprit Retail B.V. & Co. KG, Ratingen

Mögliche Lösungen:

Fanta:

Die Werbung könnte Frische und Lebendigkeit ausstrahlen, die Kunden sollen Durst bekommen.

Es werden mehrere Farben verwendet.

Die Schrift sieht eher aus, wie von Hand geschrieben.

Bitburger:

Die Kunden sollen auf das lange Bestehen der Firma aufmerksam gemacht werden.

Die Farbe ähnelt der Farbe eines Bieres.

Esprit:

Die Farbe Rot erregt Aufmerksamkeit, sticht ins Auge.

Englische Übersetzung könnte eine Rolle spielen.

Eher neuere Schriftform, was Jugend, Leichtigkeit ausdrücken könnte.

---

[9] www.schrift.biz [14.12.2011]

3. Überlegen Sie in ihrer Gruppe: Welche Schrift würden Sie verwenden, um für Pauls Milch zu werben? Begründen Sie Ihre Aussage in 2 – 3 Sätzen!

Man könnte eine Form der Schreibschrift wählen, so würde Bauer Paul Kindheitserfahrungen bei den Kunden hervorrufen. Milch trinken ist grundsätzlich gesund, genau das bekommt man häufig in der Kindheit von den Eltern zu hören. Außerdem vermittelt Schreibschrift Natürlichkeit, da diese eher mit der Hand geschrieben wird. Milch ist etwas sehr Natürliches, das wird hierdurch unterstrichen.

Oder

Bauer Paul könnte auch ganz schlichte Druckbuchstaben verwenden, diese vermitteln den Eindruck, dass man sich auf das Wesentliche konzentriert: Milch in ihrer Reinheit. Dies würde auch Kunden aller Altersklassen ansprechen, da eine solche Schrift auch sehr neutral ist.

Pauls Werbemittel auf einen Blick Seite 1

Bauer Paul und seine Frau Karla haben bereits herausgefunden, dass sich die verschiedenen Werbemittel in bestimmten Punkten unterscheiden. Diese Punkte haben sie schon in einer Tabelle festgehalten, haben aber noch Schwierigkeiten, die Tabelle zu vervollständigen (Informationsblatt IB 1).

Gut, dass Sie gerade zur Stelle sind, so können Sie gemeinsam überlegen:
- Welche Zielgruppe wird durch das Werbemittel angesprochen?
- Wie weit gelangt die Werbeinformation? (Reichweite)
- Wie oft wird die Werbeinformation gegeben? (Häufigkeit)
- Wie hoch ist der Preis für das Werbemittel?
- Wie groß ist die Menge an Informationen, die durch das Werbemittel weitergegeben werden können?

Natürlich können Sie sich auch im Internet informieren oder bei Druckereien und Zeitungen nachfragen.

Werbe-mittel	Zielgruppe	Reichweite	Häufigkeit	Preis	Menge an Informa-tionen
Plakat	• alle sollen ange-sprochen werden • keine besondere Alters- oder Per-sonengruppe • begrenzt evtl. durch Aufhänge-bereich	• weit, kann über-all aufgehängt werden • Achtung: evtl. Erlaubnis! • regional • auf Dörfer/Städ-te beschränkt • ...	• begrenzt, Plakat darf nur be-stimmte Zeit aufgehängt werden • Erlaubnis!	• abhängig von Stückzahl, Größe, Falzart, Anzahl der Farben ...	• Kommt auf Grö-ße des Plakats an. • Eher gering, weniger ist oft mehr!
Annonce	• alle sollen ange-sprochen werden • Zeitungsbesitzer	• weit, kann in verschiedenen Kreisen inseriert werden	• begrenzt auf bestimmte Aus-gaben • kann jedoch auf mehrere Wochen bestellt werden	• Gemeindeblatt zwischen 14,40 Euro und 24,00 Euro je nach Größe	• abhängig von Größe der An-nonce • mittel (kleiner Hofladen!)
Flyer	• alle sollen ange-sprochen werden • Die, die öffent-liche Einrichtun-gen besuchen bzw. Wirtschaf-ten • Wurfsendung an Häuser möglich • Beilage in Zeitungen	• Weit, kann in verschiedenen anderen Betrie-ben ausgelegt werden. • Kann als Wurf-sendung ver-sandt werden. • Kann auch in anderen Bundes-ländern/Ländern ausgelegt werden.	• längere Dauer, können meist un-begrenzt in ande-ren Geschäften ausgelegt werden • können unter-schiedlich ver-wendet werden (Wurfsendung ...)	• abhängig von Größe, Stückzahl, Anzahl der Far-ben, Daten ...	• Mehrere Informationen möglich, je nach Größe und Anordnung
Werbe-spot	• Spricht alle an. • Je nach Sender!	• deutschlandweit • Bestimmte Sen-der senden nur regional.	• je nach Möglich-keit des Senders • je nach Budget des Betriebes	• sehr hoch • 30 sek. bei RTL ab 9.240 Euro • Bei VOX ab 4.140 Euro!	• je nach Länge des Werbespots • groß durch Bilder, Schrift, Sprache, Musik ...
Weitere Möglich-keiten **Radio-sendung**	• je nach Hörer-schaft bzw. Radiosender (manche werden nur von älteren Leuten gehört)	• regional • in einem Bundesland	• je nach Möglich-keit des Senders • über Tage, Wochen ... • evtl. mehrmals am Tag, immer vor Nachrich-ten ...	• hoch • von Sender zu Sender verschie-den • je nach Sendezeit	• je nach Länge • Mittel, hier nur Musik, Sprache, Ton, keine Bilder

Die hier aufgeführte Tabelle entspricht der Lösung der Aufgabenteile 2. und 3.

Mitglieder unserer Gruppe: _____

Werbemittel	Vorteile	Nachteile	Entscheidung dafür, weil ...
Plakat	• groß wird von den Leuten gesehen • evtl. günstig • Reichweite groß • gute Farbgestaltung möglich • spricht alle an • ...	• wenig Information möglich • Darf nur bestimmte Zeit aufgehängt werden. • Erlaubnis notwendig • Wird evtl. nicht beachtet, weil zu viele Plakate an einer Tafel hängen.	• am günstigsten • Firma für den Druck im Ort vorhanden (Unterstützung!) • mehrere Plätze zum Aufhängen (Werbung somit wahrscheinlich wirksam)
Annonce	• Annonce in mehreren Zeitungen möglich → Reichweite groß • verschiedene Haushalte haben Zeitung (alte/junge Kunden gleichzeitig angesprochen) • spricht direkter an (als Plakat)	• evtl. Preis zu hoch • Preis höher, wenn mehrere Wochen geworben wird, sonst nur einmaliges Ansprechen der Kunden • Annoncen kleiner als Plakat, fällt vielleicht nicht so auf	• Erfahrungswert von Bekannten zeigt, Werbung in der Zeitung wirkt am besten. • Man kann öfter annoncieren. • breite Reichweite
Flyer	• dauerhafter als Annonce und Plakat • mehrere Informationen möglich • Reichweite groß • Kunden werden direkter angesprochen	• Preis?! • Auch hier evtl. Erlaubnis zum Auslegen notwendig. • Muss ständig aktualisiert werden, dies ist evtl. größerer Aufwand als bei Annonce und Plakat.	• dauerhafter • mehr Informationen möglich • Betrieb kann vorgestellt werden, Kunde identifiziert sich dann gleich mit Betrieb von Paul. • Kann auf verschiedene Weise gestaltet und ausgebaut werden. • Kann auch als Wurfsendung verwendet werden.
Radiowerbung	• weite Reichweite • Musik kann eingebaut werden. • Viele Leute hören es nebenher → spricht viele an. • Kunden werden direkt angesprochen, müssen nicht lesen. • günstiger als Werbespot • Kann mehrmals am Tag wiederholt werden.	• Preis zu hoch • wenn nur bei bestimmtem Sender, dann auch nur regional, wie Zeitung oder Plakat • Kunden sehen das Produkt nicht • evtl. hoher Aufwand der Aufnahmen	• mehrmalige Wiederholung am Tag • evtl. angenehmer Preis • Gruppe hat Beziehungen zum Radio?!
Werbespot im Fernsehen	• kann mit Farben, Formen, Schrift, Sprache, Ton und Musik gearbeitet werden → ansprechender • Fernsehen läuft nebenher (z. B. im Haushalt). • Spricht viele an. • Reichweite sehr groß • würde neben Markenprodukten geworben werden	• Preis viel zu hoch • Aufwand zu hoch • kein Verhältnis zum Betrieb (Betrieb noch zu klein) • nur bei bestimmten Sendern möglich (Reichweite evtl. eingeschränkt)	• evtl. deutschlandweite Werbung • gute Ausnutzung der Gestaltungsmöglichkeiten → Aufmerksamkeit der Kunden groß

Werbemittel

Plakate
Prospekte
Flyer
Annonce
Radiosendung
Filme

Vorüberlegungen zur Werbung

Kosten
Reichweite
Dauer/Häufigkeit
Informations-
vermittlung

Gestaltung:
Form
Farbe/Farbkreis
Rot/Gelb/Violett
Schrift

Werbeträger

Zeitungen
Litfaßsäule
Verkehrsmittel
Kino

Werbung

Gefahren

Sucht
Schuldenfalle
Prestige

Aufgaben der Werbung

Interesse wecken
Produkt abgrenzen
Produkteigen-
schaften aufzeigen
Menschen beein-
flussen

Arten der Werbung

Gemeinschafts-
werbung
Sponsoring
Einzelwerbung
Product Placement

Werbemittel für Bauer Paul

Sie sind inzwischen gut über das Thema Werbung informiert.

Um Susi von Ihren bisherigen Ergebnissen zu berichten, haben Sie sie zu Hause besucht.

Paul und Karla waren auch dabei und äußerst interessiert. Die beiden hätten gar nicht gedacht, dass es beim Thema Werbung so viel zu beachten gibt.

Susi fühlt sich noch immer sehr schwach, daher bittet sie Sie, Paul und Karla dabei zu helfen, sich für ein geeignetes Werbemittel zu entscheiden.

Gut, dass Sie gerade bei Susi zu Hause sind, so können Sie sich gleich mit Paul und Karla zusammensetzen.

Zugehörige Arbeitsblätter: AB 7, AB 8

Hinweise zur Gestaltung eines Werbemittels[10] Seite 1

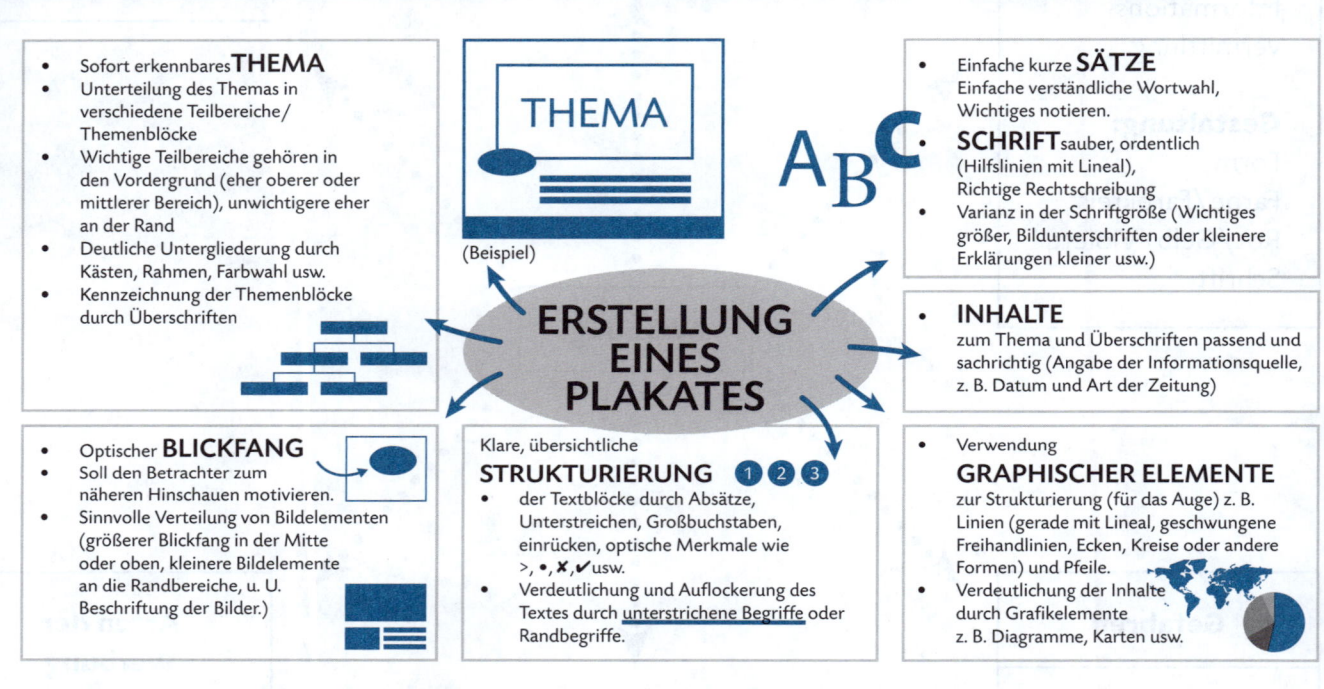

- Sofort erkennbares **THEMA**
- Unterteilung des Themas in verschiedene Teilbereiche/Themenblöcke
- Wichtige Teilbereiche gehören in den Vordergrund (eher oberer oder mittlerer Bereich), unwichtigere eher an der Rand
- Deutliche Untergliederung durch Kästen, Rahmen, Farbwahl usw.
- Kennzeichnung der Themenblöcke durch Überschriften

(Beispiel)

ERSTELLUNG EINES PLAKATES

- Einfache kurze **SÄTZE** Einfache verständliche Wortwahl, Wichtiges notieren.
- **SCHRIFT** sauber, ordentlich (Hilfslinien mit Lineal), Richtige Rechtschreibung
- Varianz in der Schriftgröße (Wichtiges größer, Bildunterschriften oder kleinere Erklärungen kleiner usw.)

- **INHALTE** zum Thema und Überschriften passend und sachrichtig (Angabe der Informationsquelle, z. B. Datum und Art der Zeitung)

- Optischer **BLICKFANG**
- Soll den Betrachter zum näheren Hinschauen motivieren.
- Sinnvolle Verteilung von Bildelementen (größerer Blickfang in der Mitte oder oben, kleinere Bildelemente an die Randbereiche, u. U. Beschriftung der Bilder.)

Klare, übersichtliche **STRUKTURIERUNG** ① ② ③
- der Textblöcke durch Absätze, Unterstreichen, Großbuchstaben, einrücken, optische Merkmale wie >, •, ✗, ✔ usw.
- Verdeutlichung und Auflockerung des Textes durch unterstrichene Begriffe oder Randbegriffe.

- Verwendung **GRAPHISCHER ELEMENTE** zur Strukturierung (für das Auge) z. B. Linien (gerade mit Lineal, geschwungene Freihandlinien, Ecken, Kreise oder andere Formen) und Pfeile.
- Verdeutlichung der Inhalte durch Grafikelemente z. B. Diagramme, Karten usw.

Grafik: Wolfgang Herzig, Essen

- Auf diesem Schaubild sind wichtige Informationen genannt, schauen Sie es sich genau an und überlegen Sie, welche Bereiche auch auf die Erstellung Ihres Werbeplakates zutreffen könnten!

    Hier noch ein paar wichtige Tipps:
    - Plakate dienen der Massenwerbung, der Produkterinnerung, der Bekanntmachung von Veranstaltungen. Sie übermitteln Informationen an **Vorübereilende.**

Deshalb ergibt sich für die Gestaltung:
- Ein möglichst großer Blickfang, der die Passanten stoppt!
- Ein Slogan oder Text, der informiert!
- Schriftbild ist je nach Abstand der Vorübergehenden zu gestalten!
- Das Plakat darf bunt sein, jedoch Achtung: „Weniger ist oft mehr!"
- Überlegt genau, was Ihr den Leuten mit dem Plakat sagen wollt!
- Größe: DIN A1, DIN A2, DIN A3
- Hoch- oder Querformat (meist wird Hochformat bevorzugt!)!
- Super für Geschäftseingänge = schmale Plakate!

---

[10] www.rs-ti-neu.fr.schule-bw.de/fachalle/allg/plakat/plakat1.htm

Annonce

Anzeigenformat

Die Größe der Anzeigen variiert von Zeitung zu Zeitung. Fragen Sie am besten bei Ihrer Tageszeitung nach, welche Größen bei ihnen am gängigsten sind!

Bedenken Sie, dass man im Normalfall eine bestimmte Summe an Geld für die Werbung hat, die man optimal nutzen möchte! Dementsprechend sollte auch die Größe Ihrer Annonce gewählt werden.

Wie gestalte ich eine Anzeige/Annonce?

Eine Anzeige besteht aus:

• einem Blickfang (Bild, Grafik, Zeichnungen, Symbol, auffällige Anzeigenrahmen ...)

• einer Schlagzeile (Slogan, Werbespruch ...)

• einer Kurzinformation

• dem kompletten Firmennamen

• einer interessanten Umrahmung oder Gestaltung

Tipps und Tricks:

• Bilder eignen sich besonders zur Produktdarstellung, denn „ein Bild sagt mehr als tausend Worte". Kunden werden auf Anzeigen mit Bildern schneller aufmerksam.

• Gerade für Werbung aus der Region eignen sich auch Personen, aber Achtung: keine Modells, sondern „Menschen, wie du und ich"!

• Achten Sie bei Abbildungen, Grafiken usw. darauf, dass man eine Genehmigung dafür braucht, wenn sie nicht selbst erstellt sind!

• Die Schlagzeile sollte nicht wiederholen, was das Bild schon aussagt, sondern in den Text hinein locken und das Gefühl des Lesers ansprechen!

Achten Sie genau auf:

• Schriftwahl (nicht mehr als 3 verschiedene Schrifttypen werden empfohlen! Die Schrift sollte gut lesbar sein!)

• Farbgestaltung (weniger ist oft mehr!)

• Form der Anzeige

• eine übersichtliche Gestaltung

• Die Menge an Informationen! Text = kurz und bündig!

IB 2

Flyer

Wie falte ich meinen Flyer?

Nebenan sehen Sie verschiedene Möglichkeiten, wie man einen Flyer falten kann. Allerdings kann man den Flyer auch lediglich einseitig, sozusagen als ungefaltetes Blatt, gestalten.

Der Kreativität sind keine Grenzen gesetzt!

Achtung: Viele Prospektständer haben Standardgrößen!

Wie gestalte ich den Flyer?

Ziel des Flyers ist es:

• Aufmerksamkeit erregen

• Interesse auslösen

Ein Flyer besteht aus:

• einem Blickfang (Bild, Grafik, Zeichnungen, Symbol ...)

• einer Schlagzeile (Slogan, Werbespruch ...)

• einer Kurzinformation

• dem kompletten Firmennamen

• einer interessanten Umrahmung oder Gestaltung

Tipps und Tricks:

• Bilder eignen sich besonders gut zur Produktdarstellung, denn „ein Bild sagt mehr als tausend Worte".

• Gerade für Werbung aus der Region eignen sich auch Personen. Aber Achtung: keine Modells, sondern „Menschen, wie du und ich"!

• Achten Sie bei Abbildungen, Grafiken usw. darauf, dass man eine Genehmigung dafür braucht, wenn sie nicht selbst erstellt sind!

• Die Schlagzeile sollte nicht wiederholen, was das Bild schon aussagt, sondern in den Text hinein locken und das Gefühl des Lesers ansprechen.

Achten Sie auf:

• Farbgestaltung, geeignete und interessante Formen, die Schriftgestaltung (nicht zu viele Schriftarten, gut lesbare Schrift!)

• eine übersichtliche Gestaltung

Falzmöglichkeiten

Einbruchfalz

hoch   quer

Zweibruchfalz

DIN A4   Wickelfalz

Zickzackfalz   Altarfalz

Leporellofalz   Kreuzbruchfalz

Grafik: Wolfgang Herzig, Essen

Beim Flyer darf gerne etwas mehr Information erfolgen, als in der Anzeige oder dem Plakat (z. B.: Herstellung der Milch, Haltung der Tiere, Vorstellung der Familie ...) Aber Achtung! Auch hier gilt: „Weniger ist oft mehr"!

Zugehöriges Arbeitsblatt: AB 9

Quellen:
Grafik zur Erstellung eines Plakates:
www.rs-ti-neu.fr.schule-bw.de/fachalle/allg/plakat/plakat1.htm

Grafik zum Falten eines Flyers:
Obermaier, Ernst: Grundwissen Werbung – Kompaktwissen, München 1989, S. 117.
Weitere Informationen:
Obermaier, Ernst: Grundwissen Werbung – Kompaktwissen, München 1989,
Seite 158 –161; S. 73 – 99; S. 100 –122.

Die Schüler sollen durch diese Informationsblätter zu den verschiedenen Werbemitteln einen Kurzüberblick über das bekommen, was man bei der Gestaltung beachten sollte. Weiterhin weisen sie auch auf das bisher dazu Gelernte hin.
Die Informationsblätter sollen formale Informationen geben und lediglich bei Bedarf zur Hand genommen werden können – eventuell auch nur in Teilen.

Inhalt: Fallstudie – Zielorientiertes Sparen für Jugendliche

1. Abkürzungsverzeichnis 174

2. Auf einen Blick … 175

3. Unterrichtsverlauf 176

Ausgangssituation 178

Arbeitsauftrag 179

LH   Gruppenpuzzle 180

AB 1 Geldtyp Timo 181

AB 1 Geldtyp Philipp 182

AB 1 LH Geldtypen 183

AB 2 zu IB 1+2 Eigenschaften der Sparform Sparbuch für Timo 184

AB 2 zu IB 1+2 Eigenschaften der Sparform Sparbuch für Philipp 185

AB 3 zu IB 3+4 Eigenschaften der Sparform Festgeldkonto für Timo 186

AB 3 zu IB 3+4 Eigenschaften der Sparform Festgeldkonto für Philipp 187

AB 4 zu IB 5+6 Eigenschaften der Sparform Anleihe für Timo 188

AB 4 zu IB 5+6 Eigenschaften der Sparform Anleihe für Philipp 189

AB 5 zu IB 7+8 Eigenschaften der Sparform Aktie für Timo 190

AB 5 zu IB 7+8 Eigenschaften der Sparform Aktie für Philipp 192

AB 5 LH zu IB 7+8 Eigenschaften der Sparform Aktie 194

AB 6 Vergleich der Sparformen für Timo 195

AB 6 Vergleich der Sparformen für Philipp 196

AB 6 LH Vergleich der Sparformen 197

AB 7 Was hängt wie zusammen? 197

AB 7 LH Was hängt wie zusammen? 198

AB 8 Entscheidungsmatrix für Timo 198

AB 8 Entscheidungsmatrix für Philipp 199

AB 8 LH Entscheidungsmatrix 199

LH   Präsentation 200

AB 9 Optionale Zusatzaufgabe – Eigene Situation 201

AB 1 LS* Geldtyp Timo 202

AB 1 LS* Geldtyp Philipp 203

AB 2 LS* zu IB 1+2 Eigenschaften der Sparform Sparbuch für Timo 204

AB 2 LS* zu IB 1+2 Eigenschaften der Sparform Sparbuch für Philipp 205

Inhalt: Fallstudie – Zielorientiertes Sparen für Jugendliche

AB 3 LS* zu IB 3+4 Eigenschaften der Sparform Festgeldkonto für Timo 206

AB 3 LS* zu IB 3+4 Eigenschaften der Sparform Festgeldkonto für Philipp 207

AB 4 LS* zu IB 5+6 Eigenschaften der Sparform Anleihe für Timo 208

AB 4 LS* zu IB 5+6 Eigenschaften der Sparform Anleihe für Philipp..................... 209

AB 5 LS* zu IB 7+8 Eigenschaften der Sparform Aktie für Timo 210

AB 5 LS* zu IB 7+8 Eigenschaften der Sparform Aktie für Philipp 211

AB 6 LS* Vergleich der Sparformen für Timo.. 212

AB 6 LS* Vergleich der Sparformen für Philipp 213

AB 7 LS* Was hängt wie zusammen? 214

AB 8 LS* Entscheidungsmatrix für Timo 215

AB 8 LS* Entscheidungsmatrix für Philipp 215

IB 1 Infos zum Sparbuch 216

IB 2 Angebot Sparbuch 217

IB 3 Infos zum Festgeldkonto 218

IB 4 Angebot Festgeldkonto 219

IB 5 Infos zur Anleihe 220

IB 6 Angebot Anleihe 221

IB 7 Infos zur Aktie.. 222

IB 8 Angebot Aktie.. 223

IB 2, 4, 6, 8 LH 224

4.   Literaturverzeichnis 224

1. Abkürzungsverzeichnis

AB = **Arbeitsblatt**
LS = **Lösungsskizze**
LS* = **beispielhaft mögliche Schülerlösungen**
IB = **Informationsblatt**
LH = **Lehrerhinweis**

2. Auf einen Blick ...

Beschreibung	In dieser Fallstudie geht es um die beiden jugendlichen Sparer Timo und Philipp. Beide haben jeweils einen Geldbetrag in Höhe von 3.500,– € zur Verfügung. Sie unterscheiden sich jedoch bezüglich ihrer Einstellung zu Geld und ihren Konsumwünschen. Aufgabe der Schüler ist es, für die beiden Jugendlichen jeweils begründet die passende Anlageform zu wählen. Hierfür leiten die Schüler in Arbeitsgruppen aus den Profilen der Jugendlichen den jeweiligen Geldtyp ab, wobei jede Gruppe nur einen Geldtyp betrachtet. Die verschiedenen Anlageformen werden auf ihre Eigenschaften bezüglich Verfügbarkeit, Sicherheit und Ertrag untersucht. Im letzten Schritt wird eine Passung zwischen Geldtyp und Anlageform durchgeführt.

Lerninhalte	• Geldtypen
	  – risikoscheu
	  – risikofreudig
	• Sparformen
	  – Sparbuch
	  – Festgeldkonto
	  – Anleihe
	  – Aktie
	• „Magisches Dreieck" der Geldanlage

Lernziele (LZ)	Die Schüler sollen LZ 1 wesentlich Merkmale der Sparformen Sparbuch, Festgeldkonto, Anleihe und Aktie mithilfe von Informationsblättern erklären können. LZ 2 für die einzelnen Sparformen Sparbuch, Festgeldkonto, Anleihe und Aktie den möglichen Ertrag berechnen können. LZ 3 den Zusammenhang zwischen Sparziel und Konditionen der Sparform erkennen und reflektiert beurteilen können. LZ 4 die Wechselwirkungen zwischen den einzelnen Merkmalen einer Sparform erläutern können. LZ 5 aus der Sicht eines Geldtyps mithilfe der Entscheidungsmatrix eine reflektierte Sparentscheidung für ein konkretes Sparziel treffen können. LZ 6 die getroffene Entscheidung darstellen und begründen können.
Vorkenntnisse	Bereits erworbene Kenntnisse im Bereich der Prozent- und Zinsrechnung sind von Vorteil.
Dauer	5 – 7 Unterrichtsstunden

3. Unterrichtsverlauf

Lernschritt (Unterrichtsphase und geplante Zeit)[1]	Inhalt der Stunde/di-daktisch-methodisches Vorgehen	Sozialform und Methode	Medien/ Materialien
Orientierung (5 – 10 Minuten)	Lehrer gibt Informationen über den Ablauf einer Fallstudie und erläutert ggf. unklare Begrifflichkeiten.	Lehrer-Schüler-Gespräch	
Konfrontation mit dem Fall **(10 – 15 Minuten)**	Identifikation mit der Thematik: Schüler lesen die Ausgangssituation der Fallstudie vor.	Lehrer-Schüler-Gespräch	Ausgangssituation/ Fallbeschreibung
Information **(75 – 135 Minuten)** Die Schüler setzen sich mit dem Fall auseinander, erschließen Informationsquellen	Die Informationen über Timo und Phillip werden mithilfe der Vordrucke strukturiert festgehalten. Die Schüler grenzen die Sparziele von Timo und Philipp voneinander ab und identifizieren sie als unterschiedliche Geldtypen.	Partnerarbeit	AB 1 Geldtyp Timo AB 1 Geldtyp Philipp
	Die Ergebnisse werden im Plenum abgeglichen, ggf. werden noch bestehende Unklarheiten geklärt.	Lehrer-Schüler-Gespräch	
	Es erfolgt eine Gruppenbildung (4 – 6 Schüler pro Gruppe) im Rahmen eines Gruppenpuzzles. Ggf. muss zunächst der Ablauf des Gruppenpuzzles erläutert werden. Die Stamm-Gruppen werden den verschiedenen Geld-Typen Timo und Philipp zugeordnet.	Gruppen-puzzle[2]	
	Die Schüler erarbeiten in den Expertengruppen mithilfe der Informationsblätter und der Angebote die Merkmale der unterschiedlichen Sparformen und beziehen sich dabei auf den ihnen zugeordneten Geldtyp.	Gruppenarbeit in Expertengruppen	IB 1 – IB 8 (Sparformen) AB 2 – AB 5 (Sparformen)

[1] Die hier angegebenen Zeitvorgaben stellen nur eine grobe Orientierung dar und sind ggf. an das Lerntempo der Schüler anzupassen.
[2] Vgl. www.lehrerfortbildung-bw.de/kompetenzen/projektkompetenz/methoden_a_z/gruppenpuzzle/gruppenpuzzle.ppt [14.12.2011]

Fallstudie – Zielorientiertes Sparen für Jugendliche

Exploration (50 Minuten) Diskussion alternativer Lösungsmöglichkeiten	In ihren Stammgruppen geben die Schüler zunächst ihre erworbenen Kenntnisse weiter und erarbeiten dann mithilfe der Entscheidungsmatrix die Merkmale aller Sparformen und grenzen so die Sparformen voneinander ab.	Gruppenarbeit in Stammgruppen	AB 6 Vergleich der Sparformen
	Die Schüler ermitteln die Zusammenhänge der Merkmale und entwickeln so das „Magische Dreieck" der Geldanlage. Hierbei sollten sie Bezug auf ihre Ergebnisse zum AB 6 „Vergleich der Sparformen" nehmen.		AB 7 Wie hängt was zusammen?
Resolution (15 – 20 Minuten) Gruppen treffen ihre Entscheidung	Ggf. Einführung der Entscheidungsmatrix als Methode durch den Lehrer.	Ggf. Lehrervortrag	
	Eine begründete Entscheidung für eine Sparform wird auf Grundlage der Entscheidungsmatrix mit Hinblick auf den zugeordneten Geld-Typ getroffen.	Gruppenarbeit in Stammgruppen	AB 8 Entscheidungsmatrix
Disputation (15 – 30 Minuten) Gruppen verteidigen ihre Ergebnisse	Die einzelnen Gruppen bereiten eine Präsentation für ihre Mitschüler vor. Die einzelnen Gruppen präsentieren ihre Lösungsvariante den Mitschülern und nehmen dazu Stellung. Dabei nehmen die Schüler die Rolle der Freunde von Timo und Philipp ein. Die Mitschüler in der Rolle von Timo bzw. Philipp vollziehen die Lösungsvariante nach und betrachten sie kritisch.	Schülerpräsentation Ggf. Rollenspiel	
Kollation (10 Minuten) Vergleich der Ergebnisse der Gruppendiskussion	Die Ergebnisse der Gruppen werden miteinander verglichen, hierbei wird nochmal deutlich gemacht, wie unterschiedliche Lösungen entstehen konnten.	Lehrer-Schüler-Gespräch	
Abschluss (15 – 20 Minuten)	Die Schüler treffen eine Sparentscheidung auf Grundlage ihres Geldtyps und ihrer Konsum-Wünsche mithilfe eines fiktiven zur Verfügung stehenden Geldbetrages.	Einzelarbeit ggf. als Hausaufgabe	Optionale Zusatzaufgabe AB 9 Eigene Situation

Ausgangssituation

Grafik: Wolfgang Herzig, Essen

Die beiden Kumpels Timo und Philipp kennen sich schon lange und sind bereits volljährig. Beide haben seit kurzem einen Betrag von 3.500,– € zur Verfügung. Timo von seinen Eltern, die dieses Geld für ihn seit seiner Geburt angesammelt haben. Phillip hingegen erhielt das Geld als Geschenk zu seinem 18. Geburtstag. Beide freuten sich sehr. Doch was soll nun mit dem Geld geschehen? Alles sofort mit vollen Händen ausgeben oder doch besser anlegen? Nur, wie macht man das genau? Es gibt viele offene Fragen. Dabei ist zu beachten, dass Timo und Philipp unterschiedliche Persönlichkeiten sind.

Um einen besseren Eindruck von Timos und Phillips Lebensumständen und Wünschen zu bekommen, werden sie im Folgenden kurz vorgestellt:

© Rido – Fotolia.com

Timo jobbt neben der Schule in einem Kino und hat damit ein regelmäßiges Einkommen, das direkt auf sein Girokonto bei der PFASTA-Bank überwiesen wird. Er hätte allerdings schon noch einige größere Wünsche. Ein gebrauchter Motorroller (ca. 800,– €) wäre nicht schlecht, um besser von A nach B zu kommen. Den Führerschein hierfür hat er schon. Wenn er die Schule in zwei Jahren beendet hat, möchte er den Autoführerschein machen (ca. 1.500,– €).

Timos Eltern hingegen möchten nicht, dass Timo das Geld sofort ausgibt sondern davon auch etwas spart. Timo war am Anfang natürlich überhaupt nicht begeistert. Aber nach längerem Überlegen fand er es doch gar nicht so schlecht, etwas beiseite zu legen. Schließlich will Timo nach der Schule eine Ausbildung in einem anderen Bundesland machen, um mal was anderes zu sehen. Dafür muss er wahrscheinlich in zwei Jahren umziehen und bräuchte Geld für eine Wohnungseinrichtung (ca. 1.500,– €). Gern möchte er sich dann auch einen eigenen Laptop (ca. 1.000,– €) zulegen, um weiterhin mit seinen Freunden und der Familie in Kontakt bleiben zu können. Sicherlich wäre es auch ratsam, jederzeit an sein Geld heran zu kommen – man weiß ja nie. Da Timo noch jüngere Geschwister hat, fehlt es ihm an Sicherheit, wie stark ihn seine Eltern unterstützen können. Timo sieht daher einige Kosten auf sich zukommen und kann es sich nicht leisten, sein Geld zu verlieren.

© Vadgmvdrobot – Fotolia.com

Philipp hat keine Geschwister und wird von seinen Eltern fast ein wenig verhätschelt.

Mit seinem Taschengeld kommt er super aus und wenn er sich doch mal was Größeres leisten will, ist Oma noch da, die ihm dann kleinere Beträge zusteckt.

Es steht schon jetzt fest, dass seine Eltern ihm die Hälfte des Führerscheins (ca. 1.500,– €) bezahlen, wenn er seinen Abschluss macht. Der Zweitwagen seiner Eltern wird sowieso selten benutzt, den kann er dann bestimmt haben.

Philipp fällt sofort das Mountainbike mit spezieller Federgabel (ca. 500,– €) ein, das er gern hätte und neue Klamotten.

Aber viel, viel lieber möchte er sich von dem Geld einen lang gehegten Traum erfüllen. Er plant, wenn auch noch lange hin, in fünf Jahren nach Abschluss seiner Ausbildung für drei Monate nach Australien zu gehen (Hin- und Rückflug ca. 1.800,– €; Unterkunft Verpflegung mind. 1.900,– €; + Kosten für Unternehmungen).

Da wird schnell klar, dass die 3.500,– € nicht ausreichen.

Er könnte allerdings auch damit leben, wenn's mit Australien nicht klappen sollte. Vielleicht würde er alternativ eine Tour durch Deutschland starten, das wäre bestimmt nicht so teuer.

Timo und Philipp haben sich bereits bei der PFASTA-Bank Angebote zu einzelnen Sparformen eingeholt und zusätzlich noch offene Fragen durch eigene Recherchen beantwortet.

Philipp: „Das ist ganz einfach, ich lege mein Geld natürlich dort an, wo's den höchsten Zinssatz gibt!"

Timo: „Pah, wenn das mal so einfach wäre, hast du dir mal die ganzen Unterlagen angeschaut? Schau' mal, der Zinssatz ist nicht das einzig Wichtige!"

Philipp: „Hmm..., hast Recht."

Grafik: Wolfgang Herzig, Essen

Arbeitsauftrag

Sie stoßen zufällig zu dem Gespräch von Timo und Philipp dazu. Da Sie sich momentan mit dem zielorientierten Sparen im Unterricht beschäftigen, bieten Sie spontan Ihre Hilfe an. Timo und Phillip freuen sich riesig über Ihr Angebot und händigen Ihnen gern ihr bisher gesammeltes Material aus.

Unterstützen Sie Timo und Philipp bei ihrer Entscheidung für eine Sparform!

In Anlehnung an Würdemann, Uta: Der Jugendliche Konsument als Sparer. In: Unterricht Wirtschaft, Heft 42 (2/2010), S. 48

- Da das Thema Sparen sich in weitgehend unabhängige Teilthemen (unterschiedliche Sparformen) untergliedern lässt, bietet sich zur Bewältigung der Informationen das Gruppenpuzzle an.

- Jeder Schüler ist hierbei für einen Teil des Lernzuwachses von anderen Schülern verantwortlich, indem er zu einem Experten für die jeweilige Sparform ausgebildet wird.

- Zum Ablauf:

  - Stammgruppenbildung: In der Stammgruppe sitzen die Schüler zunächst ohne spezielle Kenntnisse zusammen und betrachten im folgenden Verlauf nur einen Geldtyp.

  - Themenwahl: An die Mitglieder einer Stammgruppe werden Informationsblätter und Angebote zu den verschiedenen Sparformen verteilt.

  - Expertengruppen: Die Stammgruppe löst sich vorübergehend auf und die Mitglieder treffen sich in ihren Expertengruppen. Jede Expertengruppe erarbeitet ihre Sparform. Hierbei ist darauf zu achten, dass die Materialien entsprechend den Geldtypen ausgegeben werden, da in den Expertengruppen einige Schüler Timo und andere Philipp betrachten.

  - Stammgruppen: Rückkehr in die Stammgruppe. Jeder Experte gibt nun sein Spezialwissen an die anderen weiter und fügt es somit zum Themen-Puzzle hinzu. Vor dem Hintergrund des jeweiligen Geldtyps wird dann eine Entscheidung für eine geeignete Sparform getroffen.

- Ggf. können auch zwei oder mehr Schüler als Experten für eine Sparform ausgebildet werden.

- Im Rahmen des Gruppenpuzzles sollte differenzierend gearbeitet werden, so können die Sparformen „Anleihe" und „Aktie" eher von leistungsstärkeren Schülern untersucht werden.

- Bei abzusehendem Zeitmangel oder dem Fehlen von genügend Schülern, wäre es möglich, dass die Lehrkraft eine Sparform übernimmt, diese allerdings erst während einer Besprechung der Ergebnisse des Arbeitsblattes AB 6 „Vergleich der Sparformen" im Plenum vorstellt.

- Da viel unterschiedliches Material gezielt an die jeweiligen Schüler verteilt werden muss, bietet es sich ggf. an, dass die Gruppenvertreter das Material vom Lehrerpult abholen.

- Als Orientierungshilfe für Schüler und Lehrkraft könnten die Gruppentische zunächst mit Tischkärtchen zum Geldtyp, in der Expertengruppenphase mit Tischkärtchen zu den Sparfomen und in der zweiten Stammgruppenphase wieder mit Tischkärtchen zum Geldtyp versehen werden.

Da Sie eine Entscheidung für Timo treffen, sollten Sie ihn besser kennenlernen.

Hierfür ist es hilfreich, folgende Fragen zu beantworten:

1. Wie ist Timos augenblickliche finanzielle Situation?

_____

_____

_____

_____

© Rido – Fotolia.com

2. Wie stark kann sich Timo bei finanziellen Problemen auf seine Familie verlassen?

_____

_____

_____

_____

3. Welche zukünftigen größeren Konsumwünsche hat er?

Wichtigkeit	Wunsch	Was kostet das ungefähr?	In wie viel Jahren soll der Wunsch in Erfüllung gehen?
An 1. Stelle			
An 2. Stelle			
An 3. Stelle			
An 4. Stelle			

4. Worauf legt Timo bei seiner Geldanlage am meisten Wert, worauf am wenigsten? Bestimmen Sie eine Reihenfolge der Merkmale und begründen Sie sie:

Sicherheit	Verfügbarkeit	Ertrag

© Vadgmvdrobot – Fotolia.com

AB 1

Da Sie eine Entscheidung für Philipp treffen, sollten Sie ihn besser kennenlernen.

Hierfür ist es hilfreich, folgende Fragen zu beantworten:

1. Wie ist Philipps augenblickliche finanzielle Situation?

_____

_____

_____

_____

2. Wie stark kann sich Philipp bei finanziellen Problemen auf seine Familie verlassen?

_____

_____

_____

_____

3. Welche zukünftigen größeren Konsumwünsche hat er?

Wichtigkeit	Wunsch	Was kostet das ungefähr?	In wie viel Jahren soll der Wunsch in Erfüllung gehen?
An 1. Stelle			
An 2. Stelle			
An 3. Stelle			
An 4. Stelle			

4. Worauf legt Philipp bei seiner Geldanlage am meisten Wert, worauf am wenigsten? Bestimmen Sie eine Reihenfolge der Merkmale und begründen Sie sie:

Sicherheit	Verfügbarkeit	Ertrag

- Hier können Schüler ihren eigenen Geld-Typ ermitteln:

  http://www.schulbank.de/finanzwissen/geld-special/der-grosse-geldtest

  http://www.verwaltung.steiermark.at/cms/dokumente/10179468_58311899/dd33d065/fragebogen.pdf

- Hierbei ist allerdings zu beachten, dass deren bisheriges Verhalten in Bezug auf Geld bzw. deren Risikofreudigkeit lediglich widergespiegelt werden. Dies ist bei einigen Schülern sicherlich nochmal zu reflektieren. Die Ergebnisse sollten daher im Klassenplenum besprochen werden.

- Zur Bearbeitung der Arbeitsblätter zu den jeweiligen Geldtypen bietet sich die Methode „Think-Pair-Share"[3] an.

---

[3] Think – Pair – Share oder Denken – Austauschen – Vorstellen ist ein Grundprinzip des kooperativen Lernens. Im ersten Schritt (Think) arbeiten die Schüler alle alleine, im zweiten Schritt (Pair) findet der Vergleich von Ergebnissen in Partnerarbeit oder Kleingruppen statt und im letzten Schritt (Share) werden die Gruppenergebnisse der Klasse vorgestellt (vgl. Brüning/Saum 2007, S. 17).
Dieser Ablauf kann eine mehrstündige Sequenz strukturieren, er kann aber auch ein Element zu Beginn einer Stunde sein (vgl. Brüning/Saum 2007, S. 18).

Arbeitsauftrag

1. Lesen Sie sich das Informationsblatt und das Angebot zu Ihrer Sparform (IB 1 + IB 2) genau durch und unterstreichen Sie alles, was Sie für wichtig halten.

2. Arbeiten Sie in Ihrer Gruppe die spezifischen Merkmale dieser Sparform heraus und halten Sie Ihre Ergebnisse in der Tabelle fest.

Sparform	Sparbuch
Mindestanlagebetrag	
Verfügbarkeit	
Kündigungsfrist	
Mindestanlagedauer	
Risiko	
Kosten	

Timo möchte von Ihnen nun gern wissen, welchen Ertrag in Form von Zinsen er für diese Sparform erhält. Überlegen Sie dazu, wie viel Geld er wie lange anlegen will.

Kapital: _____

_____

Zinssatz: _____

Anlagedauer: _____

Berechnung der Zinsen: _____

_____

Arbeitsauftrag

1. Lesen Sie sich das Informationsblatt und das Angebot zu Ihrer Sparform (IB 1 + IB 2) genau durch und unterstreichen Sie alles, was Sie für wichtig halten.

2. Arbeiten Sie in Ihrer Gruppe die spezifischen Merkmale dieser Sparform heraus und halten Sie Ihre Ergebnisse in der Tabelle fest.

Sparform	Sparbuch
Mindestanlagebetrag	
Verfügbarkeit	
Kündigungsfrist	
Mindestanlagedauer	
Risiko	
Kosten	

Philipp möchte von Ihnen nun gern wissen, welchen Ertrag in Form von Zinsen er für diese Sparform erhält. Überlegen Sie dazu, wie viel Geld er wie lange anlegen will.

Kapital: _____

_____

Zinssatz: _____

Anlagedauer: _____

Berechnung der Zinsen: _____

_____

Arbeitsauftrag

1. Lesen Sie sich das Informationsblatt und das Angebot zu Ihrer Sparform (IB 3 + IB 4) genau durch und unterstreichen Sie alles, was Sie für wichtig halten.

2. Arbeiten Sie in Ihrer Gruppe die spezifischen Merkmale dieser Sparform heraus und halten Sie Ihre Ergebnisse in der Tabelle fest.

Sparform	Festgeldkonto
Mindestanlagebetrag	
Verfügbarkeit	
Kündigungsfrist	
Mindestanlagedauer	
Risiko	
Kosten	

Timo möchte von Ihnen nun gern wissen, welchen Ertrag in Form von Zinsen er für diese Sparform erhält. Überlegen Sie dazu, wie viel Geld er wie lange anlegen will.

Kapital: _____

_____

Zinssatz: _____

Anlagedauer: _____

Berechnung der Zinsen: _____

_____

Eigenschaften der Sparform Festgeldkonto für Philipp

Arbeitsauftrag

1. Lesen Sie sich das Informationsblatt und das Angebot zu Ihrer Sparform (IB 3 + IB 4) genau durch und unterstreichen Sie alles, was Sie für wichtig halten.

2. Arbeiten Sie in Ihrer Gruppe die spezifischen Merkmale dieser Sparform heraus und halten Sie Ihre Ergebnisse in der Tabelle fest.

Sparform	Festgeldkonto
Mindestanlagebetrag	
Verfügbarkeit	
Kündigungsfrist	
Mindestanlagedauer	
Risiko	
Kosten	

Philipp möchte von Ihnen nun gern wissen, welchen Ertrag in Form von Zinsen er für diese Sparform erhält. Überlegen Sie dazu, wie viel Geld er wie lange anlegen will.

Kapital: _____

_____

Zinssatz: _____

Anlagedauer: _____

Berechnung der Zinsen: _____

_____

Eigenschaften der Sparform Anleihe für Timo

Arbeitsauftrag

1. Lesen Sie sich das Informationsblatt und das Angebot zu Ihrer Sparform (IB 5 + IB 6) genau durch und unterstreichen Sie alles, was Sie für wichtig halten.

2. Arbeiten Sie in Ihrer Gruppe die spezifischen Merkmale dieser Sparform heraus und halten Sie Ihre Ergebnisse in der Tabelle fest.

Sparform	Anleihe
Mindestanlagebetrag	
Verfügbarkeit	
Kündigungsfrist	
Mindestanlagedauer	
Risiko	
Kosten	

Timo möchte von Ihnen nun gern wissen, welchen Ertrag in Form von Zinsen er für diese Sparform erhält. Überlegen Sie dazu, wie viel Geld er wie lange anlegen will.

Kapital: _____

_____

Zinssatz: _____

Anlagedauer: _____

Berechnung der Zinsen: _____

_____

Arbeitsauftrag

1. Lesen Sie sich das Informationsblatt und das Angebot zu Ihrer Sparform (IB 5 + IB 6) genau durch und unterstreichen Sie alles, was Sie für wichtig halten.

2. Arbeiten Sie in Ihrer Gruppe die spezifischen Merkmale dieser Sparform heraus und halten Sie Ihre Ergebnisse in der Tabelle fest.

Sparform	Anleihe
Mindestanlagebetrag	
Verfügbarkeit	
Kündigungsfrist	
Mindestanlagedauer	
Risiko	
Kosten	

Philipp möchte von Ihnen nun gern wissen, welchen Ertrag in Form von Zinsen er für diese Sparform erhält. Überlegen Sie dazu, wie viel Geld er wie lange anlegen will.

Kapital: _____

_____

Zinssatz: _____

Anlagedauer: _____

Berechnung der Zinsen: _____

_____

Arbeitsauftrag

1. Lesen Sie sich das Informationsblatt und das Angebot zu Ihrer Sparform (IB 7 + IB 8) genau durch und unterstreichen Sie alles, was Sie für wichtig halten.

2. Arbeiten Sie in Ihrer Gruppe die spezifischen Merkmale dieser Sparform heraus und halten Sie Ihre Ergebnisse in der Tabelle fest.

Sparform	Aktie
Mindestanlagebetrag	
Verfügbarkeit	
Kündigungsfrist	
Mindestanlagedauer	
Risiko	
Kosten	

Wie hoch ist der aktuelle Kurs?

_____

Wie viele Aktien könnte Timo kaufen? (Vergessen Sie nicht die Kosten)

_____

_____

_____

_____

_____

Auf welche Kurssteigerung könnte er während des Anlagezeitraums hoffen?

_____

_____

_____

Mit welchem Verlust müsste er im schlimmsten Fall rechnen?

_____

_____

Arbeitsauftrag

1. Lesen Sie sich das Informationsblatt und das Angebot zu Ihrer Sparform (IB 7 + IB 8) genau durch und unterstreichen Sie alles, was Sie für wichtig halten.

2. Arbeiten Sie in Ihrer Gruppe die spezifischen Merkmale dieser Sparform heraus und halten Sie Ihre Ergebnisse in der Tabelle fest.

Sparform	Aktie
Mindestanlagebetrag	
Verfügbarkeit	
Kündigungsfrist	
Mindestanlagedauer	
Risiko	
Kosten	

Eigenschaften der Sparform Aktie für Philipp

Wie hoch ist der aktuelle Kurs?

____

Wie viele Aktien könnte Philipp kaufen? (Vergessen Sie nicht die Kosten)

____

____

____

____

____

Auf welche Kurssteigerung könnte er während des Anlagezeitraums hoffen?

____

____

____

Mit welchem Verlust müsste er im schlimmsten Fall rechnen?

____

____

- Die Sparform Aktie bietet neben der Chance auf einen beachtlichen Ertrag auch das Risiko eines Totalverlustes. Hierbei ist problematisch, dass der Kursverlauf nicht prognostizierbar ist.

- Um dennoch auf diese beiden Aspekte eingehen zu können, könnten die Schüler beispielsweise eine Trend-Linie nach Augenmaß in den Kursverlauf einzeichnen und so Schwankungen und eine vergangenheitsorientierte (!) Kurssteigerung ausmachen:

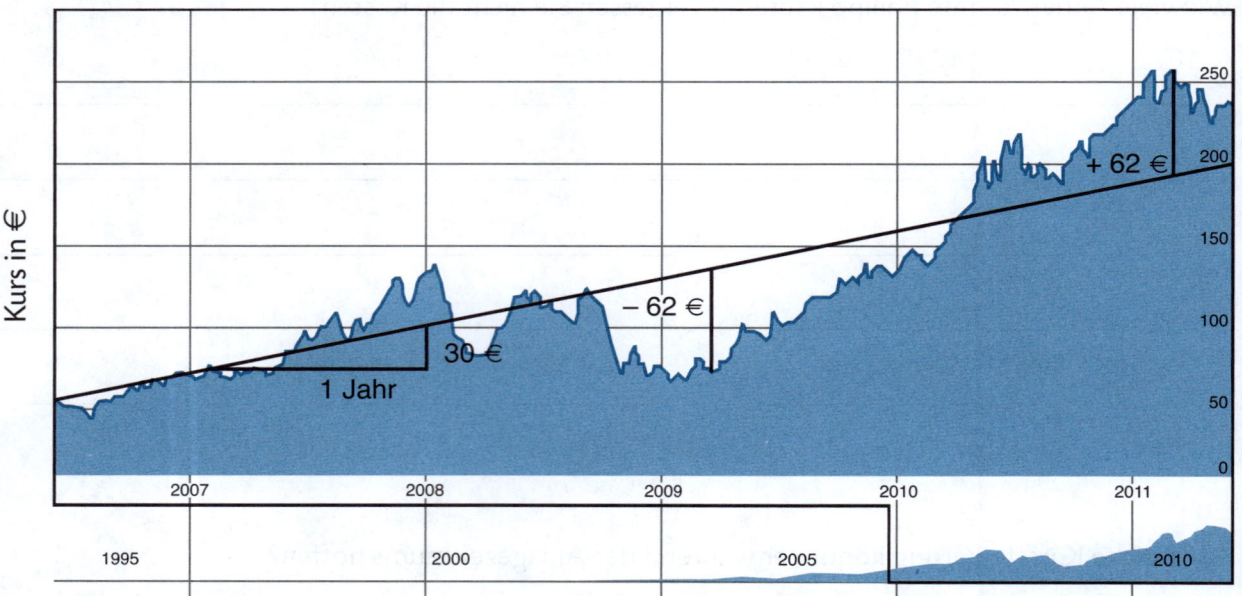

Durchschnittliche Kurssteigerung pro Aktie pro Jahr:	30 €
Größte positive Abweichung vom Kurswert:	+ 62 €
Größte negative Abweichung vom Kurswert:	– 62 €

- Die Schüler können auch ohne diese Methode Vermutungen zum zukünftigen Kursverlauf anstellen und in ihre Lösung einfließen lassen.

AB 6

Sie haben sich wieder in Ihrer Stammgruppe getroffen. Nun können Sie Ihre gesammelten Informationen in dieser Tabelle zusammentragen.

Sparform	Mindestanlage-betrag	Verfügbarkeit	Kündigungsfrist	Mindestanlage-dauer	Risiko	Kosten	Zinsen/Ertrag für den Anlage-zeitraum
Sparbuch							
Festgeldkonto							
Anleihe							Möglicher Ertrag:
Aktie							Verlust im schlechtesten Fall:

195

Vergleich der Sparformen für Philipp

Sie haben sich wieder in Ihrer Stammgruppe getroffen. Nun können Sie Ihre gesammelten Informationen in dieser Tabelle zusammentragen.

Sparform	Mindestanlage- betrag	Verfügbarkeit	Kündigungsfrist	Mindestanlage- dauer	Risiko	Kosten	Zinsen/Ertrag für den Anlage- zeitraum
Sparbuch							
Festgeldkonto							
Anleihe							Möglicher Ertrag:
Aktie							Verlust im schlechtesten Fall:

- Auf dem Arbeitsblatt werden die Schüler in der Zeile „Aktie" bewusst dafür sensibilisiert, dass ein Verlustrisiko besteht.

- Je nach Leistungsniveau der Klasse, könnten die Spaltentitel in der Tabelle auch von den Schülern selbst erarbeitet werden. Im Klassenplenum könnte man sich dann auf eine einheitliche Basis einigen.

- Die Lehrkraft sollte bei den Schülern betonen, dass sie in ihren Stammgruppen über ihre Sparform referieren und nicht nur die erarbeiteten Eigenschaften der jeweiligen Sparfom auf das AB 6 übertragen.

Was hängt wie zusammen?[4]

AB 7

Timo und Philipp freuten sich riesig über Ihre bisherigen Ergebnisse, aber um eine Entscheidung treffen zu können, sollten auch die Zusammenhänge klar sein. Versuchen Sie hierfür zwischen den einzelnen Aspekten Verbindungen herzustellen. Zeichnen Sie dazu Pfeile ein, die die Abhängigkeiten kennzeichnen.

Bsp. **Je höher** der *Zinssatz*, **desto höher** ist der Ertrag. Diese Verbindung kann durch einen grünen Pfeil von „Zinssatz" zu „Ertrag" eingetragen werden.

Überlegen Sie sich weitere Verbindungen, die Sie durch Pfeile darstellen können. Dabei kann jedes Kästchen, Ausgangspunkt oder Ziel mehrerer Pfeile sein.

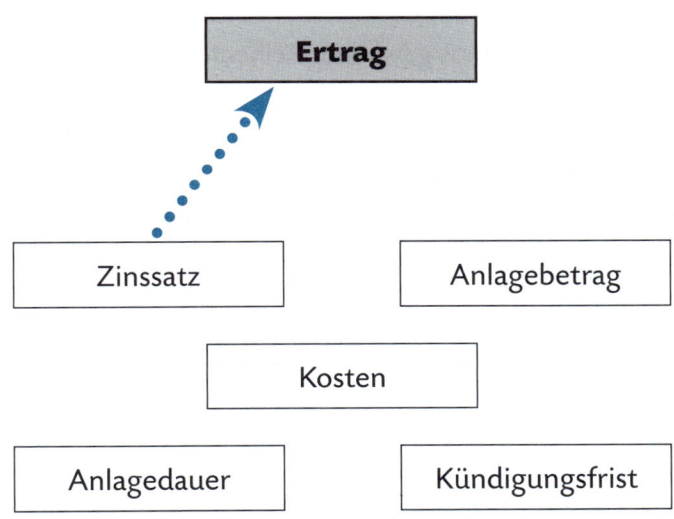

Risiko

Verfügbarkeit

Legende: Grüne Pfeile = Je höher ......, desto höher .... .

Schwarze Pfeile = Je höher ...., desto niedriger....

---

[4] Pilz, Matthias (2007): Die Netzwerktechnik. In: Retzmann, Thomas, Hg., Methodentraining für den Ökonomieunterricht, Schwalbach, 21 – 33

Was hängt wie zusammen?

- Die individuelle Entscheidung für eine Sparform hat Prozesscharakter.

- Die statische Analyse der Merkmalsausprägungen im AB 6 „Vergleich der Sparformen" ist daher nur als Zwischenschritt anzusehen. Mithilfe der angewandten Netzwerktechnik werden die Zusammenhänge zwischen den verschiedenen Merkmalsausprägungen deutlich, sodass die Schüler die Komplexität des Entscheidungsraumes erfassen und eine fundierte Entscheidung treffen können.

- Das AB 7 baut auf dem Konstrukt des „magischen Dreiecks" der Geldanlage auf und ist somit allgemeingültig für eine Sparentscheidung.

- Zur Unterstützung der Schüler bei der Bearbeitung des AB 7 könnte die Lehrkraft zu verknüpfende Eigenschaften vorgeben.

- Je nach Leistungsniveau sollte ein Hinweis erfolgen, wie viele Pfeile erwartet werden.

- Für einen Motivationsschub kann die Bearbeitung des AB 7 als Wettbewerb zwischen zwei oder mehr Schüler-Gruppen ausgerufen werden, in dem es darum geht, die meisten korrekten Pfeile zu setzen.

Entscheidungsmatrix für Timo

Was würden Sie Timo raten?

Geben Sie auch hier jeweils eine Reihenfolge an: Welche Eigenschaft trifft auf die Sparform am ehesten zu, welche als 2. und welche zuletzt?

Vergleichen Sie Ihre Ergebnisse mit Timos gewählter Reihenfolge. Geben Sie eine begründete Empfehlung.

	Sicherheit	Verfügbarkeit	Ertrag	Empfehlung
Sparbuch				
Festgeldkonto				
Anleihe				
Aktie				

Was würden Sie Philipp raten?

Geben Sie auch hier jeweils eine Reihenfolge an: Welche Eigenschaft trifft auf die Sparform am ehesten zu, welche als 2. und welche zuletzt?

Vergleichen Sie Ihre Ergebnisse mit Timos gewählter Reihenfolge. Geben Sie eine begründete Empfehlung.

	Sicherheit	Verfügbarkeit	Ertrag	Empfehlung
Sparbuch				
Festgeldkonto				
Anleihe				
Aktie				

Entscheidungsmatrix

- Die Schüler machen durch eine Platzierung von 1 bis 3 die Ausprägungen der Eigenschaften der jeweiligen Sparform deutlich und können diese dann mit den Ergebnissen der letzten Aufgabe auf dem Arbeitsblatt AB 1 „Geldtypen" abgleichen. Bei Deckungsgleichheit wird eine Empfehlung ausgesprochen.

- Das Arbeitsblatt AB 8 könnte auch wie folgt bearbeitet werden:

  – Die Schüler dürfen bei Uneinigkeit Plätze doppelt vergeben.

  – Den Schülern steht eine Punkteskala beispielsweise von 1 – 6 zur Verfügung.

  – Die Schüler machen die Ausprägungen der Eigenschaften mit Pfeilen nach oben oder nach unten deutlich.

  – Die Schüler verwenden hierfür Begriffe:

    ■ Sicherheit – sehr sicher, relativ sicher, mittleres Risiko, hohes Risiko, Verlustrisiko

    ■ Ertrag – hoher Ertrag, mittlerer Ertrag, niedriger Ertrag

    ■ Verfügbarkeit – täglich verfügbar, beschränkt verfügbar (Kündigungsfrist) oder gar nicht verfügbar

LH

- Hier ist darauf zu achten, dass die Klasse in der Rolle von Timo bzw. Phillip ausreichend über dessen Konsum-Wünsche und seine Risikofreude informiert ist, um entsprechend argumentieren zu können.

- Alternativ könnte die Gruppe auch dazu angehalten werden, ihr Ergebnis in Form eines Rollenspiels zu gestalten. So würden die Schüler einen Dialog zwischen Timo bzw. Philipp und ihnen als Entscheidungshelfer verfassen und diesen vor der Klasse vortragen.

- Während der Verteidigung der Gruppenergebnisse sollte die Lehrkraft eine moderierende Funktion einnehmen und bei inhaltlichen Unstimmigkeiten auf die jeweilige Expertengruppe verweisen.

Überlegen Sie nun für sich selbst:

Welche zukünftigen Konsumwünsche haben Sie?

Mein Wunsch	Was kostet das ungefähr?	In wie viel Jahren soll er in Erfüllung gehen?

zur Verfügung stehender Betrag: <u>   3.000,– €   </u>

davon sparen Sie   _____

für   _____ Jahre

Was glauben Sie, was Ihnen bei einer Geldanlage wichtig ist und warum?

_____

_____

_____

_____

_____

Hier können Sie einen Test machen:
http://www.schulbank.de/finanzwissen/geld-special/der-grosse-geldtest   oder
http://finanzfitspiele.myfinancecoach.de/index_4.html

Für welche Sparform entscheiden Sie sich auf Grundlage Ihrer neu erworbenen Kenntnisse?

_____

_____

_____

_____

Geldtyp Timo

(Andere sachlogisch nachvollziehbare Antworten sind auch denkbar.)

Da Sie eine Entscheidung für Timo treffen, sollten Sie ihn besser kennenlernen.

Hierfür ist es hilfreich, folgende Fragen zu beantworten:

1. Wie ist Timos augenblickliche finanzielle Situation?

Timo bekommt wahrscheinlich kein Taschengeld und muss daher für sein Einkommen

arbeiten. Vermutlich reicht sein Verdienst aus, um sich kleinere, zeitnahe Wünsche zu

erfüllen, aber große Sprünge kann er sicherlich nicht machen.

Die 3.500,– € sind für ihn daher viel Geld.

2. Wie stark kann sich Timo bei finanziellen Problemen auf seine Familie verlassen?

Da Timo noch Geschwister hat, werden ihn seine Eltern nicht so stark unterstützen

können. Eigene größere Wünsche muss er sich daher selbst erfüllen und dabei wohl

überlegt handeln.

3. Welche zukünftigen größeren Konsumwünsche hat er?

Wichtigkeit	Wunsch	Was kostet das ungefähr?	In wie viel Jahren soll der Wunsch in Erfüllung gehen?
An 1. Stelle	Motorroller	ca. 800,– €	sofort
An 2. Stelle	Führerschein	ca. 1.500,– €	in ca. 2 Jahren
An 3. Stelle	Wohnungseinrichtung	ca. 1.500,– €	in ca. 2 Jahren
An 4. Stelle	Laptop	ca. 1.000,– €	in ca. 2 Jahren

4. Worauf legt Timo bei seiner Geldanlage am meisten Wert, worauf am wenigsten? Bestimmen Sie eine Reihenfolge der Merkmale und begründen Sie sie:

Sicherheit	Verfügbarkeit	Ertrag
1. Timo kann es sich nicht leisten, sein Geld zu verlieren, da er darauf angewiesen ist und wenig Unterstützung aus seinem Umfeld erhalten kann.	2. Im Notfall möchte Timo sicherlich auf sein Geld zugreifen können. Falls er doch nicht das Bundesland wechselt, könnte er sich seine momentanen Wünsche erfüllen.	3. Timo besitzt schon genügend Geld, um sich seine wichtigsten Wünsche zu erfüllen. Daher steht der Ertrag für ihn nicht im Vordergrund.

© Vadgmvdrobot – Fotolia.com

(Andere sachlogisch nachvollziehbare Antworten sind auch denkbar.)

Da Sie eine Entscheidung für Philipp treffen, sollten Sie ihn besser kennenlernen.

Hierfür ist es hilfreich, folgende Fragen zu beantworten:

1. Wie ist Philipps augenblickliche finanzielle Situation?

Philipp bekommt genügend Taschengeld und muss zurzeit auf nichts verzichten.

Damit kann er sich kleinere Wünsche problemlos erfüllen und wenn's etwas größeres

ist, erhält er auch noch Geld von der Oma.

Trotzdem sind 3.500,– € viel Geld für ihn.

2. Wie stark kann sich Philipp bei finanziellen Problemen auf seine Familie verlassen?

Philipps Eltern verhätscheln ihn fast ein wenig, da er ihr einziges Kind ist.

Es scheint, dass er sich in jedem Fall auf seine Eltern verlassen kann, wenn er mal in

finanziellen Nöten ist. Auch die Oma hilft aus, wo sie kann. Es scheint so, als ob Philipp

sich um Geld nicht so viele Gedanken machen müsste.

3. Welche zukünftigen größeren Konsumwünsche hat er?

Wichtigkeit	Wunsch	Was kostet das ungefähr?	In wie viel Jahren soll der Wunsch in Erfüllung gehen?
An 1. Stelle	Australienreise	1.900,– € + 1.800,– € = 3.700,– €	in ca. 5 Jahren
An 2. Stelle	Führerschein	1.500,– € : 2 = 750,– €	in ca. 2 Jahren
An 3. Stelle	Mountainbike	500,– €	sofort
An 4. Stelle	Neue Klamotten	Geschätzt 200,– €	sofort
An 5. Stelle	Deutschlandreise	Geschätzt 2.000,– €	in ca. 5 Jahren

4. Worauf legt Philipp bei seiner Geldanlage am meisten Wert, worauf am wenigsten? Bestimmen Sie eine Reihenfolge der Merkmale und begründen Sie sie:

Sicherheit	Verfügbarkeit	Ertrag
3. Sicherheit ist Philipp nicht ganz so wichtig. Er könnte auch damit leben, wenn die Reise ins Wasser fällt oder er was Günstigeres macht.	2. Philipp benötigt sein Geld nicht, da er auch durch sein Umfeld gut versorgt ist, wenn mal was sein sollte.	1. Da der Betrag derzeit noch nicht für die Australienreise ausreicht, ist es ihm am Wichtigsten, einen möglichst hohen Ertrag mit seiner Anlage zu erzielen.

Eigenschaften der Sparform Sparbuch für Timo

(Andere sachlogisch nachvollziehbare Antworten sind auch denkbar.)

Arbeitsauftrag

1. Lesen Sie sich das Informationsblatt und das Angebot zu Ihrer Sparform (IB 1 + IB 2) genau durch und unterstreichen Sie alles, was Sie für wichtig halten.

2. Arbeiten Sie in Ihrer Gruppe die spezifischen Merkmale dieser Sparform heraus und halten Sie Ihre Ergebnisse in der Tabelle fest.

Sparform	Sparbuch
Mindestanlagebetrag	1 €
Verfügbarkeit	• Auszahlungen zu den Öffnungszeiten der Geschäftsstelle möglich. • nicht mehr als 2.000,– €/Monat
Kündigungsfrist	3 Monate
Mindestanlagedauer	keine Mindestanlagedauer
Risiko	kein Risiko
Kosten	keine Kosten

Timo möchte von Ihnen nun gern wissen, welchen Ertrag in Form von Zinsen er für diese Sparform erhält. Überlegen Sie dazu, wie viel Geld er wie lange anlegen will.

Kapital: 2.700,– € (3.500,– € Gesamtbetrag – 800,– € Motorroller, den er sofort kauft)

Zinssatz: 2 % (Sparbetrag ist höher als 1.500,– €)

Anlagedauer: 2 Jahre

Berechnung der Zinsen: Zinsen nach 2 Jahren: 2.700,– € · 0,02 · 2 = 108,– €

(Andere sachlogisch nachvollziehbare Antworten sind auch denkbar.)

Arbeitsauftrag

1. Lesen Sie sich das Informationsblatt und das Angebot zu Ihrer Sparform (IB 1 + IB 2) genau durch und unterstreichen Sie alles, was Sie für wichtig halten.

2. Arbeiten Sie in Ihrer Gruppe die spezifischen Merkmale dieser Sparform heraus und halten Sie Ihre Ergebnisse in der Tabelle fest.

Sparform	Sparbuch
Mindestanlagebetrag	1 €
Verfügbarkeit	• Auszahlungen zu den Öffnungszeiten der Geschäftsstelle möglich. • nicht mehr als 2.000,– €/Monat
Kündigungsfrist	3 Monate
Mindestanlagedauer	keine Mindestanlagedauer
Risiko	kein Risiko
Kosten	keine Kosten

Philipp möchte von Ihnen nun gern wissen, welchen Ertrag in Form von Zinsen er für diese Sparform erhält. Überlegen Sie dazu, wie viel Geld er wie lange anlegen will.

Kapital: 3.500,– € (Er legt alles für die Australienreise an.)

Zinssatz: 2 % (Sparbetrag ist höher als 1.500,– €)

Anlagedauer: 5 Jahre

Berechnung der Zinsen: Zinsen nach 5 Jahren: 3.500,– € · 0,02 · 5 = 350,– €

AB 3 LS* zu IB 3+4

(Andere sachlogisch nachvollziehbare Antworten sind auch denkbar.)

Arbeitsauftrag

1. Lesen Sie sich das Informationsblatt und das Angebot zu Ihrer Sparform (IB 1 + IB 2) genau durch und unterstreichen Sie alles, was Sie für wichtig halten.

2. Arbeiten Sie in Ihrer Gruppe die spezifischen Merkmale dieser Sparform heraus und halten Sie Ihre Ergebnisse in der Tabelle fest.

Sparform	Festgeldkonto
Mindestanlagebetrag	1.000, – €
Verfügbarkeit	grundsätzlich keine Verfügung innerhalb der Laufzeit
Kündigungsfrist	3 Monate
Mindestanlagedauer	2 Jahre
Risiko	kein Risiko
Kosten	keine Kosten

Timo möchte von Ihnen nun gern wissen, welchen Ertrag in Form von Zinsen er für diese Sparform erhält. Überlegen Sie dazu, wie viel Geld er wie lange anlegen will.

Kapital: 2.700,– € (3.500,– € Gesamtbetrag – 800,– € Motorroller, den er sofort kauft)

Zinssatz: 2,5 % (2-jährige Laufzeit)

Anlagedauer: 2 Jahre

Berechnung der Zinsen: Zinsen nach 2 Jahren: 2.700,– € · 0,025 · 2 = 135,– €

AB 3 LS* zu IB 3+4

(Andere sachlogisch nachvollziehbare Antworten sind auch denkbar.)

Arbeitsauftrag

1. Lesen Sie sich das Informationsblatt und das Angebot zu Ihrer Sparform (IB 1+IB 2) genau durch und unterstreichen Sie alles, was Sie für wichtig halten.

2. Arbeiten Sie in Ihrer Gruppe die spezifischen Merkmale dieser Sparform heraus und halten Sie Ihre Ergebnisse in der Tabelle fest.

Sparform	Festgeldkonto
Mindestanlagebetrag	1.000,– €
Verfügbarkeit	grundsätzlich keine Verfügung innerhalb der Laufzeit
Kündigungsfrist	3 Monate
Mindestanlagedauer	5 Jahre
Risiko	kein Risiko
Kosten	keine Kosten

Philipp möchte von Ihnen nun gern wissen, welchen Ertrag in Form von Zinsen er für diese Sparform erhält. Überlegen Sie dazu, wie viel Geld er wie lange anlegen will.

Kapital: 3.500,– € (Er legt alles, was er hat für die Australienreise an.)

Zinssatz: 3,5 % (5-jährige Laufzeit)

Anlagedauer: 5 Jahre

Berechnung der Zinsen: Zinsen nach 5 Jahren: $3.500,\text{–} \ € \cdot 0{,}035 \cdot 5 = 612{,}50 \ €$

Eigenschaften der Sparform Anleihe für Timo

(Andere sachlogisch nachvollziehbare Antworten sind auch denkbar.)

Arbeitsauftrag

1. Lesen Sie sich das Informationsblatt und das Angebot zu Ihrer Sparform (IB 1 + IB 2) genau durch und unterstreichen Sie alles, was Sie für wichtig halten.

2. Arbeiten Sie in Ihrer Gruppe die spezifischen Merkmale dieser Sparform heraus und halten Sie Ihre Ergebnisse in der Tabelle fest.

Sparform	Anleihe
Mindestanlagebetrag	1.000,– €, danach nur in 1.000,– €-Schritten
Verfügbarkeit	Man kann die Anleihe während der Laufzeit verkaufen, muss dann aber mit Kursverlusten rechnen.
Kündigungsfrist	keine Kündigungsfrist
Mindestanlagedauer	5 Jahre
Risiko	Kein Risiko, wenn Anleihe nicht vorzeitig verkauft wird.
Kosten	keine Kosten

Timo möchte von Ihnen nun gern wissen, welchen Ertrag in Form von Zinsen er für diese Sparform erhält. Überlegen Sie dazu, wie viel Geld er wie lange anlegen will.

Kapital: Entweder 1.000,– € (übriges Geld wird anderweitig angelegt)

oder 3.000,– € (Verzicht auf sofortigen Kauf des Motorrollers) möglich

Zinssatz: 4 %

Anlagedauer: 2 Jahre (ACHTUNG: Risiko bei vorzeitigem Verkauf)

Berechnung der Zinsen: Zinsertrag bei 1.000,– € : 1.000,– € · 0,04 · 2 =   80,– €

Zinsertrag bei 3.000,– € : 3.000,– € · 0,04 · 2 = 240,– €

Eigenschaften der Sparform Anleihe für Philipp

(Andere sachlogisch nachvollziehbare Antworten sind auch denkbar.)

Arbeitsauftrag

1. Lesen Sie sich das Informationsblatt und das Angebot zu Ihrer Sparform (IB 1 + IB 2) genau durch und unterstreichen Sie alles, was Sie für wichtig halten.

2. Arbeiten Sie in Ihrer Gruppe die spezifischen Merkmale dieser Sparform heraus und halten Sie Ihre Ergebnisse in der Tabelle fest.

Sparform	Anleihe
Mindestanlagebetrag	1.000,– €, danach nur in 1.000,– €-Schritten
Verfügbarkeit	Man kann die Anleihe während der Laufzeit verkaufen, muss dann aber mit Kursverlusten rechnen.
Kündigungsfrist	keine Kündigungsfrist
Mindestanlagedauer	5 Jahre
Risiko	Kein Risiko, wenn Anleihe nicht vorzeitig verkauft wird.
Kosten	keine Kosten

Philipp möchte von Ihnen nun gern wissen, welchen Ertrag in Form von Zinsen er für diese Sparform erhält. Überlegen Sie dazu, wie viel Geld er wie lange anlegen will.

Kapital: Philipp kann lediglich 3.000,– € von seinen 3.500,– € in Anleihen anlegen.

Zinssatz: 4 %

Anlagedauer: 5 Jahre

Berechnung der Zinsen: Zinsertrag bei 3.000,– € : 3.000,– € · 0,04 · 5 = 600,– €

(Andere sachlogisch nachvollziehbare Antworten sind auch denkbar.)

Arbeitsauftrag

1. Lesen Sie sich das Informationsblatt und das Angebot zu Ihrer Sparform (IB 1 + IB 2) genau durch und unterstreichen Sie alles, was Sie für wichtig halten.

2. Arbeiten Sie in Ihrer Gruppe die spezifischen Merkmale dieser Sparform heraus und halten Sie Ihre Ergebnisse in der Tabelle fest.

Sparform	Aktie
Mindestanlagebetrag	Höhe des jeweiligen Aktienkurses (237,89 €)
Verfügbarkeit	Ein Verkauf an der Börse ist jederzeit zum jeweils aktuellen Kurs möglich, hierbei muss aber mit Kursverlusten gerechnet werden, sodass man ggf. nicht den kompletten Geldbetrag zurückerhält.
Kündigungsfrist	keine Kündigungsfrist
Mindestanlagedauer	keine Mindestanlagedauer
Risiko	hohes Risiko, da abhängig von der Kursentwicklung und möglicher Ausfall der Dividende
Kosten	1 % des Kurswertes, aber mind. 12 € pro Kauf

Wie hoch ist der aktuelle Kurs?

237,89 €

Wie viele Aktien könnte Timo kaufen? (Vergessen Sie nicht die Kosten!)

Timo hat 2.700,– € zur Verfügung. 2.700,– € : 237,89 ≈ 11 Stück

Probe: 11 · 237,89 = 2.616,79 €

Kosten: 2.616,79 € · 0,01 = 26,17 € (>12,– €)

2.616,79 € + 26,17 € = 2.642,96 € < 2.700,– €

Auf welche Kurssteigerung könnte er während des Anlagezeitraums hoffen?

Anlagezeitraum von 2 Jahren. Pro Jahr ∅ 30 € in der Vergangenheit (siehe Grafik LH).

Man kann eine Kurssteigerung von ca. 60,– € für den Anlagezeitraum vermuten.

Bei 11 Aktien wären das 60,– € · 11 = 660,– € Gewinn.

Mit welchem Verlust müsste er im schlimmsten Fall rechnen?

Totalverlust, das heißt, dass der Wert der Aktie bei 0 liegt und somit der gesamte Geldbetrag verloren ist.

(Andere sachlogisch nachvollziehbare Antworten sind auch denkbar.)

Arbeitsauftrag

1. Lesen Sie sich das Informationsblatt und das Angebot zu Ihrer Sparform (IB 1 + IB 2) genau durch und unterstreichen Sie alles, was Sie für wichtig halten.

2. Arbeiten Sie in Ihrer Gruppe die spezifischen Merkmale dieser Sparform heraus und halten Sie Ihre Ergebnisse in der Tabelle fest.

Sparform	Aktie
Mindestanlagebetrag	Höhe des jeweiligen Aktienkurses (237,89 €)
Verfügbarkeit	Ein Verkauf an der Börse ist jederzeit zum jeweils aktuellen Kurs möglich, hierbei muss aber mit Kursverlusten gerechnet werden, sodass man ggf. nicht den kompletten Geldbetrag zurückerhält.
Kündigungsfrist	keine Kündigungsfrist
Mindestanlagedauer	keine Mindestanlagedauer
Risiko	hohes Risiko, da abhängig von der Kursentwicklung und möglicher Ausfall der Dividende
Kosten	1 % des Kurswertes, aber mind. 12 € pro Kauf

Wie hoch ist der aktuelle Kurs?

237,89 €

Wie viele Aktien könnte Philipp kaufen? (Vergessen Sie nicht die Kosten!)

Philipp hat 3.500,– € zur Verfügung. 3.500,– € : 237,89 ≈ 14 Stück (abgerundet!)

Probe: 14 · 237,89 = 3.330,46 €

Kosten: 3.330,46 € · 0,01 = 33,30 € (>12,– €)

3.330,46 € + 33,30 € = 3.363,76 € < 3.500,– €

Auf welche Kurssteigerung könnte er während des Anlagezeitraums hoffen?

Anlagezeitraum von 5 Jahren. Pro Jahr ∅ 30 € in der Vergangenheit (siehe Grafik LH).

Man könnte eine Kurssteigerung von ca. 150,– € für den Anlagezeitraum vermuten.

Bei 14 Aktien wären das 150,– € · 14 = 2100,– € Gewinn.

Mit welchem Verlust müsste er im schlimmsten Fall rechnen?

Totalverlust, das heißt, dass der Wert der Aktie bei 0 liegt und somit der gesamte Geldbetrag verloren ist.

Vergleich der Sparformen für Timo

Sie haben sich wieder in Ihrer Stammgruppe getroffen. Nun können Sie Ihre gesammelten Informationen in dieser Tabelle zusammentragen. (Andere sachlogisch nachvollziehbare Antworten sind auch denkbar.)

Sparform	Mindestanlagebetrag	Verfügbarkeit	Kündigungsfrist	Mindestanlagedauer	Risiko	Kosten	Zinsen/Ertrag für den Anlagezeitraum
Sparbuch	1,– €	Zu den Öffnungszeiten mit dem Sparbuch, nicht mehr als 2.000,– €/Monat => Geld ist jederzeit verfügbar	3 Monate	keine Mindestanlagedauer	kein Risiko, sichere Anlage (Gefahr, dass er das Geld ausgibt)	keine Kontoführungsgebühr	niedrige Zinsen (nur 2%) => 108,– €
Festgeldkonto	Mindestanlagebetrag von 1.000,– €, die Timo aber erfüllen kann.	Timo kann während der gesamten Laufzeit von 2 Jahren nicht über das Geld verfügen.	3 Monate	2 Jahre	kein Risiko, sichere Anlage	keine Kosten	2,5% => 135,– €
Anleihe	1.000,– €, danach nur in 1.000,– €-Schritten	Man kann die Anleihe während der Laufzeit verkaufen, muss dann aber mit Kursverlusten rechnen.	keine Kündigungsfrist	5 Jahre, Timo müsste aber das Risiko eingehen und nur 2 Jahre anlegen.	Kein Risiko, wenn Anleihe nicht vorzeitig verkauft wird.	keine Kosten	4,0% Bei 1.000,– €: 80,– € Zinsen Bei 3.000,– €: 240,– € Zinsen
Aktie	Höhe des jeweiligen Aktienkurses (237,89 €)	Ein Verkauf an der Börse ist jederzeit zum jeweils aktuellen Kurs möglich, hierbei muss aber mit Kursverlusten gerechnet werden, sodass man ggf. nicht den kompletten Geldbetrag zurückerhält.	keine Kündigungsfrist	keine Mindestanlagedauer	Hohes Risiko, da abhängig von der Kursentwicklung und möglicher Ausfall der Dividende.	1% des Kurswertes, aber mind. 12 € pro Kauf: 11 Aktien · 237,89 · 0,01 = 26,17 €	Möglicher Ertrag: 660,– € Verlust im schlechtesten Fall: 11 · 237,89 € = 2.616,79 € + Kosten über 26,17 € (ges. eingesetzter Geldbetrag)

Vergleich der Sparformen für Philipp

Sie haben sich wieder in Ihrer Stammgruppe getroffen. Nun können Sie Ihre gesammelten Informationen in dieser Tabelle zusammentragen.
(Andere sachlogisch nachvollziehbare Antworten sind auch denkbar.)

Sparform	Mindestanlage-betrag	Verfügbarkeit	Kündigungsfrist	Mindestanlage-dauer	Risiko	Kosten	Zinsen/Ertrag für den Anlage-zeitraum
Sparbuch	1,– €	Zu den Öffnungs-zeiten mit dem Sparbuch. nicht mehr als 2.000,– €/Monat => Geld ist jeder-zeit verfügbar	3 Monate	keine Mindest-anlagedauer	kein Risiko, sichere Anlage (Gefahr, dass er das Geld ausgibt)	keine Konto-führungsgebühr	niedrige Zinsen (nur 2%) => 350,– €
Festgeldkonto	Mindestanlage-betrag von 1.000,– €, die Philipp aber er-füllen kann.	Phillip kann wäh-rend der gesamten Laufzeit von 5 Jahren nicht über das Geld verfügen.	3 Monate	5 Jahre	kein Risiko, sichere Anlage	keine Kosten	2,5% => 612,50 €
Anleihe	1.000,– €, danach nur in 1.000,– €-Schritten	Man kann die An-leihe während der Laufzeit verkau-fen, muss dann aber mit Kursver-lusten rechnen.	keine Kündi-gungsfrist	5 Jahre	Kein Risiko, wenn Anleihe nicht vorzeitig verkauft wird.	keine Kosten	4,0% Bei 3.000,– €: 600,– € Zinsen
Aktie	Höhe des jeweili-gen Aktienkurses (237,89 €)	Ein Verkauf an der Börse ist jeder-zeit zum jeweils aktuellen Kurs möglich, hierbei muss aber mit Kursverlusten ge-rechnet werden, sodass man ggf. nicht den kom-pletten Geldbe-trag zurückerhält.	keine Kündi-gungsfrist	keine Mindest-anlagedauer	Hohes Risiko, da abhängig von der Kursentwicklung und möglicher Ausfall der Divi-dende.	1% des Kurswer-tes, aber mind. 12 € pro Kauf: 14 Aktien · 237,89 · 0,01 = 33,30 €	Möglicher Ertrag: 2.100,– € Verlust im schlechtesten Fall: 14 · 237,89 = 3.330,46 € + Kosten über 33,30 € (ges. eingesetzter Geldbetrag)

(Andere sachlogisch nachvollziehbare Antworten sind auch denkbar.)

Timo und Philipp freuten sich riesig über Ihre bisherigen Ergebnisse, aber um eine Entscheidung treffen zu können, sollten auch die Zusammenhänge klar sein. Versuchen Sie hierfür zwischen den einzelnen Aspekten Verbindungen herzustellen. Zeichnen Sie dazu Pfeile ein, die die Abhängigkeiten kennzeichnen.

Bsp. **Je höher** der *Zinssatz*, **desto höher** ist der Ertrag. Diese Verbindung kann durch einen grünen Pfeil von „Zinssatz" zu „Ertrag" eingetragen werden.

Überlegen Sie sich weitere Verbindungen, die Sie durch Pfeile darstellen können. Dabei kann jedes Kästchen, Ausgangspunkt oder Ziel mehrerer Pfeile sein.

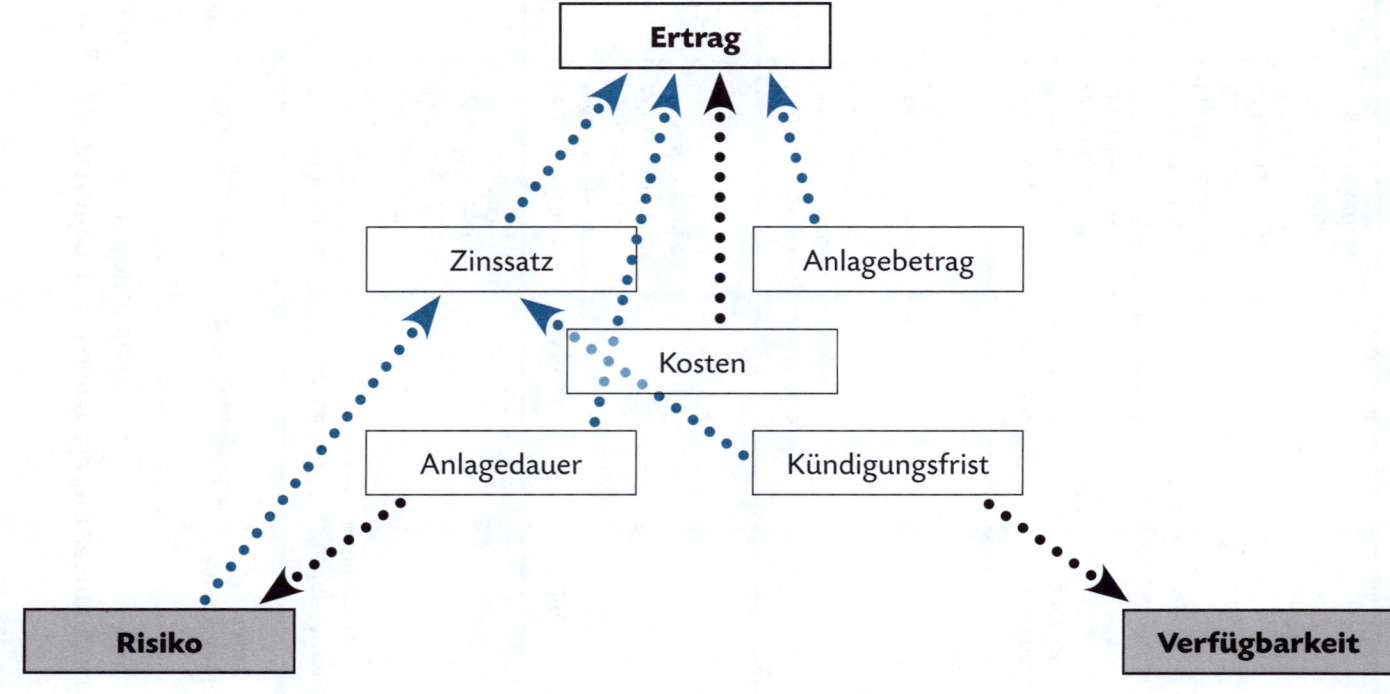

Legende: Grüne Pfeile   =   Je höher ......, desto höher .... .

Schwarze Pfeile   =   Je höher ...., desto niedriger....w

---

[5] Pilz, Matthias (2007): Die Netzwerktechnik. In: Retzmann, Thomas, Hg., Methodentraining für den Ökonomieunterricht, Schwalbach, 21 – 33

(Andere sachlogisch nachvollziehbare Antworten sind auch denkbar.)

Was würden Sie Timo raten?

Geben Sie auch hier jeweils eine Reihenfolge an: Welche Eigenschaft trifft auf die Sparform am ehesten zu, welche als 2. und welche zuletzt?

Vergleichen Sie Ihre Ergebnisse mit Timos gewählter Reihenfolge. Geben Sie eine begründete Empfehlung.

	Sicherheit	Verfügbarkeit	Ertrag	Empfehlung
Sparbuch	1.	2.	3.	Diese 2 Sparformen passen am ehesten zu Timos Wünschen, da Sicherheit für ihn einen großen Stellenwert hat.
Festgeldkonto	1.	3.	2.	
Anleihe	3.	1.	2.	
Aktie	3.	2.	1.	

Entscheidungsmatrix für Philipp

AB 8 LS*

(Andere sachlogisch nachvollziehbare Antworten sind auch denkbar.)

Was würden Sie Philipp raten?

Geben Sie auch hier jeweils eine Reihenfolge an: Welche Eigenschaft trifft auf die Sparform am ehesten zu, welche als 2. und welche zuletzt?

Vergleichen Sie Ihre Ergebnisse mit Timos gewählter Reihenfolge. Geben Sie eine begründete Empfehlung.

	Sicherheit	Verfügbarkeit	Ertrag	Empfehlung
Sparbuch	1.	2.	3.	
Festgeldkonto	1.	3.	2.	
Anleihe	2.	1.	3.	Diese Sparform passt am ehesten zu Philipps Wünschen, da der Ertrag im Vordergrund steht.
Aktie	3.	2.	1.	

IB 1

Fragen und Antworten

© Photography ByMK – Fotolia.com

Was ist ein Sparkonto?

Das Sparbuch ist der Klassiker unter den Sparformen und gleichzeitig auch die älteste Sparform.

Das Sparbuch ist eine Urkunde, die von einem Kreditinstitut auf den Namen des Kontoinhabers ausgestellt wird. Es stellt die Spareinlage dar, d. h. alle Ein- und Auszahlungen, Zinsgutschriften usw. werden hier eingetragen und quittiert.

Wie funktioniert die Geldeinzahlung?

Man kann unbegrenzt Zuzahlungen auf das Sparbuch machen, ist aber zu keinen Zuzahlungen (z. B. monatliche Sparraten oder Ähnliches) verpflichtet. Es gibt auch keinen Mindestanlagebetrag.
Bei einer Einzahlung muss man das Sparbuch vorlegen.

Wie bekomme ich Geld ausgezahlt?

Auszahlungen sind unter Vorlage des Sparbuches in den Geschäftsstellen möglich.
Man kann über sein Geld zu den Banköffnungszeiten bis zu einem bestimmten Höchstbetrag im Monat frei verfügen.

Wie ist die Kündigungsfrist?

Will man das Sparbuch auflösen, hat man eine Kündigungsfrist von 3 Monaten zu beachten. Man kann aber ohne Kündigung bis zu 2.000,– € innerhalb eines Kalendermonats abheben.

Warum ein Sparbuch?

Das Sparkonto dient der Ansammlung von Vermögen. Es ist gut geeignet um Geld „auf die hohe Kante" zu legen.
Das Geld ist sicher und zinsbringend angelegt und trotzdem kurzfristig verfügbar.[6]

Zugehöriges Arbeitsblatt: AB 2

---

[6] In Anlehnung an: https://www.sparkasse-koelnbonn.de/SparkassenBuch.aspx?et_cid=40&et_lid=75&et_sub=sparb [14.12.2011]

Angebot Sparbuch

PFASTA-Bank
Am Spar 4
56789 Formen

IB 2

Informationen zu unserem Angebot: Sparbuch

Führung des Kontos	keine Kontoführungsgebühren
Mindestanlagebetrag	1 €
Laufzeit	unbefristet
Kündigungsfrist	3 Monate
Verzinsung	Es gibt 1% bei einem Sparbetrag bis 1.500,– € und 2% bei mehr als 1.500,– €. Die Zinsen werden jeweils zum Ende des Kalenderjahres ausgezahlt.
Zuzahlungen	jederzeit in unbegrenzter Höhe möglich
Verfügung	Jederzeit an den Schaltern unserer Bank zu den Öffnungszeiten mit dem Sparbuch. Insgesamt dürfen pro Monat nicht mehr als 2.000,– € abgehoben werden.

Hinweis:

Wir sind berechtigt, aber nicht verpflichtet, an jeden Vorleger eines Sparbuches Zahlungen zu leisten. Das bedeutet: Derjenige, der abheben will, ist durch die Vorlage des Buches berechtigt. Wir können jedoch seine Verfügungsberechtigung prüfen. Um zu verhindern, dass Unbefugte über Spareinlagen verfügen, können Sie ein Kennwort vereinbaren. Auszahlungen werden dann nur nach Nennung dieses Kennworts vorgenommen.

Bei Fragen können Sie sich gern an unsere Mitarbeiter wenden.

Zugehöriges Arbeitsblatt: AB 2

217

Fragen und Antworten

Warum ein Festgeldkonto?

Der vereinbarte Zinssatz ist für die Laufzeit fest vereinbart, d. h. nicht von Zinsschwankungen abhängig.

Es ist sicher, mit welcher Auszahlung man am Ende der Laufzeit rechnen kann.

© Frog 974 – Fotolia.com

Was ist zu beachten?

An das Geld auf einem Festgeldkonto kommt man während der Laufzeit des Kontos nicht heran. Der Anleger muss also bis zum Ende der vereinbarten Laufzeit warten, bevor er über das Geld verfügen kann.

In welchem Fall ist ein Festgeldkonto sinnvoll?

Das Festgeldkonto eignet sich vor allem, wenn man einen höheren Betrag sparen will und sicher ist, dass man diesen für die gesamte Laufzeit des Kontos nicht benötigt. Das Geld wird zu einem im Voraus vertraglich festgesetzten Anlagezeitraum und Zinssatz angelegt. Meist kommt es bei der Verzinsung des Festgeldes darauf an, wie viel man anlegt und für welche Dauer.

Da man einen gewissen Zeitraum nicht über das fest angelegte Geld verfügen kann, sollte man sich vorher gut überlegen, auf wie viel Geld man längerfristig verzichten kann.

Zugehöriges Arbeitsblatt: AB 3

---

[7] www.banktip.de [14.12.2011]

IB 4

PFASTA-Bank
Am Spar 4
56789 Formen

Informationen zu unserem Angebot: Festgeldkonto

Gebühren	Kontoführung ist gebührenfrei
Mindestanlagebetrag	1.000,– €
Laufzeit	unbefristet
Kündigungsfrist	3 Monate
Guthabenverzinsung	Für die gesamte Laufzeit bei 1-jähriger Laufzeit: 2,0% pro Jahr 2-jähriger Laufzeit: 2,5% pro Jahr 3-jähriger Laufzeit: 3,0% pro Jahr ab 5-jähriger Laufzeit: 3,5% pro Jahr Die Zinsen werden jeweils zum Ende des Kalenderjahres ausgezahlt.
Zuzahlungen	keine weiteren Zuzahlungen möglich
Verfügung	grundsätzlich keine Verfügung innerhalb der Laufzeit möglich

Bei Fragen können Sie sich gern an unsere Mitarbeiter wenden.

Zugehöriges Arbeitsblatt: AB 3

Was ist eine Anleihe?

Festverzinsliche Wertpapiere werden beispielsweise von Bund, Banken oder Industrieunternehmen ausgegeben. Dafür, dass man diese Papiere kauft, ihnen also einen Kredit zur Verfügung stellt, hat man einen Anspruch auf die Zahlung von Zinsen – und natürlich auch auf die Rückzahlung des Betrags. Diese Ansprüche nennt man Gläubigerrechte. Der Zinssatz für die Wertpapiere wird bei der Ausgabe festgelegt.[8]

© Reimer-Pixelvario – Fotolia.com

Wie funktioniert die Geldeinzahlung? Sind Zuzahlungen möglich?

Man hat jederzeit die Möglichkeit, weitere Anleihen zu kaufen.

Wie bekomme ich Geld ausgezahlt?

Mit dem Verkauf der Anleihe erhält man den Gegenwert ausgezahlt.

Wie ist die Kündigungsfrist?

Man hat jederzeit die Möglichkeit, seine Anleihe zu verkaufen, muss dann aber mit Verlusten rechnen.

Warum eine Anleihe?

Behält man die Papiere bis zum Ende der Laufzeit, so beträgt der Rückzahlungskurs in jedem Fall 100 %. Das bedeutet, man erhält zurück, was man eingezahlt hat.

Was ist zu beachten?

Während der Laufzeit eines Wertpapiers kann dessen Kurs schwanken.

Es besteht die Gefahr, dass man seinen eingezahlten Betrag nicht vollständig zurückerhält, wenn man gezwungen ist, die Anleihe vor Ablauf der Laufzeit zu verkaufen.

Zugehöriges Arbeitsblatt: AB 4

---

[8] http://www.schulbank.de/finanzwissen/geld-special/der-grosse-geldtest [14.12.2011]

PFASTA-Bank
Am Spar 4
56789 Formen

Informationen zu unserem Angebot: Anleihe	
Name des Wertpapiers/ Emittent	Bundesrepublik Deutschland
Branche/WP-Art	Staatsanleihe
Zinssatz	4,0%
Laufzeit	5 Jahre Verkaufen Sie ihr Wertpapier vorzeitig, müssen Sie mit Verlusten rechnen.
Währung	EUR
Mindestanlage	1.000,– € Höhere Beträge sind in 1.000,– €-Schritten möglich.
Auszahlung der Zinsen	jährlich am 31.12.
Kaufpreis	100%

Bei Fragen können Sie sich gern an unsere Mitarbeiter wenden.

Zugehöriges Arbeitsblatt: AB 4

[9] In Anlehnung an: https://www.dab-bank.de/data/pdf/offerte.pdf [14.12.2011]

Fragen und Antworten

Was ist eine Aktie?

Kauft man Aktien, so wird man Miteigentümer (Aktionär) eines Unternehmens. Ein Aktionär wird – wie ein Unternehmer – an der wirtschaftlichen Entwicklung des Unternehmens in guten, wie in schlechten Zeiten, beteiligt. Obwohl der Aktionär weiß, dass er im schlimmsten Fall sein eingesetztes Kapital verlieren kann, glaubt er zu wissen oder hofft, dass nur der Gewinnfall eintritt. Da das Risiko des Aktionärs nur auf das eingezahlte Geld begrenzt bleibt, erscheint vielen dieses Risiko tragbar. Man wird Aktionär mit dem Kauf einer Aktie und ist keiner mehr mit dem Verkauf der Aktie.[10]

Wie funktioniert die Geldeinzahlung? Sind Zuzahlungen möglich?

Man hat jederzeit die Möglichkeit, weitere Aktien zu kaufen, muss dann aber auch erneuert Gebühren entrichten.

Wie bekomme ich Geld ausgezahlt?

Mit dem Verkauf der Aktien erhält man den Gegenwert ausgezahlt.

Wie ist die Kündigungsfrist?

Man hat jederzeit die Möglichkeit, seine Aktien zu verkaufen, muss dann aber mit Verlusten rechnen.

Wie ist die Verzinsung?

Ein Aktionär hat keinen Anspruch auf eine festge Verzinsung.

Warum eine Aktie?

Der Aktionär hat die Chance auf Zahlung einer Dividende (Gewinnbeteiligung). Die Dividende ist jedoch nur ein Teil des Gewinns bei Aktien. Interessanter ist die Kursentwicklung. Man kann dadurch schnell hohe Gewinne erzielen, aber auch hohe Verluste.

Man sollte langfristig planen, wenn man die hohen Renditechancen von Aktien nutzen möchte. Denn derjenige, der sein Geld nicht von heute auf morgen verfügbar braucht, wartet ab, bis gefallene Kurse wieder steigen. Steigende Kurse zu einem späteren Zeitpunkt können allerdings nicht garantiert werden.

Was ist zu beachten?

Wie jeder Unternehmer geht man mit dem Kauf von Aktien ein Risiko ein.

Aktien unterliegen großen Kursschwankungen. Diese hängen von verschiedenen Einflussgrößen ab[11]:

- gesamtwirtschaftlichen Rahmenbedingungen (Konjunktur, Preisentwicklung)
- politischen Verhältnissen (Regierungsprogramme, Unruhen)
- Branchenbesonderheiten (Auftragslage, Branchenzyklus, Wettbewerb)
- Gewinn- und Wachstumsmöglichkeiten (Innovationen, neue Produkte)

Fachleute können diese Informationen einholen und auswerten. Trotzdem können selbst sie nur eine Prognose über den Kursverlauf machen und ihn nicht sicher vorhersagen.

Zuvor erzielte Gewinne sind durch einen plötzlich fallenden Kurs so schnell verschwunden, wie sie gekommen sind. Braucht ein Aktionär sein Geld also kurzfristig, muss er seine Anteile ggf. mit Kursverlusten verkaufen.

Außerdem wird bei einer ungünstigen Ertragslage unter Umständen die Dividende wegfallen.

Zugehöriges Arbeitsblatt: AB 5

---

[10] In Anlehnung an http://www.bpb.de/files/9VEUE8.pdf [14.12.2011]
[11] In Anlehnung an http://www.hoch-im-kurs.de/images/stories/pdf/downloads/Schuelerbroschuere/HiK_Schuelerheft_2011_2012.pdf

PFASTA-Bank
Am Spar 4
56789 Formen

Informationen zu unserem Angebot: Aktie

APFEL Inc.

Börse: Frankfurt	**Sektor:** Technologie	**Land:** USA

Aktueller Kurs	237,89 EUR
Dividende	In den nächsten 12 Monaten wird keine Dividende erwartet.
Kosten	1% des Kurswertes, aber mind. 12 € pro Kauf

Kursentwicklung der letzten 5 Jahre

(Diagramm: Kurs in € über die Jahre 2007, 2008, 2009, 2010, 2011 sowie Übersichtsbalken 1995, 2000, 2005, 2010; y-Achse mit Werten 0, 50, 100, 150, 200, 250)

Kurzporträt

© Albert Schleich – Fotolia.com

Apfel Inc. entwickelt und vermarktet PC-Systeme im Bereich Software sowie Unterhaltungselektronik. Zu den bekanntesten Produkten gehören die Computer (u.a. MicBook, MicBook Pro, MicBook Air, iMic, Mic mini), MP3-Player (iPödshuffle, iPödnano, iPöd classic, iPödtouch), Zubehörprodukte rund um den Computer sowie das Mobiltelefon iPhöne und der Tablet-PC iPäd. Zu den Hardware-Produkten bietet das Unternehmen die passende Software an, unter anderem das Betriebssystem Mic OS X und Programme wie eiTunes, eiLife, eiWork oder MobileYou.

Bei Fragen können Sie sich gern an unsere Mitarbeiter wenden.

Zugehöriges Arbeitsblatt: AB 5

[12] In Anlehnung an: http://www.finanzen100.de/aktien/apple-wkn-865985_H1526430491_86627/ [14.12.2011]

Angebote Sparformen

- Festgeldkonto und Sparbuch
  - Vor dem Hintergrund der Zielgruppe wird die Zinseszinsrechnung bewusst vermieden. Daher wurden die Angebote so konstruiert, dass die Zinsen ausgezahlt werden und somit einfach aufaddiert werden können.

- Anleihe
  - Aus Gründen der didaktischen Reduktion wurden anfallende Provisions- oder andere Kosten nicht aufgeführt, da eine Neuemission angenommen wird.
  - Auch die Eröffnung eines Depots und die damit verbundenen Depotgebühren wurden aus Gründen der Komplexitätsreduzierung nicht aufgeführt.
  - Es wurde eine risikolose deutsche Staatsanleihe gewählt, bei der keine Risikobewertung von Relevanz ist.
  - Bei einer leistungsstärkeren Schülerklientel bietet sich ggf. der Einsatz einer risikoreicheren Anleihe (bspw. Unternehmens-Anleihe) an.

- Aktie
  - Es wurde vor dem Hintergrund der Zielgruppe bewusst auf eine Dividendenzahlung verzichtet. Diese kann bei einer leistungsstärkeren Schülerklientel in Betracht gezogen werden.
  - Auch die Eröffnung eines Depots und die damit verbundenen Depotgebühren wurden aus Gründen der Komplexitätsreduzierung nicht aufgeführt.

4. Literaturverzeichnis

Brüning, Ludger; Saum, Tobias (2007): Erfolgreich unterrichten durch kooperatives Lernen. 4., überarb. Essen: NDS, Neue-Dt.-Schule-Verl.-Ges.

Bundeszentrale für politische Bildung/bpb (2003): Themenblätter im Unterricht Nr.27. Aktien – Chancen und Risiken. Online verfügbar unter http://www.bpb.de/files/9VEUE8.pdf, zuletzt aktualisiert am 02.04.2003, zuletzt geprüft am 26.08.2011.

DAB bank (2011): DAB Anleihemarkt. Online verfügbar unter https://www.dab-bank.de/data/pdf/offerte.pdf, zuletzt aktualisiert am 01.07.2011, zuletzt geprüft am 01.07.2011.

optel Media Services GmbH: Termingeld – fester Zinssatz für Ihre Geldanlage. Online verfügbar unter http://www.banktip.de/rubrik/15601/0/Termingeld+-+fester+Zinssatz+fuer+Ihre+Geldanlage.htm, zuletzt geprüft am 01.08.2011.

Finanzen100 (2011): Apple Aktie – Aktienkurs – WKN 865985 – Finanzen100. Online verfügbar unter http://www.finanzen100.de/aktien/apple-wkn-865985_H1526430491_86627/, zuletzt aktualisiert am 01.01.2011, zuletzt geprüft am 19.05.2011.

KölnBonn, Sparkasse: SparkassenBuch – Sparkasse Köln-Bonn. Sparkasse KölnBonn. Online verfügbar unter https://www.sparkasse-koelnbonn.de/SparkassenBuch.aspx?et_cid=40&et_lid=75&et_sub=sparb, zuletzt geprüft am 01.08.2011.

Pilz, Matthias (2007): Die Netzwerktechnik. In: Thomas Retzmann (Hg.): Methodentraining für den Ökonomieunterricht. Schwalbach/Ts: Wochenschau-Verl., S. 21–33.

Schul|Bank: Der große Geld-Test. Online verfügbar unter http://www.schulbank.de/finanzwissen/geld-special/der-grosse-geldtest, zuletzt geprüft am 26.08.2011.

Würdemann, Uta (2010): Der Jugendliche Konsument als Sparer. In: Unterricht Wirtschaft 11 (42), S. 46–52.

1. Abkürzungsverzeichnis.. 226

2. Auf einen Blick 227

3. Unterrichtsverlauf... 229

Ausgangssituation 232

Arbeitsauftrag 232

LH   Ausgangsituation... 233

Tafelbild 1 Einführung in die Thematik.................................... 233

AB 1 Hotelauswahl Seite 1... 234

AB 1 Hotelauswahl Seite 2... 235

AB 1 Hotelauswahl Seite 3... 236

AB 1 LH Hotelauswahl 237

AB 2 Hotelauswahl   Entscheidungsmatrix Seite 1......................... 238

AB 2 Hotelauswahl   Entscheidungsmatrix Seite 2......................... 239

AB 2 LH Hotelauswahl   Entscheidungsmatrix............................. 240

AB 3 Hotel-Bewertung Seite 1... 240

AB 3 Hotel-Bewertung Seite 2... 241

AB 3 LH Hotel-Bewertung Seite 2 241

AB 4 Präsentation... 242

AB 4 LH Präsentation 242

AB 5 zu IB 1 Buchungsformular 243

AB 5 LH zu IB 1 Buchungsformular....................................... 244

AB 6 zu IB 2 Reisevertrag... 244

AB 7 zu IB 3 Unfall von Nico   Entscheidungsmatrix...................... 245

AB 7 LH zu IB 3 Unfall von Nico 246

AB 8 zu IB 3 Berechnung der Stornierungskosten 246

AB 9 LH zu IB 3 Berechnung der Stornierungskosten....................... 246

AB 9 Zusatzaufgabe   Familienausflüge 247

AB 9 LH Zusatzaufgabe   Familienausflüge............................... 247

AB 10 Zusatzaufgabe   Aktuelle Reisekosten.............................. 248

AB 10 LH Zusatzaufgabe   Aktuelle Reisekosten 248

AB 1 LS* Hotelauswahl Seite 1.. 249

AB 1 LS Hotelauswahl Seite 2... 250

AB 1 LS Hotelauswahl Seite 3... 251

AB 1 LS Hotelauswahl Seite 4 252

AB 1 LS Hotelauswahl Seite 5... 253

AB 1   LS Hotelauswahl Seite 6 254

AB 2   LS* Hotelauswahl   Entscheidungsmatrix Seite 1 255

AB 2   LS* Hotelauswahl   Entscheidungsmatrix Seite 2 256

AB 3   LS* Hotel-Bewertung 257

AB 5   LS zu IB 1 Buchungsformular 258

AB 6   LS zu IB 2 Reisevertrag 259

AB 7   LS* zu IB 3 Unfall von Nico   Entscheidungsmatrix 260

AB 8   LS zu IB 3 Berechnung der Stornierungskosten 261

AB 9   LS* Zusatzaufgabe   Familienausflüge 262

IB 1   Reisebuchung 263

IB 2   Reisevertrag 263

IB 2   Reisevertrag 264

IB 2   LH Reisevertrag 264

IB 3   Unfall von Nico 265

4.   Literaturverzeichnis 266

1. Abkürzungsverzeichnis

AB = **Arbeitsblatt**
LS = **Lösungsskizze**
LS* = **beispielhaft mögliche Schülerlösungen**
IB = **Informationsblatt**
LH = **Lehrerhinweis**

2. Auf einen Blick ...

Beschreibung	Diese Fallstudie befasst sich mit der Buchung einer Pauschalreise der Familie Maier. Die Schüler können sich anhand eines zusammengestellten Reisekataloges zwischen vier Hotelalternativen entscheiden. Das passende Hotel soll unter Berücksichtigung der Bedürfnisse der einzelnen Familienmitglieder durch Analysen und Bewertungen gefunden werden.
	Mit einer begründeten Entscheidung zur Wahl eines Hotels wird die Buchung durch ein Buchungsformular vorgenommen. Um den Buchungsweg des Vertragsabschluss zusammenzufassen, soll ein Schaubild vervollständigt werden.
	Im zweiten Teil der Fallstudie werden die Schüler mit einem Stornierungsgrund konfrontiert. Sie müssen sich mit der Stornierung befassen und entscheiden, wie Familie Maier weiter vorgehen soll. Die Berechnung der Stornierungskosten erfolgt anschließend.
	Die erste Zusatzaufgabe befasst sich mit dem Rahmenprogramm der Urlaubsreise, da Herr Maier näher gelegene Sehenswürdigkeiten erkunden möchte.
	Die zweite Zusatzaufgabe lässt die Schüler die Preisermittlung der Reise anhand eines aktuellen Reisekatalogs erneut durchführen.
Lerninhalte	• Situationsanalysen • Preisermittlung • Entscheidungsmatrizen • Informationsbeschaffung und Bewertung • Ausfüllen von Formularen • Stornierung der Reise

Fallstudie – Der Familienurlaub

Lernziele (LZ)	Die Schüler sollen
	LZ 1 die Bedürfnisse der Familienmitglieder mit Hilfe einer Bedürfnisanalyse tabellieren.
	LZ 2 Informationen anhand einer Hotelanalyse auswerten und klassifizieren.
	LZ 3 Daten aus Tabellen korrekt einsehen und damit eine Preisermittlung durchführen und berechnen.
	LZ 4 die Informationen und Situationen beschreiben, indem sie die Entscheidungsmatrix mit den Vor- und Nachteilen und den daraus resultierenden Konsequenzen formulieren.
	LZ 5 mit Hilfe einer Tabelle und einer Punktevergabe ihre Informationen bewerten.
	LZ 6 sich für eine Lösungsvariante entscheiden und diese schriftlich begründen.
	LZ 7 ihre Lösungsvariante den Mitschülern präsentieren und dazu Stellung nehmen.
	LZ 8 die Lösungen ihrer Mitschüler nachvollziehen und sie kritisch betrachten.
	LZ 9 ihre Lösungsvariante korrekt in ein Formular eintragen.
	LZ 10 die Rechtsbeziehungen bei einer Pauschalreise, besonders in Bezug auf den Reisevertrag, unterscheiden.
	LZ 11 eine Pauschalreise erklären.
	LZ 12 die Grundform des Buchungsweges, der zum Vertragsabschluss führt, aufführen und nachvollziehen.
	LZ 13 Stornierungskosten definieren und berechnen.
Vorkenntnisse	Den Schülern sollte der Umgang mit dem Internet für eine mögliche Informationsrecherche vertraut sein. Die Schüler sollten Grundkenntnisse in der Prozentrechnung beherrschen.
Dauer	Ungefähr 13 Schulstunden (vom Leistungsniveau der Klasse abhängig)

3. Unterrichtsverlauf

Lernschritt (Unterrichtsphase und geplante Zeit)[1]	Inhalt/didaktisch-methodisches Vorgehen	Sozialform und Methode	Medien/ Materialien
Orientierungsphase (45 Minuten)	Vorwissen der Schüler zu Urlaub im Allgemeinen und zu Griechenland wird aktiviert, indem der Lehrer Interesse für die Thematik bei den Schülern weckt: Der Lehrer befragt die Schüler darüber, was sie mit Urlaub verbinden (z. B. bekannte Urlaubsländer...) Brainstorming aller Schüler	Schüler-Lehrer-Gespräch	Tafelbild 1
	Lehrer gibt Informationen über den Ablauf einer Fallstudie und erläutert ggf. unklare Begrifflichkeiten.	Lehrervortrag	ggf. Tafel oder OHP
Konfrontationsphase (20 Minuten)	Präsentation der Ausgangssituation: Die Ausgangssituation wird von den Schülern vorgelesen. Anschließend erfolgt die Gruppenbildung (4–6 Schüler pro Gruppe).	Lehrer- Schüler-Gespräch	Ausgangssituation/ Fallbeschreibung
Informationsphase (120 Minuten) Die Schüler setzen sich mit dem Fall auseinander, beschaffen und bewerten die erforderlichen Informationen	Die Schüler befassen sich mit den Bedürfnissen der Familienmitglieder, dem Reisekatalog und dem dazugehörigen Informationsheft. Die Informationen werden mit Hilfe der Vordrucke zur Bedürfnisanalyse, Hotelanalyse und Preisermittlung analysiert und berechnet.	Gruppenarbeit	Arbeitsblatt AB 1 Reisekatalog von „Reise-mit" Informationsheft Bedürfnisanalyse Hotelanalyse Preisermittlung
	Die Schüler bewerten die Informationen und konstruieren die Vor- und Nachteile und die Konsequenzen für die Familie anhand einer Entscheidungsmatrix.	Gruppenarbeit	Arbeitsblatt AB 2 Entscheidungsmatrix

[1] Die hier angegebenen Zeitvorgaben stellen nur eine grobe Orientierung dar und sind ggf. an das Lerntempo der Schüler anzupassen.

Fallstudie – Der Familienurlaub

Explorationsphase (30 Minuten) Diskussion alternativer Lösungsmöglichkeiten	Die Schüler bewerten die Hotels, anhand eines Punkteschemas und diskutieren die vier Lösungsalternativen.	Gruppen-diskussion	Arbeitsblatt AB 3
Resolutionsphase (10 Minuten) Gruppen treffen ihre Entscheidung	Die Schüler treffen eine begründete Entscheidung zur Auswahl des Hotels.	Gruppen-diskussion	Arbeitsblatt AB 3
Disputationsphase (90 Minuten) Gruppen verteidigen ihre Entscheidung	Die Schülergruppen präsentieren jeweils ihre Ergebnisse und überprüfen sich gegenseitig kritisch. Entscheidung für eine einheitliche Lösungsvariante.	Schüler-präsentation Klassenplenum	Arbeitsblatt AB 4 ggf. OHP ggf. Tafel
Arbeitsphase (30 Minuten)	Die Gruppen bekommen ein neues Informationsblatt und sollen daraufhin ein Formular zur Reisebuchung mit der gewählten Lösungsvariante ausfüllen.	Gruppenarbeit	Informationsblatt IB 1 Arbeitsblatt AB 5 Buchungsformular
Konfrontationsphase (30 Minuten)	Die Schüler werden vor eine neue Situation gestellt: „Unfall von Nico"	Lehrervortrag	
	Auswirkung auf den Urlaub: Das Informationsblatt IB 3 wird von den Schülern vorgelesen. Stornierung wird erklärt. Eventuell auftretende Fragen werden geklärt.	Schüler-Lehrer-Gespräch	Informationsblatt IB 3
Informationsphase (30 Minuten)	Ggf. Einführung der Entscheidungsmatrix als Methode durch den Lehrer. Die Schüler bewerten die unterschiedlichen Lösungsvarianten und konstruieren die Vor- und Nachteile und die daraus resultierenden Konsequenzen für die Familie anhand einer Entscheidungsmatrix.	Gruppenarbeit	Arbeitsblatt AB 7 Entscheidungs-matrix
Explorationsphase (30 Minuten)	Die Schüler diskutieren die vier Lösungsalternativen anhand der Entscheidungsmatrix.	Gruppen-diskussion	Arbeitsblatt AB 7
Resolutionsphase (10 Minuten)	Die Schüler treffen eine begründete Entscheidung.	Gruppen-diskussion	Arbeitsblatt AB 7

Arbeitsphase **(20 Minuten)**	Die Schüler berechnen die Stornokosten.	Gruppenarbeit	Arbeitsblatt AB 8
Fakultative Ergänzung: **Kollationsphase** Vergleich mit der Wirklichkeit **(30 Minuten)**	Ggf. als Hausaufgabe: Mit Hilfe eines aktuellen Reisekataloges berechnen die Schüler erneut den Familienurlaub und vergleichen ihr Ergebnis mit dem aus dem Unterricht.	Einzelarbeit	Arbeitsblatt AB 10 Aktueller Reisekatalog
Reflektionsphase **(90 Minuten)**	Die Schüler werden nach ihren Erfahrungen bei der Reisebuchung befragt.	Klassengespräch	Ggf. Tafel

Ausgangssituation

Familie Maier plant in den Sommerferien,
genauer in der ersten Augustwoche vom 01.08. – 08.08., einen Badeurlaub.
Da sie bisher noch nie in Griechenland waren, haben sie sich für die Insel Kreta entschieden.

Bei der Planung des Urlaubes sollen die unterschiedlichen Bedürfnisse und Vorstellungen aller Familienmitglieder weitestgehend berücksichtigt werden, darüber ist sich die Familie einig.

Peter Maier (Vater), 46 Jahre alt:1

„Ich möchte viel von der Insel sehen und daher in Stadtnähe meinen Urlaub verbringen. Da ich mit uns allen einige Sehenswürdigkeiten anschauen möchte, reicht uns als Verpflegung Halbpension. Das Hotel sollte für viel Unterhaltung sorgen (besonders abends) und es sollte mindestens 4 Sterne besitzen."

Helene Maier (Mutter), 42 Jahre alt:

„Ich möchte mich in meinem Urlaub erholen und auf keinen Fall kochen, sonst kann ich auch gleich zu Hause bleiben. Bevorzugen würde ich daher mindestens Vollpension oder All Inclusive. All Inclusive hat den Vorteil, dass wir nicht noch zusätzliches Geld für Getränke und Snacks in unserer Urlaubskasse einplanen müssen. Ein Hotel in Strandnähe mit Wellness-Angeboten wäre für meine Erholung perfekt."

Nico Maier (Sohn), 13 Jahre alt:

„Ich mache gerne Sport und möchte auch im Urlaub nicht auf Fitnessgeräte und Sportangebote verzichten."

Julia Maier (Tochter), 9 Jahre alt:

„Ich wünsche mir ein Hotel, in dem viele andere Kinder zum Spielen sind."

Arbeitsauftrag

Die Familie hat sich aus dem Reisebüro den Reisekatalog von „Reise-mit" geholt, kann sich aber nicht für ein bestimmtes Hotel entscheiden. Welches Angebot würden Sie der Familie vorschlagen? Der Vorschlag sollte dabei preiswert sein und darf aufgrund des begrenzten Familienbudgets 3.500 € nicht übersteigen.

- In der Vorbesprechung können Begriffe wie Halbpension (HP), Vollpension (VP), Hotelkategorie (Sterne) und All Inclusive (AI) erörtert werden.

- Die Familie Maier kann überall in Deutschland wohnen. Die Fallstudie ist auf die Flughäfen Berlin Schönefeld, Frankfurt, Stuttgart, München und Basel ausgerichtet.

- Der Abflughafen kann im Klassengespräch (z.B. anhand einer Deutschlandkarte) festgelegt werden.

- Die Kriterien für den Auswahlprozess werden hier auf den Arbeitsblättern vorgegeben. Es ist natürlich auch möglich, diese Kriterien vorab mit den Schülern zu erarbeiten.

- Um den Schwierigkeitsgrad zu erhöhen, kann der Sohn Nico als 17-jähriger Junge dargestellt werden. Auf diese Weise wird er zum 3. Vollbezahler, da er als Erwachsener berücksichtigt werden muss. Demnach entfällt das 2. Kind. Bei der Preisermittlung der Hotels kann es in diesem Zusammenhang vorkommen, dass der Reisepreis der Familie unter Berücksichtigung von 4 Vollbezahlern mit zwei Doppelzimmern errechnet wird. Je nach Hotel kann auch ein Doppelzimmer mit einer Kinderbelegung und ein zusätzliches Einzelzimmer gebucht werden.

- Buchempfehlung: „Das Hotel in den Highlands – Ausbildungseinheit zur Förderung des vernetzten Denkens" von Matthias Pilz erschienen bei Tobler Verlag.

- Hierbei handelt es sich um eine Fallstudie, die aufgrund ihrer thematischen Verwandtschaft und dem niedrigeren Schwierigkeitsgrad dieser Fallstudie vorangestellt werden kann.

Einführung in die Thematik

→ Brainstorming

Beispielhaft mögliche Schülerantworten:

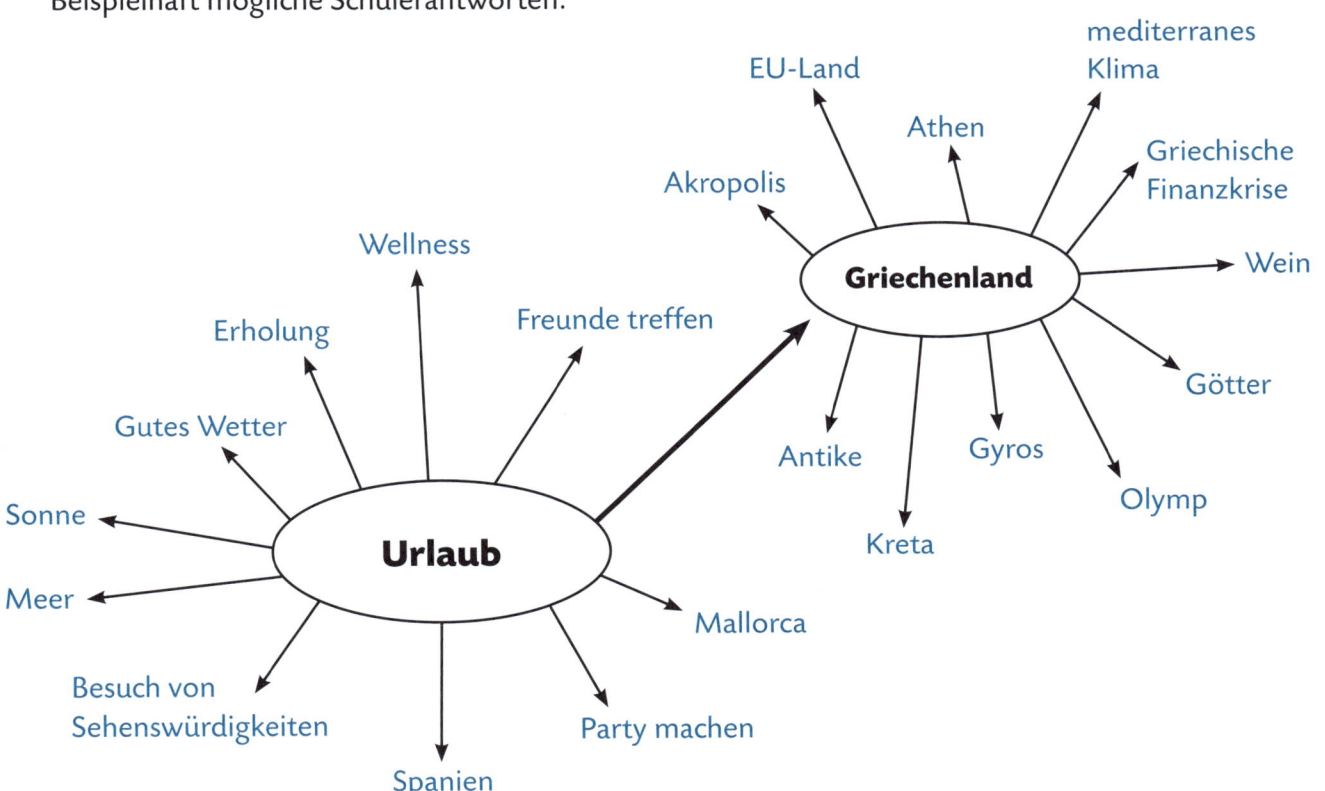

Um der Familie Maier bei der Hotelauswahl zu helfen, ist eine Übersicht der Bedürfnisse, der Hotels und der Preise sehr hilfreich.

1. Tragen Sie in die Tabelle „Bedürfnisanalyse" die Bedürfnisse der einzelnen Familienmitglieder ein.

2. Schauen Sie sich den Reisekatalog von „Reise-mit" an und stellen Sie eine Hotelübersicht in der Tabelle „Hotelanalyse" zusammen.

3. Ermitteln Sie mithilfe der Tabelle „Preisermittlung des Familienurlaubes" für jedes Hotel den jeweiligen Gesamtreisepreis, damit Sie die Preise später besser vergleichen können.
(Die Preise befinden sich im dazugehörigen Informationsheft)

Bedürfnisanalyse

	Vater	Mutter	Sohn	Tochter
Lage				
Verpflegung				
Unterhaltung/ Angebote				

Hotelanalyse

Hotel	Hotelka-tegorie/ Sterne	Lage	Ausstattung	Verpfle-gung/ Preis** Siehe unten *	Unterhaltung/Angebote			
					Kinder-animation	Unter-haltung	Wellness	Sport & Fitness

* Verpflegung: siehe (auch) Informationsheft im Preisteil

** den Preis erst nach der Preisermittlung eintragen

Preisermittlung des Familienurlaubes

Urlaubsland: _____   Wohnort: _____

Region: _____   Abflughafen: _____

Ort: _____   Zielflughafen: _____

Hotel: _____   Saisonbuchstabe: _____

Preisberechnung pro Person in EURO

			1. Vater	2. Mutter	3. Sohn	4. Tochter
1.	**Reisepreis pro Person** Zimmerart:					
2.	**Reisepreis für mitreisende Kinder** Kinderfestpreis oder prozentuale Kinderermäßigung					
3.	**Verpflegungszu-/abschläge pro Person** Zu- bzw. Abschläge für weitere angebotene Verpflegungsleistungen	-/+				
4.	**Ermäßigungen** Preisvorteil Preisabschlag Terminabschlag	- - -				
5.	**Zuschläge** Terminzuschlag	+				
6.	**Ab-/Zuschläge des Abflughafens** In der Tabelle „Abflughäfen, Flugtage und Saisonzeiten" sind die entsprechenden Ab-/Zuschläge des jeweiligen Abflughafens zu entnehmen.	-/+				
7.	**Transfer** Bei „Reise-mit" ist der Bustransfer vom Flughafen zum Urlaubsort inbegriffen.	+				
	Transfer Wohnort/Abflughafen: Für Ihre Pauschalreise ab deutschen Flughäfen erhalten Sie einen „Zug zum Flug"-Fahrschein der Deutschen Bahn zweiter Klasse.	+				
	Gesamtpreis pro Person	=				
	Gesamtpreis für die ganze Familie					

- Je nach Leistungsstärke der Klasse sollte das Berechnungsbeispiel, siehe Informationsheft, im Klassenverband durchgeführt werden.

Zur Bedürfnisanalyse:

- Die Bedürfnisse sind grundlegend für die Entscheidung und für die weiteren Analysen, daher sollte sie zuerst bearbeitet werden.

Zur Hotelanalyse:

- Die Hotelanalyse sollte nach der Bedürfnisanalyse erfolgen, da sie zur Übersicht der vorhandenen Hotels dienen soll.

- Die Schüler sollen die wichtigsten Hotelinformationen stichwortartig in die Tabelle eintragen. Die dazu benötigten Angaben befinden sich im Reisekatalog unter den Hotelbeschreibungen.

- Die Spalte Verpflegung/Preis sollte als Letztes ausgefüllt werden, da die Verpflegungsangaben in der Hotelbeschreibung nicht ausreichen. Die genaueren Angaben zum Preis und zur Verpflegung können erst durch die Preisermittlung festgestellt werden.

Zur Preisermittlung

- Das Blatt Preisermittlung sollte je Gruppe in 4 Ausführungen vorhanden sein, da von jedem Hotel der Gesamtpreis berechnet werden muss.

- Je nach Zeitpunkt der Fallstudiendurchführung können Ermäßigungen (vor dem 15.03.) außer Acht gelassen werden.

- Da der Familienurlaub in der ersten Augustwoche stattfindet, fallen keine Zuschläge an.

- Transferkosten ergeben sich bei der Reise-mit GmbH nicht, da alle Transfers im Reisepreis enthalten sind.

AB 2

Diese Tabelle soll Ihnen bei Ihrer Entscheidung helfen. Tragen Sie Ihre bisherigen Ergebnisse in diese Tabelle zusammengefasst ein. Überlegen Sie sich dabei, welche Vor- bzw. Nachteile und Konsequenzen diese für die Familie haben können.

		Vorteile	Nachteile	Konsequenzen
Hotel Eurybia Royal	Lage			
	Verpflegung			
	Unterhaltung			
	Fitnessgeräte/ Sportangebote			
	Wellness			
Anatole Beach Resort	Lage			
	Verpflegung			
	Unterhaltung			
	Fitnessgeräte/ Sportangebote			
	Wellness			

		Vorteile	Nachteile	Konsequenzen
Thalia Garden Village	Lage			
	Verpflegung			
	Unterhaltung			
	Fitnessgeräte/ Sportangebote			
	Wellness			
Ikaros Park Village	Lage			
	Verpflegung			
	Unterhaltung			
	Fitnessgeräte/ Sportangebote			
	Wellness			

Hotelauswahl   Entscheidungsmatrix

- Diese Tabelle sollte für eine Zusammenführung von Bedürfnisanalyse und Hotelanalyse dienen.

- Es sollen Vor- und Nachteile und ihre Konsequenzen für die Familie wiederholend durchgearbeitet werden.

- Die Entscheidungsmatrix ist für die konkrete Entscheidung noch nicht relevant, sondern unterstützt die Differenzierung der Alternativen.

Hotel-Bewertung Seite 1

1. Ihre Ergebnisse können Sie anhand dieser Tabelle auswerten. Bewerten Sie die einzelnen Hotels mit maximal 4 Punkten (auch halbe Punkte sind erlaubt).

1 = gar nicht gut, gar nicht vorhanden   3 = gut, vorhanden

2 = nicht gut, fast nicht vorhanden   4 = sehr gut, reichlich vorhanden

Bewertung	Eurybia Royal	Anatole Beach Resort	Thalia Garden Village	Ikaros Park Village
Lage*				
Verpflegung				
Unterhaltung				
Fitness & Sport				
Wellness				
Gesamtpreis*				
Gesamtpunkte				

* Bei der Lage und dem Gesamtpreis darf jeder Punkt nur einmal vergeben werden, um eine Rangfolge herzustellen. Beispiel: Bewertung der Lage, 4 Punkte erhält das Hotel mit dem besten Standort und 1 Punkt wird an das Hotel mit der schlechtesten Lage vergeben.

2. Für die Vorstellung Ihrer Urlaubsempfehlung für Familie Maier sollten Sie Ihre Entscheidung schriftlich verfassen. Dabei sollten Sie begründen, warum Sie sich für dieses Hotel entschieden haben.

_____

_____

_____

_____

_____

_____

_____

_____

_____

_____

_____

_____

_____

Hotel-Bewertung Seite 2

AB 3 LH

- Die Bewertung sollte mit Hilfe der Punktvergabe geschehen.

- Es sind Doppelnennungen der Punkte möglich. Ausnahmen bilden die Lage und der Gesamtpreis, dort darf jede Punktzahl nur einmal vergeben werden (siehe*).

- Hilfreich für die Bewertung können die Hotelanalyse und die Entscheidungsmatrix sein.

- Das Hotel mit der höchsten Gesamtpunktzahl wird für den Hotelvorschlag bzw. für die Entscheidung herangezogen.

- Die Begründung der Entscheidung sollte schriftlich und ausführlich erfolgen.

- Bei der Hotelauswahl liegt eine knappe Entscheidung bezüglich der Punkte vor, so dass die Wahl der Schüler auf Grundlage ihrer eigenen Punktevergabe auch auf das Hotel Eurybia Royal fallen kann.

Nun können Sie Familie Maier (der Klasse) Ihren Urlaubsvorschlag präsentieren.

© MaFiFo – Fotolia.com

Für die Präsentation:

• Überzeugen Sie Familie Maier davon, dass Ihr Vorschlag der Beste ist.

Die Klasse in der Rolle von Familie Maier:

• Hören Sie sich die Vorschläge gut an und seien Sie kritisch.

Präsentation

AB 4 LH

• Für die Präsentation sollten alle Gruppen die Bearbeitung abgeschlossen haben. Ist dies nicht der Fall, kann die Zusatzaufgabe AB 10 von den Schülern bearbeitet werden, die die Präsentationsvorbereitungen bereits abgeschlossen haben.

• Die Schüler sollten sich gegenseitig kritisch überprüfen.

• Alle Vorschläge werden besprochen.

• Die Schüler sollten sich im Klassenplenum gemeinsam für eine Lösungsvariante entscheiden, damit die folgenden Arbeitsphasen auf einer einheitlichen Grundlage basieren. Erst nach dieser Entscheidung sollte das Informationsblatt IB 1 ausgeteilt werden.

Die Reise von Familie Maier soll bei „Reise-mit" gebucht werden. Die Reiseanmeldung erfolgt durch das Ausfüllen des Buchungsformulars.

Ergänzen Sie das Buchungsformular mit den Daten von Familie Maier.

Buchungsformular

Veranstalter: <u>Reise-mit</u>   Personenanzahl: _____

Erwachsene: _____   Kinder: _____   Alter der Kinder: _____

Anreise: _____   Abreisetag: _____   Dauer: _____

Zielland: _____   Zielregion: _____   Zielort: _____

Flug

Abflughafen: _____   Zielflughafen: _____   Fluggesellschaft: _____

Hotel

Buchungsnr.: _____   Hotelname: _____

Hotelkategorie (Sterne): __   Verpflegung: _____

Unterbringung

Zimmer-
bezeichnung: _____   Zimmerkürzel: _____   Zimmer-
belegung: _____

Zimmer-
bezeichnung: _____   Zimmerkürzel: _____   Zimmer-
belegung: _____

Nr.	Anrede	Name/Vorname	Preis
1			
2			
3			
4			

Ermäßigung

Zuschläge

Gesamtbetrag:

Buchungsformular

- In der Praxis erscheint das Buchungsformular als Buchungsmaske in dem jeweiligen Computerprogramm. Das Buchungsformular soll eine Zusammenfassung der gewählten Lösung darstellen.

Zum Buchungsformular:

- mit der Personenanzahl sind alle Personen gemeint, die an der Reise teilnehmen.
- Die Fluggesellschaft ist in der Abflugtabelle (im Informationsheft) genannt.
- die Buchungsnummer befindet sich im Informationsheft unter dem Gliederungspunkt „Preisinformationen der Hotels", dort innerhalb der Preistabelle neben dem jeweiligen Hotelnamen.
- bei der Unterbringung ist die Zeile mit der Zimmerbezeichnung doppelt aufgeführt, falls die Ausgangssituation um einen Schwierigkeitsgrad („Der Sohn ist 17 Jahre alt und muss als Erwachsener bei der Preisgestaltung berücksichtigt werden.") erhöht wird.
- das Zimmerkürzel wird vor der Zimmerbezeichnung genannt.

Reisevertrag

Der Abschluss eines Reisevertrages kommt durch die Buchung zustande. Wie wurde der Reisevertrag bei Familie Maier abgeschlossen?

Übertragen Sie folgende Angaben in das Diagramm, um den durchgeführten Buchungsweg nachzuvollziehen.

I. Verbindliche **Annahme** (Buchungsbestätigung)

II. Vertragsabschluss mit Zugang der **Reisebestätigung**

III. Verbindlicher **Antrag** (Buchung)

IV. Unverbindliche **Aufforderung** durch Katalog (mit AGB)

(Grundform des Buchungsweges)

---

[2] Vgl. Hoxhold, Volkmar (2005): Reiserecht. 1. Aufl., 1. Dr. Haan-Gruiten: Verl. Europa-Lehrmittel. S. 34 und 36

Was würden Sie der Familie Maier raten?

Alternative	Vorteile	Nachteile	Konsequenzen
(1)			
(2)			
(3)			
(4)			

Treffen Sie für Familie Maier eine Entscheidung und begründen Sie sie:

_____

_____

_____

_____

Unfall von Nico

- Vorab sollte der Begriff Stornierung näher erläutert werden.
- In einer Klassendiskussion sollen vier Lösungsalternativen erarbeitet und die Ergebnisse an der Tafel festgehalten werden.
- Mit Hilfe der Entscheidungsmatrix sollen die Vor- und Nachteile und die Konsequenzen einer möglichen Stornierung erkannt und beschrieben werden.
- Die Entscheidung soll schriftlich begründet werden.
- Die Entscheidung kann auch dem Klassenverband vorgetragen werden.

Extra-Aufgaben:

- Welche Gründe könnten noch zu einer Stornierung führen?

Berechnung der Stornierungskosten

Berechnen Sie die Stornierungskosten für den von Ihnen ausgewählten Lösungsvorschlag.

Achtung: Sollten Sie sich für eine Alternative entschieden haben, die zu keiner Stornierung führt, so rechnen Sie die Stornierungskosten einer anderen Alternative aus.

Am 22.07., _____ Tage vor Reisebeginn, fallen _____ % Stornierungskosten an.

Reisepreis der Person/Personen   _____

Davon _____ % als Stornierungskosten   _____

Das bedeutet, dass _____ EURO bezahlt werden müssen, obwohl die Person/Personen die Reise nicht antritt/antreten.

Berechnung der Stornierungskosten

- Achtung: Je nach gewählter Alternative kann sich nach einer teilweisen Stornierung, d.h. eine Stornierung von ein bis zwei Personen, der Zimmerpreis ändern. Es kann sich auch die Zimmerart ändern, da ohne die Person(en) dieses Zimmer nicht buchbar ist oder nur gegen einen Aufpreis. Der Aufpreis kann auch darin bestehen, dass für ein Kind der Vollzahlerpreis gezahlt werden muss.
- Den Lernenden, die zur Berechnung der Stornierungskosten auf eine andere Alternative ausweichen müssen, sollte erklärt werden, warum sie ausweichen müssen, um Enttäuschung und Demotivation zu vermeiden.

Extra-Aufgaben:

- Je näher die Stornierung am Reisetermin liegt, desto teurer sind die Stornierungskosten. Warum ist das so?

Zusatzaufgabe   Familienausflüge

Peter Maier will auf der Insel Sehenswürdigkeiten und Städte anschauen. Frau Maier will hingegen nicht den ganzen Tag unterwegs sein.

Im Reisekatalog befindet sich eine Übersicht einiger Sehenswürdigkeiten, die die Insel zu bieten hat.

Da es sich um kleinere Familienausflüge handelt, achten Sie bitte darauf, dass sich die Sehenswürdigkeiten bzw. Städte in der Nähe vom Hotel befinden.

Was könnte Familie Maier sich anschauen?

(Falls sich die Sehenswürdigkeiten in direkter Nähe vom Hotel befinden, kann die Familie Maier auch öffentliche Verkehrsmittel nutzen, so dass sie das Pauschalpreis-Paket nicht bezahlen müssen.)

Familie Maier könnte sich .... anschauen:

Sehenswürdigkeiten und Städte	Kosten in EURO
Gesamtkosten	

Durch die Besichtigung dieser Sehenswürdigkeiten würden Familie Maier zusätzliche Kosten in Höhe von _____ EURO entstehen.

Zusatzaufgabe   Familienausflüge

- Diese Zusatzaufgabe kann jederzeit während der Fallstudie, z. B. wenn die Gruppengeschwindigkeit zu unterschiedlich ist, ausgehändigt werden.

- Für die Recherchen der Entfernungen der Sehenswürdigkeiten zum Hotel ist die Nutzung des Internets oder die Verwendung von Kartenmaterial vorteilhaft.

- Die Schüler könnten in Ihrem Lösungsvorschlag auch angeben, eine Tour zur Lasithi-Hochebene zu unternehmen und dort auch die Dikti-Grotte zu besuchen. Hierbei müssten sie im Internet voraussichtliche Fahrtkosten (für ein Busticket oder einen Mietwagen) ermitteln.

Extra-Aufgaben:

- Im Internet eine Karte mit den wichtigsten Sehenswürdigkeiten suchen, z. B. http://www.lato.at/kreta/kreplan.jpg

- Wäre ein Mietauto für die ganze Familie preiswerter, als das Paket mit den Pauschalpreisen?

- Wäre ein Mietauto günstiger, wenn auch die Fahrt zur Lasithi-Hochebene unternommen würde?

AB 10

Gehen Sie in ein Reisebüro und besorgen Sie sich einen aktuellen Reisekatalog von Griechenland/Kreta.

Führen Sie anhand dieses Reisekataloges für Familie Maier noch einmal (wenn möglich mit dem gleichen Hotel) die Preisermittlung durch.

Was würde Familie Maier jetzt bezahlen?

Gibt es Unterschiede?

Zusatzaufgabe   Aktuelle Reisekosten

AB 10 LH

• Diese Zusatzoption kann z. B. als Hausaufgabe eingesetzt werden und soll dem Realitätsvergleich dienen.

• Jeder Reiseveranstalter verwendet eine andere Preisgestaltung. Interessant wäre hierbei die Feststellung der Unterschiede zwischen den Reiseveranstaltern. Da diese sehr vielfältig sein können und schnell an Aktualität verlieren, wurde auf einen Lösungsvorschlag verzichtet.

Extra-Aufgaben:

• Sind die Preise gestiegen oder gefallen?

• Wieso gibt es eine Preisdifferenz bei Hotels, die bei verschiedenen Reiseveranstaltern gleichzeitig angeboten werden?

Um der Familie Maier bei der Hotelauswahl zu helfen, ist eine Übersicht der Bedürfnisse, der Hotels und der Preise sehr hilfreich.

1. Tragen Sie in die Tabelle „Bedürfnisanalyse" die Bedürfnisse der einzelnen Familienmitglieder ein.

2. Schauen Sie sich den Reisekatalog von „Reise-mit" an und stellen Sie eine Hotelübersicht in der Tabelle „Hotelanalyse" zusammen.

3. Ermitteln Sie mithilfe der Tabelle „Preisermittlung des Familienurlaubes" für jedes Hotel den jeweiligen Gesamtreisepreis, damit Sie die Preise später besser vergleichen können.
   (Die Preise befinden sich im dazugehörigen Informationsheft)

© Ioannis – Fotolia.com

Bedürfnisanalyse

	Vater	**Mutter**	**Sohn**	**Tochter**
Lage	Stadtnähe	Strandnähe		
Verpflegung	Halbpension	Vollpension, All Inclusive		
Unterhaltung/ Angebote	Unterhaltung, Animation	Wellness	Fitnessgeräte, Sportangebote	Kinderanimation, Spielangebote

Hotelanalyse

Hotel	Hotelka-tegorie/ Sterne	Lage	Ausstattung	Verpfle-gung/ Siehe unten* Preis**	Kinder-animation	Unter-haltung	Wellness	Sport & Fitness
Eurybia Royal	4	direkt am Strand, 12 km zur Stadt	Hauptrestaurant, Taverne, Lobby- und Pianobar, TV-Raum, Friseur, Poolbar,	AL / 3.112,– €	Kidsclub	Animation, musikalische Unter-haltung	Sauna, Massage	vorhanden
Antole Beach Resort	4	direkt am Strand, 3 km zur Stadt	Lobby-Lounge, TV-Raum, Juwelier, Minimarkt, Amphi-theater, beheizbares Hallenbad	AL Plus / 3.206,– €	Kidsclub	Animati-on, Shows u. Spiele, Folklore-Abende	Massage	vorhanden
Thalia Garden Village	4	direkt am Strand, 3,5 km u. 5km zur Stadt	Restaurant, Taverne, Kafenion, Pianobar, TV-Raum, Supermarkt, Wäscherei	HP / 3.274,– €	Kidsclub	Live-Musik	–	vorhanden
Ikaros Park Village	5	direkt am Strand, 2 km zur Stadt	Restaurant, Taver-ne, Lobbybar, 7 Bars, Oriental-Lounge, TV-Raum, Souvenir-shop, Amphitheater	AL / 3.795,– €	Kidsclub	Animation	SPA-Bereich	vorhanden

* Verpflegung: siehe (auch) Informationsheft im Preisteil
** den Preis erst nach der Preisermittlung eintragen

Preisermittlung des Familienurlaubes als eine mögliche Musterlösung (mit Wohnsitz Hamburg)

Urlaubsland: Griechenland   Wohnort: Hamburg

Region: Kreta   Abflughafen: Hamburg   Saisonbuchstabe: V

Ort: Rethymnon   Zielflughafen: Heraklion

Hotel: Hotel Eurybia Royal

				1. Vater	2. Mutter	3. Sohn	4. Tochter
1.	**Reisepreis pro Person** Zimmerart: 2A Doppelzimmer			989,00	989,00		
2.	**Reisepreis für ein mitreisende Kinder** Kinderfestpreis oder prozentuale Kinderermäßigung					469,00	469,00
3.	**Verpflegungszu-/abschläge pro Person** Zu- bzw. Abschläge für weitere angebotene Verpflegungsleistungen AI	-/+		98,00	98,00		
4.	**Ermäßigungen** Preisvorteil Preisabschlag Terminabschlag	- - -		0,00	0,00	0,00	0,00
5.	**Zuschläge** Terminzuschlag	+		0,00	0,00	0,00	0,00
6.	**Ab-/Zuschläge des Abflughafens** In der Tabelle „Abflughäfen, Flugtage und Saisonzeiten" sind die entsprechenden Ab-/Zuschläge des jeweiligen Abflughafens zu entnehmen.	-/+		0,00	0,00	0,00	0,00
7.	**Transfer** Bei „Reise-mit" ist der Bustransfer vom Flughafen zum Urlaubsort inbegriffen.	+		0,00	0,00	0,00	0,00
	Transfer Wohnort/Abflughafen: Für Ihre Pauschalreise ab deutschen Flughäfen erhalten Sie einen „Zug zum Flug"-Fahrschein der Deutschen Bahn zweiter Klasse.	+		0,00	0,00	0,00	0,00
	Gesamtpreis pro Person	=		1.087,00	1.087,00	469,00	469,00
	Gesamtpreis für die ganze Familie			3.112,00			

Preisermittlung des Familienurlaubes als eine mögliche Musterlösung (mit Wohnsitz Hamburg)

Urlaubsland: Griechenland Wohnort: Hamburg

Region: Kreta Abflughafen: Hamburg Saisonbuchstabe: V

Ort: Chersonissos Zielflughafen: Heraklion

Hotel: Anatole Beach Resort

			1. Vater	2. Mutter	3. Sohn	4. Tochter
1.	**Reisepreis pro Person** Zimmerart: 2A Superior-Familien-Zimmer		1.254,00	1.254,00		
2.	**Reisepreis für ein mitreisende Kinder** Kinderfestpreis oder prozentuale Kinderermäßigung				349,00	349,00
3.	**Verpflegungszu-/abschläge pro Person** Zu- bzw. Abschläge für weitere angebotene Verpflegungsleistungen AI Plus	-/+	0,00	0,00	0,00	0,00
4.	**Ermäßigungen** Preisvorteil Preisabschlag Terminabschlag	- - -	0,00	0,00	0,00	0,00
5.	**Zuschläge** Terminzuschlag	+	0,00	0,00	0,00	0,00
6.	**Ab-/Zuschläge des Abflughafens** In der Tabelle „Abflughäfen, Flugtage und Saisonzeiten" sind die entsprechenden Ab-/Zuschläge des jeweiligen Abflughafens zu entnehmen.	-/+	0,00	0,00	0,00	0,00
7.	**Transfer** Bei „Reise-mit" ist der Bustransfer vom Flughafen zum Urlaubsort inbegriffen.	+	0,00	0,00	0,00	0,00
	Transfer Wohnort/Abflughafen: Für Ihre Pauschalreise ab deutschen Flughäfen erhalten Sie einen „Zug zum Flug"-Fahrschein der Deutschen Bahn zweiter Klasse.	+	0,00	0,00	0,00	0,00
	Gesamtpreis pro Person	=	1.254,00	1.254,00	349,00	349,00
	Gesamtpreis für die ganze Familie		**3.206,00**			

Preisermittlung des Familienurlaubes als eine mögliche Musterlösung (mit Wohnsitz Hamburg)

Urlaubsland:	Griechenland	Wohnort:	Freiburg
Region:	Kreta	Abflughafen:	Basel
Ort:	Agios Nikolaos	Zielflughafen:	Heraklion
Hotel:	Thalia Garden Village	Saisonbuchstabe:	E

				1. Vater	2. Mutter	3. Sohn	4. Tochter
1.	**Reisepreis pro Person** Zimmerart: 2A Studio			1.001,00	1.001,00		
2.	**Reisepreis für ein mitreisende Kinder** Kinderfestpreis oder prozentuale Kinderermäßigung					524,00	524,00
3.	**Verpflegungszu-/abschläge pro Person** Zu- bzw. Abschläge für weitere angebotene Verpflegungsleistungen HP	-/+		112,00	112,00		
4.	**Ermäßigungen** Preisvorteil Preisabschlag Terminabschlag	- - -		0,00	0,00	0,00	0,00
5.	**Zuschläge** Terminzuschlag	+		0,00	0,00	0,00	0,00
6.	**Ab-/Zuschläge des Abflughafens** In der Tabelle „Abflughäfen, Flugtage und Saisonzeiten" sind die entsprechenden Ab-/Zuschläge des jeweiligen Abflughafens zu entnehmen.	-/+		0,00	0,00	0,00	0,00
7.	**Transfer** Bei „Reise-mit" ist der Bustransfer vom Flughafen zum Urlaubsort inbegriffen.	+		0,00	0,00	0,00	0,00
	Transfer Wohnort/Abflughafen: Für Ihre Pauschalreise ab deutschen Flughäfen erhalten Sie einen „Zug zum Flug"-Fahrschein der Deutschen Bahn zweiter Klasse.	+		0,00	0,00	0,00	0,00
	Gesamtpreis pro Person	=		1.113,00	1.113,00	524,00	524,00
	Gesamtpreis für die ganze Familie			3.274,00			

Preisermittlung des Familienurlaubes als eine mögliche Musterlösung (mit Wohnsitz Hamburg)

Urlaubsland: Griechenland   Wohnort: Hamburg

Region: Kreta   Abflughafen: Hamburg   Saisonbuchstabe: V

Ort: Agios Nikolaos   Zielflughafen: Heraklion

Hotel: Ikaros Park Village

			1. Vater	2. Mutter	3. Sohn	4. Tochter
1.	**Reisepreis pro Person** Zimmerart: 2C Familienzimmer		1.098,00	1.098,00		
2.	**Reisepreis für ein mitreisende Kinder** Kinderfestpreis oder prozentuale Kinderermäßigung				572,00	621,00
3.	**Verpflegungszu-/abschläge pro Person** Zu- bzw. Abschläge für weitere angebotene Verpflegungsleistungen Al Plus	-/+	203,00	203,00	0,00	0,00
4.	**Ermäßigungen** Preisvorteil	-	0,00	0,00	0,00	0,00
	Preisabschlag	-				
	Terminabschlag	-				
5.	**Zuschläge** Terminzuschlag	+	0,00	0,00	0,00	0,00
6.	**Ab-/Zuschläge des Abflughafens** In der Tabelle „Abflughäfen, Flugtage und Saisonzeiten" sind die entsprechenden Ab-/Zuschläge des jeweiligen Abflughafens zu entnehmen.	-/+	0,00	0,00	0,00	0,00
7.	**Transfer** Bei „Reise-mit" ist der Bustransfer vom Flughafen zum Urlaubsort inbegriffen.	+	0,00	0,00	0,00	0,00
	Transfer Wohnort/Abflughafen: Für Ihre Pauschalreise ab deutschen Flughäfen erhalten Sie einen „Zug zum Flug"-Fahrschein der Deutschen Bahn zweiter Klasse.	+	0,00	0,00	0,00	0,00
	Gesamtpreis pro Person	=	1.301,00	1.301,00	572,00	621,00
	Gesamtpreis für die ganze Familie		**3.795,00**			

Diese Tabelle soll Ihnen bei Ihrer Entscheidung helfen. Tragen Sie Ihre bisherigen Ergebnisse in diese Tabelle zusammengefasst ein. Überlegen Sie sich dabei, welche Vor- bzw. Nachteile und Konsequenzen diese für die Familie haben können.

		Vorteile	Nachteile	Konsequenzen
Hotel Eurybia Royal	Lage	direkt am Strand (Mutter)	Die nächste Stadt ist 12 km entfernt (Vater).	Die Lage ist für die Mutter optimal, für den Vater nicht.
	Verpfle-gung	All Inclusive	Armband tragen	Keine zusätzlichen Kosten für Snacks und Getränke Getränke: 11 – 24 Uhr frei
	Unter-haltung	Animation und Kidsclub	Die Animation findet im Nachbarhotel statt.	Familie Maier muss für die Animation in ein anderes Hotel.
	Fitness-geräte/ Sport-angebote	Es gibt viele Möglichkeiten, Sport zu treiben.	Bei HP ist der Fitnessraum gebührenpflichtig.	Optimal für den Sohn
	Wellness	Sauna und Massagen	gebührenpflichtig	Massage- und Saunaange-bot positiv für die Mutter
Anatole Beach Resortz	Lage	direkt am Strand (Mutter)	Die nächste Stadt ist 3 km entfernt (Vater).	Die Lage ist für die Mutter optimal, für den Vater nicht.
	Verpfle-gung	All Inclusive Plus	Armband tragen	Keine zusätzlichen Kosten für Snacks und Getränke Getränke: 12 – 23 Uhr frei
	Unter-haltung	Animation, Shows, Spiele und Kidsclub		Unterhaltung wird reichlich angeboten.
	Fitness-geräte/ Sport-angebote	Es gibt viele Möglichkeiten, Sport zu treiben.	Kein Fitnessraum vorhanden	Der Sohn ist auf Mitspieler angewiesen.
	Wellness	Massagen werden angeboten.	gebührenpflichtig	Massageangebot positiv für die Mutter.

		Vorteile	Nachteile	Konsequenzen
Thalia Garden Village	Lage	direkt am Strand (Mutter)	Die nächste Stadt ist 3,5 km und 5 km entfernt (Vater).	Das Hotel befindet sich zwischen 2 Städten.
	Verpflegung	Halbpension (Vater)	keine Vollpension oder All Inclusive (Mutter)	Zusätzliche Kosten für Snacks und Getränke müssen mit eingeplant werden.
	Unterhaltung	Live-Musik und Kidsclub		geringe Unterhaltungsangebote
	Fitnessgeräte/Sportangebote	Es gibt viele Möglichkeiten, Sport zu treiben.	kein Fitnessraum vorhanden	Der Sohn ist auf Mitspieler angewiesen.
	Wellness		kein Wellness vorhanden	kein Erholungswert für die Mutter
Ikaros Park Village	Lage	direkt am Strand (Mutter)	Die nächste Stadt ist 2 km entfernt (Vater).	Das Hotel hat im Vergleich die kürzeste Entfernung zur nächsten Stadt.
	Verpflegung	All Inclusive Plus	Armband tragen	Keine zusätzlichen Kosten für Snacks und Getränke Getränke: 9 – 24 Uhr frei
	Unterhaltung	Animation und Kidsclub		Unterhaltung wird angeboten.
	Fitnessgeräte/Sportangebote	Es gibt viele Möglichkeiten Sport zu treiben.	Der Fitnessraum ist gebührenpflichtig.	für den Sohn annähernd optimal
	Wellness	SPA-Bereich	gebührenpflichtig	Die Mutter kann sich im SPA-Bereich erholen.

1. Ihre Ergebnisse können Sie anhand dieser Tabelle auswerten. Bewerten Sie die einzelnen Hotels mit maximal 4 Punkten (auch halbe Punkte sind erlaubt).

1 = gar nicht gut, gar nicht vorhanden

3 = gut, vorhanden

2 = nicht gut, fast nicht vorhanden

4 = sehr gut, reichlich vorhanden

Bewertung	Eurybia Royal	Anatole Beach Resort	Thalia Garden Village	Ikaros Park Village
Lage*	1	3	2	4
Verpflegung	3,5	3,5	3	4
Unterhaltung	2	4	2	3
Fitness & Sport	4	3	3	3,5
Wellness	3	2,5	1	4
Gesamtpreis*	4	2	3	1
Gesamtpunkte	**17,5**	**18**	**14**	**19,5**

* Bei der Lage und dem Gesamtpreis darf jeder Punkt nur einmal vergeben werden, um eine Rangfolge herzustellen. Beispiel: Bewertung der Lage, 4 Punkte erhält das Hotel mit dem besten Standort und 1 Punkt wird an das Hotel mit der schlechtesten Lage vergeben.

2. Für die Vorstellung Ihrer Urlaubsempfehlung für Familie Maier sollten Sie Ihre Entscheidung schriftlich verfassen. Dabei sollten Sie begründen, warum Sie sich für dieses Hotel entschieden haben.

Das 4. Hotel, Ikaros Park Village, bietet für Familie Maier die meisten Vorteile, liegt allerdings über dem Preislimit von 3.500,– € und scheidet daher aus. Daher fällt die Wahl auf das 2. Hotel, Anatole Beach Resort. Das Hotel liegt direkt am Strand und die Entfernung zur nächsten Stadt beträgt nur 3 km. Die Verpflegung ist mit All Inclusive Plus mit Freigetränken von 12–23 Uhr gut und kommt der Mutter sehr entgegen. Unterhaltung in Form von Animationen, Shows und Spielen sind reichlich geboten. Die Tochter hat die Möglichkeit den Kidsclub zu besuchen. Der Sohn ist bei Sportaktivitäten allerdings auf Mitspieler angewiesen. Die Mutter kann sich durch Massagen erholen, diese sind allerdings kostenpflichtig. Es können somit nicht alle Wünsche der Familienmitglieder erfüllt werden. Mit Blick auf das Preislimit stellt dieses Hotel allerdings die beste Alternative da.

Buchungsformular

Die Reise von Familie Maier soll bei „Reise-mit" gebucht werden (Siehe Informationsblatt, IB 1 Seite 263). Die Reiseanmeldung erfolgt durch das Ausfüllen des Buchungsformulars.

Ergänzen Sie das Buchungsformular mit den Daten von Familie Maier.

Buchungsformular

Veranstalter: Reise-mit	Personenanzahl: 4	
Erwachsene: 2	Kinder: 2	Alter der Kinder: 13 und 9
Anreise: 01.08.	Abreisetag: 08.08.	Dauer: 7
Zielland: Griechenland	Zielregion: Kreta	Zielort: Chersonissos

Flug

Abflughafen: Bsp. Hamburg	Zielflughafen: Heraklion	Fluggesellschaft: Speedair

Hotel

Buchungsnr.: 246897E	Hotelname: Anatole Beach Resort
Hotelkategorie (Sterne): 4	Verpflegung: All Inclusive Plus

Unterbringung

Zimmerbezeichnung: Familienzimmer	Zimmerkürzel: 2A	Zimmerbelegung: 2 E, 2 K
Zimmerbezeichnung: –	Zimmerkürzel: –	Zimmerbelegung: –

Nr.	Anrede	Name/Vorname	Preis
1	Herr	Maier, Peter	1.254 EUR
2	Frau	Maier, Helene	1.254 EUR
3	Herr	Maier, Nico	349 EUR
4	Frau	Maier, Julia	349 EUR
Ermäßigung			
Zuschläge			
		Gesamtbetrag:	3.206 EUR

Der Abschluss eines Reisevertrages kommt durch die Buchung zustande. Wie wurde der Reisevertrag bei Familie Maier abgeschlossen?

Übertragen Sie folgende Angaben in das Diagramm, um den durchgeführten Buchungsweg nachzuvollziehen.

    I. Verbindliche **Annahme** (Buchungsbestätigung)

    II. Vertragsabschluss mit Zugang der **Reisebestätigung**

    III. Verbindlicher **Antrag** (Buchung)

    IV. Unverbindliche **Aufforderung** durch Katalog (mit AGB)

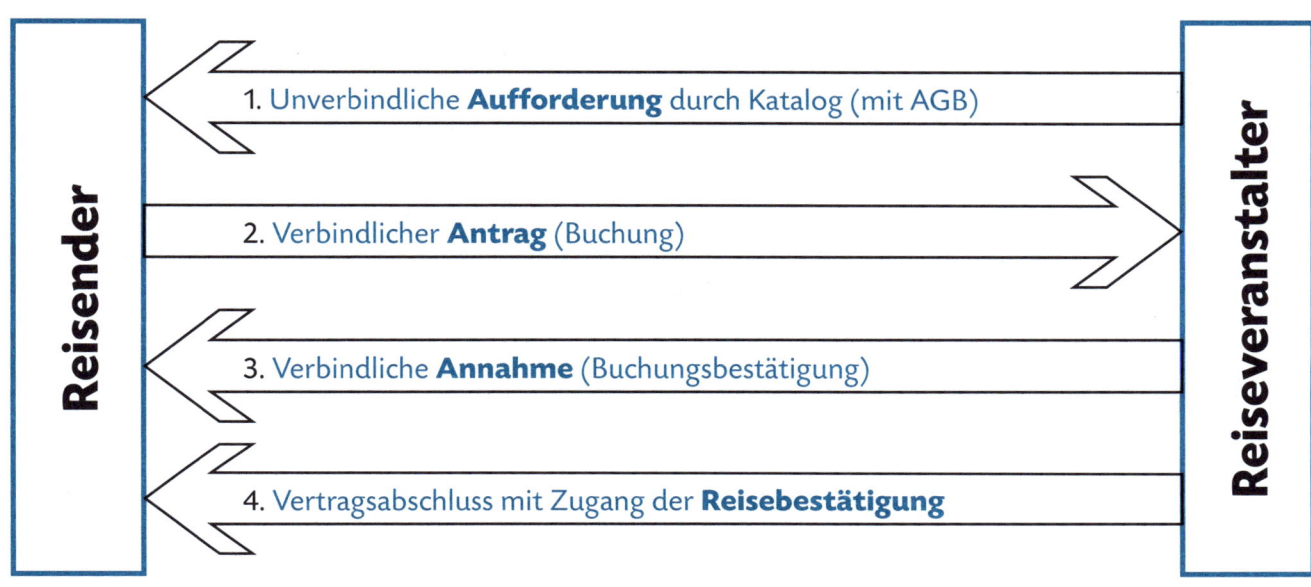

1. Unverbindliche **Aufforderung** durch Katalog (mit AGB)
2. Verbindlicher **Antrag** (Buchung)
3. Verbindliche **Annahme** (Buchungsbestätigung)
4. Vertragsabschluss mit Zugang der **Reisebestätigung**

Reisender

Reiseveranstalter

Was würden Sie der Familie Maier raten?

Alternative	Vorteile	Nachteile	Konsequenzen
(1) Stornierung für die ganze Familie	Nico kann sich erholen und die Eltern können sich um ihn sorgen.	Die Familie macht keinen Urlaub und es fallen hohe Stornierungskosten an.	Der Urlaub muss storniert werden.
(2) Stornierung für Nico Maier	Der Urlaub fällt nicht für die ganze Familie aus.	Es ist kein Familienurlaub, Nico muss zu seinen Großeltern.	Es fallen nur für Nico Stornierungskosten an.
(3) Stornierung für Nico Maier und Mutter oder Vater	Ein Elternteil kann mit der Tochter trotzdem in den Urlaub fahren.	Es ist kein Familienurlaub und ein Elternteil bleibt mit dem Sohn zu Hause.	Es fallen für 2 Personen Stornierungskosten an.
(4) keine Stornierung	Nico bewegt sich zwar mit Krücken, aber es ist weiterhin ein Familienurlaub.	Nico kann nicht alles wahrnehmen, z. B. die Sportangebote und eventuelle Ausflüge.	Die Familie macht gemeinsam Urlaub.

Treffen Sie für Familie Maier eine Entscheidung und begründen Sie sie:

Wir entscheiden uns für den Lösungsvorschlag (2), da wir der Meinung sind, dass Nico sich auch bei

seinen Großeltern erholen kann.

Berechnen Sie die Stornierungskosten für den von Ihnen ausgewählten Lösungsvorschlag.

Achtung: Sollten Sie sich für eine Alternative entschieden haben, die zu keiner Stornierung führt, so rechnen Sie die Stornierungskosten einer anderen Alternative aus.

Alternative 1

Am 22.07., ____10____ Tage vor Reisebeginn, fallen ____55____ % Stornierungskosten an.

Reisepreis der Person/Personen   3.206,– EURO

Davon ____55____ % als Stornierungskosten   1.763,30 EURO aufgerundet 1.764,– EURO

Das bedeutet, dass ____1.764,–____ EURO bezahlt werden müssen, obwohl die Person/ Personen die Reise nicht antritt/antreten.

Alternative 2

Am 22.07., ____10____ Tage vor Reisebeginn, fallen ____55____ % Stornierungskosten an.

Reisepreis der Person/Personen   349,– EURO

Davon ____55____ % als Stornierungskosten   191,95 EURO aufgerundet 192,– EURO

Das bedeutet, dass ____192,–____ EURO bezahlt werden müssen, obwohl die Person/ Personen die Reise nicht antritt/antreten.

Alternative 3

Am 22.07., ____10____ Tage vor Reisebeginn, fallen ____55____ % Stornierungskosten an.

Reisepreis der Person/Personen   1.603,– EURO

Davon ____55____ % als Stornierungskosten   881,65 EURO aufgerundet 882,– EURO

Das bedeutet, dass ____882,–____ EURO bezahlt werden müssen, obwohl die Person/ Personen die Reise nicht antritt/antreten.

Peter Maier will auf der Insel Sehenswürdigkeiten und Städte anschauen. Frau Maier will hingegen nicht den ganzen Tag unterwegs sein.

Im Reisekatalog befindet sich eine Übersicht einiger Sehenswürdigkeiten, die die Insel zu bieten hat.

Da es sich um kleinere Familienausflüge handelt, achten Sie bitte darauf, dass sich die Sehenswürdigkeiten bzw. Städte in der Nähe vom Hotel befinden.

Was könnte Familie Maier sich anschauen?

(Falls sich die Sehenswürdigkeiten in direkter Nähe vom Hotel befinden, kann die Familie Maier auch öffentliche Verkehrsmittel nutzen, so dass sie das Pauschalpreis-Paket nicht bezahlen müssen.)

Familie Maier könnte sich ... anschauen:

Sehenswürdigkeiten und Städte	Kosten in EURO
den Palast von Knossos	140,–
Chersonissos	–
Gesamtkosten	140,–

Durch die Besichtigung dieser Sehenswürdigkeiten würden Familie Maier zusätzliche Kosten in Höhe von ___140,–___ EURO entstehen.

Herzlichen Glückwunsch, Familie Maier hat sich für Ihren Vorschlag entschieden. Sie will nun die Reise buchen. Allerdings ist sie ahnungslos über das weitere Vorgehen und findet keine Zeit, ins Reisebüro zu gehen. Da Sie über die Reise informiert sind und die Familie kennen, können Sie für Familie Maier den Urlaub aussuchen.

© MEV Verlag, Augsburg

Zugehöriges Arbeitsblatt: AB 5

Nach der Abgabe des Buchungsformulars kam auch sofort eine Buchungsbestätigung zurück.

Herr Maier hat eine Reisebestätigung von „Reise-mit" per Post zugeschickt bekommen und bedankt sich vielmals bei Ihnen.

Veranstalter:	Reise-mit	*Reise-mit*	Reisebestätigung/Rechnung
	Alexanderplatz 1		
	D-61440 Oberursel		

Leistungsbeginn: 01.08.

Zahlungsempfänger	: Reise-mit GmbH	Hinflug	um 10:45 Uhr
Kontonummer	: 016709200	Rückflug	um 10:15 Uhr
Bankleitzahl	: 50010000		
Kreditinstitut	: Reisebank Berlin		
Verwendungszweck	: 00150963798		

Bitte nehmen Sie die Zahlung mit den hier aufgeführten Daten vor. Die Zahlungen sind ausschließlich an den Reiseveranstalter zu entrichten.

Bei der Buchung einer Pauschalreise kommt zwischen dem Reisenden und dem Reiseveranstalter ein Reisevertrag (§ 651 a I BGB) zustande.

---

³ Vgl. Hoxhold, Volkmar (2005): Reiserecht. 1. Aufl., 1. Dr. Haan-Gruiten: Verl. Europa-Lehrmittel. S. 15, 18 und 35

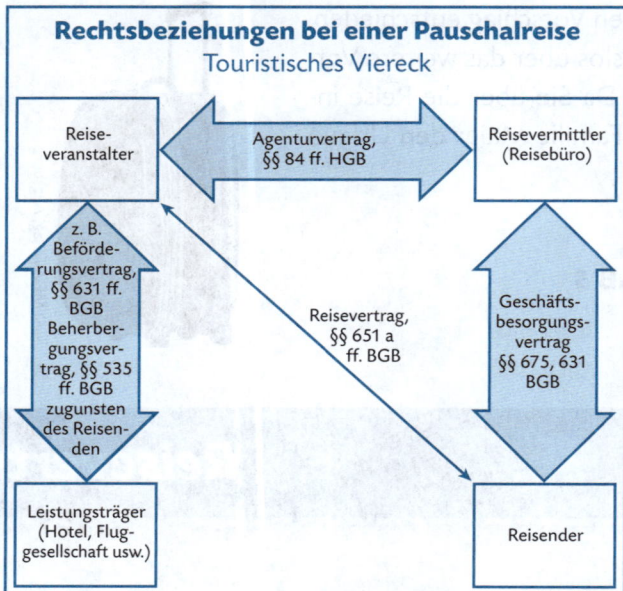

Rechtsbeziehungen bei einer Pauschalreise
Touristisches Viereck

Reiseveranstalter — Agenturvertrag, §§ 84 ff. HGB — Reisevermittler (Reisebüro)

z. B. Beförderungsvertrag, §§ 631 ff. BGB Beherbergungsvertrag, §§ 535 ff. BGB zugunsten des Reisenden

Reisevertrag, §§ 651 a ff. BGB

Geschäftsbesorgungsvertrag §§ 675, 631 BGB

Leistungsträger (Hotel, Fluggesellschaft usw.)

Reisender

Eine Reise ist eine Pauschalreise, wenn ...

für den Reisenden	vom Reiseveranstalter
• für alles ab Reisebeginn gesorgt wird • alle Leistungen aus einer Hand kommen	• mehrere Leistungen im Paket angeboten werden z. B. Beförderung und Unterkunft • ein Gesamtpreis kalkuliert wird

Ein Vertrag besteht aus zwei inhaltlich übereinstimmenden Willenserklärungen, dem Antrag und der Annahme. Beim Reisevertrag wird auch von Buchung und Buchungsbestätigung gesprochen.

Zugehöriges Arbeitsblatt: AB 6

Reisevertrag

IB 2 LH

Wichtig:

• Das Reisevertragsrecht gilt nur bei Pauschalreisen und ist im Zweiten Buch des BGB unter „Besonderes Schuldrecht" in dem § 651 a-m geregelt.[4]

• Das Reisebüro ist nur ein Vermittler. Der Reisevertrag wird ausschließlich zwischen dem Reiseveranstalter und dem Reisenden abgeschlossen. Die Schüler sollten diesen Sachverhalt erkennen.

• Achtung: Kataloge sind keine verbindlichen Anträge, sondern stellen nur eine unverbindliche Aufforderung zur Abgabe eines Angebotes dar.

Extra-Aufgaben:

• Die Vertragsarten im BGB und im HGB nachlesen lassen.

• Bei Individualreisen ist die Rechtsbeziehung zum Reisebüro gleich, aber zum Reiseveranstalter besteht nun kein Reisevertrag mehr, sondern z.B. ein Beförderungsvertrag und Beherbergungsvertrag. Wie kommt dieser Sachverhalt zustande?

• Wie sieht das Schaubild vom Arbeitsblatt AB 6 bei einem Kaufvertragsabschluss aus?

---

[4] Vgl. Hoxhold, Volkmar (2005): Reiserecht. 1. Aufl., 1. Dr. Haan-Gruiten: Verl. Europa-Lehrmittel. S. 16 und 19.

Familie Maier hat ein Problem und kommt wieder zu Ihnen, um nach Hilfe zu fragen. 2 Wochen vor Reisebeginn hat Sohn Nico einen Sportunfall. Es stellt sich heraus, dass er sich das Bein gebrochen hat und nach einem kurzen Aufenthalt im Krankenhaus mit Krücken laufen kann.

Erarbeiten Sie gemeinsam mit Ihren Klassenkameraden vier Lösungsalternativen hinsichtlich der weiteren Reiseplanung und tragen Sie sie unten ein.

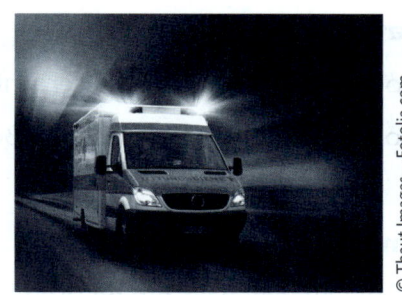

© Thaut Images – Fotolia.com

© MEV Verlag, Augsburg

Alternative (1):

_____

Alternative (2):

_____

Alternative (3):

_____

Alternative (4):

Falls Familie Maier ein Reiserücktritt vornimmt, würden sie den Reiseveranstalter am 22.07. informieren.

Zugehörige Arbeitsblätter: AB 8, AB 9

4. Literaturverzeichnis

Literatur

Hoxhold, Volkmar (2005): Reiserecht. 1. Aufl., 1. Dr. Haan-Gruiten: Verl. Europa-Lehrmittel.

Lollipop. 1. Aufl., [Nachdr.] (2008). Berlin: Cornelsen.

Internet

http://www.schlenzig-qm.de/grafik/Geld.jpg [17.08.2009]

http://www.schulbilder.org/de-malvorlagen-ausmalbilder-foto-kruecken-p10737.jpg [17.08.2009]

http://www.vswr-neustadt-bilingual.ac.at/Post_2008.gif [17.08.2009]

5. Anhang
5.1 Reisekatalog der „Reise-mit" GmbH
5.2 Informationsheft der „Reise-mit" GmbH

Katalog Reise-mit Kreta

Inhalt

Wissenswertes über Kreta..268

    Sehenswürdigkeiten auf Kreta: 268

    Rethymnon 270

    Stadt-Information 270

        Hotel Eurybia Royal 271

    Chersonissos 272

        Stadt-Information 272

        Anatole Beach Resort 273

    Agios Nikolaos 274

        Stadt-Information 274

        Thalia Garden Village 275

        Ikaros Park Village...276

Literaturverzeichnis...277

Wissenswertes über Kreta

Quelle: TUI (2009). Schöne Ferien. Griechenland. Zypern. Hannover: TUI Deutschland GmbH. S.45.

Kreta, die südlichste und zugleich größte der griechischen Inseln, bezaubert durch ihre Vielfältigkeit. Auf Kreta liegen Gegenwart und Vergangenheit dicht beieinander und vieles zeugt von der wechselhaften Geschichte. Entdecken Sie das historische Kreta bei einem Besuch der Ausgrabungen des Palastes von Knossos oder des Archäologischen Museums in Heraklion mit seinen Zeugnissen der minoischen Ära. Auch für Naturliebhaber hat Kreta viel zu bieten: abwechslungsreiche Landschaften mit hohen Bergen, zerklüfteten Felsküsten, tiefen Schluchten, aber auch weiten, grünen Tälern, Wäldern und Ebenen sowie kilometerlangen Stränden oder kleinen Buchten. Die beliebte Insel hat so viel zu bieten, dass ein Urlaub kaum ausreicht, um die landschaftlichen Schönheiten und historischen Schätze zu erkunden.

Sehenswürdigkeiten auf Kreta:

Alle Sehenswürdigkeiten können vor Ort an der Rezeption als Paket gebucht und bezahlt werden. Preise inklusive Transfer und Eintrittspreise.
Je Erwachsener 39,– EURO und je Kind (2 – 16 Jahre) 31,– EURO

Der Palast von Knossos
Die größte und berühmteste minoische Palastanlage und ihre eindrucksvolle Rekonstruktion.

© Andi Levkin – Fotolia.com

Gortis
Die wichtigste griechisch-römische Ausgrabungsstätte auf Kreta mit dem ältesten schriftlich fixierten Gesetzestext des Abendlandes.

© Brad Pict – Fotolia.com

Der Palast von Festos

Besonders eindrucksvoller, nicht rekonstruierter Minoischer Palast in beherrschender Lage über der Mesara-Ebene. Festos ist die zweitgrößte Ausgrabungsstätte auf Kreta.

© Gabriela – Fotolia.com

Palast von Malia

Dieser minoische Palast von Malia ist die dritt-größte Ausgrabungsstätte Kretas.

© Tella0303 – Fotolia.com

Dikteon Andron (Dikti-Grotte)

In der berühmtesten der mehr als 3000 Tropfsteinhöhlen Kretas soll Zeus geboren sein.

© Dimas EKB – Shutterstock.com

Spinalonga

Eine venezianische Festung, die bis 1957 als Leprakolonie diente. Heute lockt der Ruinenort mit seiner faszinierenden Atmosphäre. Von Agios Nikalaos, Elounda und Plaka erreichbar.

© Sergii Korshun – Shutterstock.com

Fortezza

Venezianische Festung in Rethymnon.

© Zoltan Novak – Shutterstock.com

Koules

Die Festung von Heraklion wurde von den Venezianern erbaut. Seit der Türkenzeit wird das Kastell Koules (kule = Turm) genannt und diente lange als Gefägnis.

© Patryk Kosmider – Fotolia.com

Samaria-Schlucht

Seit 1962 ist die 18 km lange Samaria-Schlucht ein Nationalpark.

© Panos – Fotolia.com

Hotels auf Kreta

Rethymnon
Stadt-Information

Rethymnon liegt etwa 78 km westlich von Heraklion und ist die drittgrößte Stadt der Insel. Besonders an lauen Sommerabenden kann man die lebhafte Atmosphäre in der Altstadt bei einem Bummel durch die schmalen Gassen geniessen.[1]

Bilder von links nach rechts:

Leuchtturm: © Michalis Palis – Fotolia.com
Venezianischer Hafen: © ksl – Fotolia.com
Fortezza: © szirtesi – Fotolia.com

Rethymnon hatte wegen seiner besonderen Vorliebe für die schönen Künste, die Literatur und seine Buchdruckerkunst lange den Ruf, die Stadt der Intellektuellen zu sein. Die Altstadt ist geprägt durch eine Mischung aus türkischen, venezianischen und modernen Bauten. Der charmante venezianische Hafen am Fuße der Festung ist ein beliebtes Motiv der Fotografen. Andere Anziehungspunkte sind die Uferpromenade und der lange Strand.

Transferzeit ab Flughafen Heraklion nach Rethymnon ca. 2 Stunden.

Sehenswert in Rethymnon:[2]
- Venezianische Hafen mit Leuchtturm
- Fortezza (Venezianische Festung)
- Archäologisches Museum
- Arimondi-Brunnen
- Platia Tesseron Martiron (ehemaliges Stadttor)

[1] TUI (2009). Schöne Ferien. Griechenland. Zypern. Hannover: TUI Deutschland GmbH. S. 48.
[2] Wünsche, Erica (2009): Kreta. 9. neu bearb. Aufl. München: ADAC-Verl. (ADAC-Reiseführer). Seite 90–93.

Hotel Eurybia Royal

© Loskutnikov – Shutterstock.com

© Oleg Zhukov – Fotolia.com

© Picture alliance / Cultura RF

Hotel Eurybia Royal ★★★★☆

Umgebung	✹✹✹✹✹✹	Zimmer	✹✹✹✹✹✹
Pool	✹✹✹✹☆☆	Animation	✹✹✹✹☆☆
Ausstattung	✹✹✹✹✹☆	Familie	✹✹✹✹✹☆
Sport & Fitness	✹✹✹✹☆☆	Verpflegung	✹✹✹✹☆☆

Umgebung: Das Eurybia Royal Hotel befindet sich direkt an einem der Sandstrände Kretas. Zahlreiche Unterhaltungs- und Einkaufsmöglichkeiten sind in Rethymnon (12 km Entfernung) zu finden. Die Transferzeit ab den Flughäfen Chania bzw. Heraklion beträgt ca. 2 Stunden.

So wohnen Sie: Die 112 *Doppelzimmer* (2A) sind ausgestattet mit Telefon, Musikanlage, Bad, WC, Klimaanlage (15.6.-15.9.), TV, Sitzecke und privatem Balkon oder Terrasse. Ein direkter oder seitlicher Meerblick ist zubuchbar.

Ausstattung: Das Hotel bietet seinen Gästen WIFI-Internetzugang in der Lobby (inklusive), eine Internetecke (gegen Gebühr), ein TV-Raum, einen Friseur, ein elegantes Hauptrestaurant mit einer Panoramaterrasse, eine Taverne, eine Lobby- und Pianobar sowie 3 Meerwasserpools mit eigener Poolbar. Badetücher sind gegen eine Kaution erhältlich. Liegen und Sonnenschirme stehen am Strand gegen eine Gebühr und an den Pools frei zur Verfügung.

Animation: 2-mal die Woche abends musikalisches Entertainment an der Pianobar, 7-mal die Woche Unterhaltungsprogramm im Nachbarhotel. Kidsclub (3 bis 11 Jahre) vor Ort und Babysitting auf Anfrage (gegen Gebühr).

Sport & Fitness: Kostenfrei: 3 Tennisplätze, Fitnessraum (bei HP gegen Gebühr) Tischtennis, Aerobic, Wassergymnastik.
Gegen Gebühr: Massage, Sauna, Whirlpool, Wassersport am Strand.

Verpflegung: All Inclusive: Reichhaltiges Frühstücks-, Mittags- und Abendbuffet. Nachmittags: Kaffee, Tee und Kuchen. Eis und Snacks von 11–18 Uhr. Tischgetränke: Softdrinks, Hauswein, Bier. Alkoholische Getränke von 11-24 Uhr. (Das Tragen eines All Inklusive- Armbands ist obligatorisch)
Halbpension: Frühstück und Abendessen in Buffetform. 2 Mal die Woche kulinarischer Themenabend (bspw. Barbecue).

Chersonissos
Stadt-Information

Dieser ehemalige Fischerort an der Nordküste sorgt mit seinen unzähligen Geschäften, Bars, Restaurants und Diskotheken dafür, dass sich vor allem jüngere Urlauber wohl fühlen. Starten Sie von hier einen Tagesausflug in die Lassithi-Hochebene, auch „das Tal der Windmühlen" genannt. Die Einwohner dort begegnen Ihnen noch in den traditionellen Gewändern, mit Pluderhose und hohen schwarzen Stiefeln. In der Nähe des Dorfes Psychro finden Sie die Dikti Grotte, der Mythologie nach die Geburtshöhle von Zeus.

© Fotolyse – Fotolia.com

Chersonissos wurde auf einer antiken, römischen Siedlung erbaut und hat sich zu einem beliebten Ferienzentrum entwickelt. Zu empfehlen ist ein Ausflug in den ursprünglichen Ort, der oberhalb des Touristenzentrums liegt und einen netten Dorfplatz mit einigen Tavernen hat.[3]

Transferzeit ab Flughafen Heraklion nach Chersonissos ca. 1 Stunde.

---

[3] Neckermann Reisen (2009). Griechenland. Zypern. Sommer 2009. Oberursel: Thomas Cook Touristik GmbH. S. 15.

Anatole Beach Resort

© Karamysh – Shutterstock.com

Anatole Beach Resort★★★★☆

Umgebung	✹✹✹✹✹	Zimmer	✹✹✹✹✹
Pool	✹✹✹✹✹☆	Animation	✹✹✹✹☆
Ausstattung	✹✹✹✹✹☆	Familie	✹✹✹✹☆
Sport & Fitness	✹✹✹✹✹☆	Verpflegung	✹✹✹✹☆

Umgebung: Das Anatole Beach Resort besticht durch seine hervorragende Strandlage. Einkaufsmöglichkeiten, Tavernen und Bars befinden sich in der näheren Umgebung. Es existieren leicht erreichbare Linienbusverbindung in das ca. 3 km entfernte lebhafte Zentrum von Chersonissos und nach Heraklion (ca. 25 km).

So wohnen Sie: Die Unterbringung kann im *Doppelzimmer* (2A), *Superior-Zimmer* (2C) oder *Superior-Familien-Zimmer* (2E) erfolgen. Das *Doppelzimmer* verfügt über einen Kühlschrank, Klimaanlage, Bad oder Dusche, WC, TV und Balkon

© Jannoon028 – Shutterstock.com

oder Terrasse zur Gartenseite (direkter oder seitlicher Meerblick ist zubuchbar). Zusätzlich bietet das *Superior-Zimmer* ein tägliches Auffüllen der Minibar, Bademäntel sowie Slipper. Bei den geräumigen *Superior-Familien-Zimmer* entspricht die Ausstattung dem der Superior-Zimmer. Darüberhinaus bestehen sie aus zwei Schlafzimmern mit einer Verbindungstür.

Ausstattung: Die 2-stöckige Hotelanlage ist modern eingerichtet und verfügt über eine beeindruckende Empfangshalle, ein beheizbares Hallenbad mit Whirlpool, Minimarkt, TV-Raum, Juwelier, und eine gemütliche Lobby-Lounge mit Sitzgelegenheiten. In dem prachtvollen Außenbereich befindet sich ein Süßwasserpool mit einer Pool- und Beachbar. Badetücher sind gegen eine Kaution erhältlich. Liegen und Sonnenschirme stehen am Strand gegen eine Gebühr und an den Pools frei zur Verfügung.

Animation: Ein Animationsteam sorgt während des Tages für ein vielseitiges Programm und bietet am Abend Shows und Spiele im Amphitheater. Mitunter finden Falklore-Abende statt Die Kleinen können im Kidsclub (9-13 Uhr und 14-17 Uhr) spielen, basteln und toben. Zudem erwartet sie ein Spielplatz und ein Kinderbecken.

Sport & Fitness: <u>Kostenfrei:</u> Beach-Volleyball, Billard, 2 Tennisplätze, Aerobic, Wassergymnastik und Kanus.
<u>Gegen Gebühr:</u> Massage und Tauchkurse.

© Ramon goosso dolarea – Shutterstock.com

Verpflegung: *All Inclusive Plus!:* Reichhaltiges Frühstücks-, Mittags- und Abendbuffet. 1 Mal die Woche ein kulinarisches Dinner in der griechischen Open-Air-Traverne (hier wird um angemessene Kleidung gebeten). Nachmittags: Kaffee, Tee, Kuchen und Eis. Zu den Mahlzeiten: Softdrinks, Hauswein, Bier. Alkoholische Getränke von 12-23 Uhr. (Das Tragen eines All Inklusive-Armbands ist obligatorisch)

<u>Zusatzangebot:</u> Lohnenswert ist auch der Besuch des Hauptrestaurants mit Terrasse und dem Gartenrestaurant mit herrlichem Meerblick.

Agios Nikolaos
Stadt-Information

Wegen seiner günstigen Lage am Golf von Mirabello, des besonders milden Klimas und des hübschen Ortskerns zählt Agios Nikolaos zu den größten Tourismuszentren der Insel. Im Herzen der Stadt liegt der Voulismeni-See, umgegeben von Tavernen und Cafés. 64 m tief wird er durch eine unterirdische Süßwasserquelle gespeist. Heute verbindet ein kleiner Kanal den See mit dem Hafen.

© Denovyi – Fotolia.com

Transferzeit ab Flughafen Heraklion nach Agios Nikolaos ca. 2 Stunden.

Sehenswert in Agios Nikolaos:[4]
- Voulismeni-See
- Panagia-Kriche
- Agios-Nikolaos-Kirche
- Archäologisches Museum

---

[4] Wünsche, Erica (2009): Kreta. 9. neu bearb. Aufl. München: ADAC-Verl. (ADAC-Reiseführer). Seite 65–67.

Thalia Garden Village

Thalia Garden Village ★★★★☆

Umgebung	✷✷✷✷✷	Zimmer	✷✷✷✷✷
Pool	✷✷✷✷☆	Animation	✷✷✷☆☆
Ausstattung	✷✷✷✷✷	Familie	✷✷✷✷✷
Sport & Fitness	✷✷✷☆☆	Verpflegung	✷✷✷☆☆

Umgebung: Das kretische Dorf ist direkt an der leicht abfallenden Sand-/Kiesbadebucht gelegen. In der Nähe finden Sie eine Linienbusverbindung in das ca. 5 km entfernte Elounda und nach Agios Nikolaos (ca. 3,5 km).

So wohnen Sie: Die Unterbringung erfolgt in *Studios* (2A), *Appartements* (2B), *Superior-Appartements* (2D), *Suiten* (2F) oder *Seafront-Suiten* (2C). Die *Studios mit ca. 40m²* verfügen über einen kombinierten Wohn-/Schlafraum mit 2 Einzelbetten und einem ausziehbaren Sofa, TV, Telefon, Klimaanlage, Bad oder Dusche, WC, TV und Balkon oder Terrasse. Die *Appartements* bieten zusätzlich ein separates Schlafzimmer. Bei den *Superior-Appartements* beträgt die Wohnfläche 60m² mit 3 Schlafmöglichkeiten im Wohnraum.

Die *Suiten* sind mit seperaten Schlafzimmer und einer großen Terrasse mit Liegestühlen und Meerblick ausgestattet. Diese sind auch als *Seafront-Suiten* direkt am Stand buchbar.

Ausstattung: Die großzügige Hotelanlage verfügt über 200 Wohneinheiten und bietet Ihnen eine Terrasse, ein Restaurant, Supermarkt, eine Taverne, Pianobar, Kafenion, TV-Ecke und eine Wäscherei (gegen Gebühr). Im Gartenbereich befindet sich ein Süß- und Meerwasserpool mit einer Pool- und Beachbar. Liegen, Badetücher und Sonnenschirme stehen am Strand und an den Pools kostenfrei zur Verfügung.

Animation: Es findet 5 Mal die Woche Tanz mit Live-Musik statt Die Kleinen (5-11 Jahre) können im Kidsclub (9-16 Uhr) toben. Zudem erwartet sie ein Spielplatz, Spielzimmer und ein Kinderbecken.

Sport & Fitness: Kostenfrei: Volley-/ Basketball, Boccia, Tennis.
Gegen Gebühr: Wassersportangebot (lokale Anbieter), Billiard und 4 Tennishartplätze.

Verpflegung: Reichhaltiges Frühstücksbuffet.
Halbpension: Zum Frühstücksbuffet zusätzlich Abendbuffet und einmal die Woche ein Barbecueabend.

Ikaros Park Village

© Goran Bogicevic – Shutterstock.com

Ikaros Park Village ★★★★★

Umgebung	★★★★☆	Zimmer	★★★★★☆
Pool	★★★★☆	Animation	★★★★★☆
Ausstattung	★★★★★☆	Familie	★★★★★☆
Sport & Fitness	★★★★★☆	Verpflegung	★★★★☆

Umgebung: Das Village überzeugt durch seine harmonisch eingebettete Strandlage. Die Hotelanlage bietet einen atemberaubenden Blick auf den kleinen, Kies-/Sandstrand. Einkaufsmöglichkeiten befinden sich im Ortszentrum von Agios Nikolaos in ca. 2 km Entfernung. Es existieren außerdem leicht erreichbare Linienbusverbindungen.

So wohnen Sie: Die ansprechenden *Doppelzimmer* (2A) sind mit sind mit SAT-TV, Telefon, Safe, Kühlschrank, Bad, WC, wahlweise mit Garten-, Lagunen- oder Meerblick ausgestattet. Beim *Doppelzimmer – Schöner Wohnen* (2K) ist der Meerblick in der oberen Etage garantiert. Das *Familienzimmer* verfügt über zwei Schlafräume und liegt zur Landseite. Die *Bungalow-Zimmer* sind außerdem mit Nutzung des Sharing Pools buchbar (2F).

Ausstattung: Die freigiebige Anlage ist komfortabel eingerichtet und verfügt über eine bemerkende Empfangshalle mit Rezeption, Buffetrestaurant, Nichtraucherrestaurant, Taverne, Souvenirshop, eine Lobbybar mit LCD-SAT-TV, 7 Bars, Oriental-Lounge, Amphitheater, WLAN Internet-verbindungen in den öffentlichen Bereichen und ein Meerwasser-Hallenbad. Außen befindet sich einen Meerwasserpool mit einer Pool- und Beachbar. Badetücher sind gegen eine Kaution erhältlich. Liegen und Sonnenschirme stehen am Strand gegen eine Gebühr und an den Pools frei zur Verfügung.

Animation: Tagsüber und am Abend wird Ihnen ein vielseitiges Entertainmentprogramm geboten. Die Kleinen (3-13 Jahre) können im Kidsclub (9-18 Uhr) einen erlebnisreichen Tag erfahren. Außerdem können sie sich im Kinderbecken (Süßwasserpool) amüsieren.

Sport & Fitness: <u>Kostenfrei</u>: Beach-Volleyball, Billard, Boccia. <u>Gegen Gebühr</u>: Moderner SPA-Bereich mit zahlreichen Anwendungen (9-17 Uhr), Fitnessraum, Tennis und Wassersportangebote (bspw. Kajak, Segeln, Surfen, Tauchen oder Wasserski).

Verpflegung: *Halbpension*: Frühstücks- und Abendessen in Buffetform.

All Inclusive Plus!: Reichhaltiges Frühstücks-, Mittags- und Abendbuffet. Regelmäßig Show-Cooking und Themenabende. Frühstücks gibt es für Frühaufsteher oder Langschläfer (6-11 Uhr). Snacks von 10-18 Uhr. Nachmittags: Kaffee, Tee und Kuchen (15-17 Uhr). Alkoholische und alkohlfreie Getränke von 9-24 Uhr. (Das Tragen eines All Inklusive-Armbands ist obligatorisch)

© Xtravagant – Fotolia.com

© Krsmanovic – Fotolia.com

Literaturverzeichnis

Neckermann Reisen (2009). Griechenland. Zypern. Sommer 2009. Oberursel: Thomas Cook Touristik GmbH.

Thomas Cook Reisen (2009): Griechenland & Zypern. Sommer 2009. Oberursel: Thomas Cook Tourisik GmbH.

TUI (2009). Schöne Ferien. Griechenland. Zypern. Hannover: TUI Deutschland GmbH.

Wünsche, Erica (2009): Kreta. [Hotels, Restaurants, Museen, antike Stätten, Wanderungen, Dörfer, Kirchen, Strände ; Top-Tipps]. 9. neu bearb. Aufl. München: ADAC-Verl. (ADAC-Reiseführer).

Internet

http://www.visitgreece.gr

http://www.auswaertiges-amt.de/DE/Aussenpolitik/Laender/Laenderinfos/
01-Nodes_Uebersichtsseiten/Griechenland_node.html

http://www.visitgreece.gr/en/greek_islands/crete

Preis-Informationsheft
Reise-mit
Preisinformationen, Hotel-, Saison- und Abflugtabellen
Griechenland
<u>Kreta</u>

Inhalt

Wissenswertes 279

    Flugpauschalreisen 279

    Preisvorteile, Abkürzungen auf einen Blick 279

    So errechnen Sie Ihren Reisepreis: 281

Preisinformationen der Hotels 286

    Hotel Eurybia Royal 286

    Anatole Beach Resort 286

    Thalia Garden Village..287

    Ikaros Park Village 287

Reise- und Zahlungsbedingungen (Auszug) 288

Wissenswertes ...

Flugpauschalreisen

Zug zur Flugreise
Für Ihre Flugpauschalreiseerhalten Sie einen „Zug zur Flugreise"-Fahrschein für die kürzeste Bahnverbindung. Die Tickets gelten für die 2. Klasse. Gegen einen Aufpreis von 30 je Hin- und Rückfahrt fahren Sie komfortabel in der 1. Klasse. Ebenso ist eine Sitzplatzreservierung gegen Gebühr zubuchbar. Hierfür wenden Sie sich bitte an das Reisebüro Ihres Vertrauens. Dieses stellt Ihnen auch alle notwendigen Reiseunterlagen aus.

Bustransfer
Wir möchten, dass Sie sich von Anfang an wohlfühlen! An Ihrem Urlaubsort werden Sie von Ihrer Reiseleitung von Reise-mit empfangen. Komfortable Reisebusse bringen Sie bequem und schnell zu Ihrem Urlaubsort. Bei Nichtinanspruchnahme von organisierten Transfers informieren Sie bitte die Reiseleitung am Flughafen.

Preisvorteile, Abkürzungen auf einen Blick
Hier können Sie so richtig sparen!

Preisvorteil
In vielen Hotels gibt es zu bestimmten Reiseterminen besonders preisgünstige Angebote, z. B. **21=17** (3-Wochen-Reisen zum 17-Tage-Preis); **14=10** (2-Wochen-Reisen zum 10-Tage-Preis) etc.

Beispiel:
Bei gleichzeitiger Gültigkeit eines Preisvorteils (z. B. 7=6) wird der Terminabschlag anteilsmäßig reduziert und nur auf die gezahlten Tage angerechnet. D.h., dass Sie 7 Tage reisen, aber nur 6 Tage bezahlen. Subtrahieren Sie einfach 1 x den Verlängerungstag vom 1-Wochen-Preis in der gewünschten Reisezeit. Achten Sie deshalb auf Preisvorteile in der Preistabelle!

Preisabschlag/Terminabschlag/Premium-Abschlag
Viele Hotels gewähren attraktive Abschläge bei Buchung bis zu einem bestimmten Termin. In manchen Fällen ist der Premium Abschlag nur zu eingeschränkten Reiseterminen anwendbar.

Abkürzungen auf einen Blick

AI	=	All Inclusive	FR	=	Frühstück
DZ	=	Doppelzimmer	HP	=	Halbpension
DZ=EZ	=	Doppelzimmer zur Alleinbenutzung	OV	=	Ohne Verpflegung
EZ	=	Einzelzimmer	VP	=	Vollpension
SZ	=	Superior-Zimmer			

Umgebung	✹✹✹✹✹✹	Zimmer	✹✹✹✹✹✹
Pool	✹✹✹✹✹✧	Animation	✹✹✹✹✹✧
Ausstattung	✹✹✹✹✹✧	Familie	✹✹✹✹✹✧
Sport & Fitness	✹✹✹✹✹✧	Verpflegung	✹✹✹✹✹✧

Jede Kategorie wird von 0 Punkte (nicht überzeugend bzw. nicht vorhanden) bis zu 6 Punkten (hervorragend) beurteilt.

Umgebung: Strandnähe oder landschaftlich ansprechende bzw. günstige Stadtlage. Hinweise auf die nähere Umgebung des Hotels finden Sie in der jeweiligen Hotelbeschreibung.

Pool: Größe, Attraktivität und Konzept der Poollandschaft im Hotel.

Ausstattung: Konzept, Architektur und Qualität / Quantität der allgemeinen Einrichtungen der Hotelanlage.

Sport& Fitness: Angebot im /am Hotel, nicht in der Umgebung.

Zimmer: Komfort und Einrichtung der Zimmer bzw. Appartements.

Animation: Angebot im Hotel, nicht in der Umgebung.

Familie: Familienfreundlichkeit im Hotel und Kinderprogramm.

Verpflegung: Auswahl und Qualität der Gastronomie im Hotel.

So errechnen Sie Ihren Reisepreis:

Liebe Reisegäste,
um Ihnen die Preisberechnung verständlicher zu gestalten, haben wir auf diesen Seiten ein Musterbeispiel aufgeführt.

> **Unser Reisebeispiel:**
> 2 Erwachsene und 2 Kinder (5 und 10 Jahre), Flug ab Berlin-Schönefeld am 06. September nach Kreta (HER). 1 Woche Hotel „Musterhotel", Doppelzimmer mit seitlichem Meerblick (2C), mit All Inclusive (AI).

Flugpauschalreise

1 In unseren Saison- und Abflugtabellen finden sie alle Reisetermine. Die römischen Zahlen unter den Abflugterminen bestimmen die Saisonzeit für die gesamte Reisedauer.

Beispiel:
Am Reisetermin 06.09. gilt ab Berlin für 7 Tage der Saisonbuchstabe „IV". Dieser bestimmt die Preisspalte „IV" in der Preistabelle beim Hotel.

SKF Berlin-Schönefeld		Flugdauer	Reisedauer Woche	Juni				Juli					August					September			
Flugtag	Dienstag	03:20	Datum	04	11	18	25	02	09	16	23	30	06	13	20	27		03	10	17	24
			1. Woche	I	I	II	III	IV	V	V	V	V	IV	V	V	IV		III	II	II	II
			Zu-/ Abschlag	-10	-20	-15	-25	-20	-10	-15	-20	-10	-15	-15	-15	-10		-10	-10	-5	-10
			2. Woche	I	I	III	III	IV	V	V	V	V	IV	V	V	IV		III	II	II	I
			Zu-/ Abschlag	-10	-20	-15	-25	-10	-20	-15	-20	-10	-15	-15	-15	-10		-10	-20	-10	-5
	Freitag	03:20	Datum	07	14	21	28	05	12	19	26		02	09	16	23	30	06	13	20	27
			1. Woche	III	II	II	IV	III	IV	V	V		V	V	IV	IV	IV	IV	III	III	II
			Zu-/ Abschlag	-5	-10	-20	-20	-30	-25	-20	-20		-25	-25	-20	-25	-20	-20	-20	-15	-15
			2. Woche	III	III	II	IV	III	IV	V	V		V	V	IV	IV	IV	III	III	II	II
			Zu-/ Abschlag	-5	-10	-10	-20	-25	-30	-30	-10		-20	-20	-20	-15	-15	-10	-10	-	-

2 Eventuelle Zu- und Abschläge sind jeweils unter dem Saisonsymbol angezeigt. Diese werden einmal pro Reise und Person berechnet.

Beispiel:
Für den Abflughafen Berlin ergibt sich bei unserem Reisebeispiel ein Zuschlag von € 20,– pro Person.

3 In der Preistabelle bei Ihrem gewünschten Hotel finden Sie Zimmertyp, die Verpflegungsleistung und den Preis.

Beispiel
Der Preis für das Doppelzimmer, seitlicher Meerblick (2C), Halbpension, inklusive Flug in der Preisspalte „IV" für 1 Woche beträgt € 989,– je Vollzahler. Bei Aufstockung der Verpflegung auf All Inclusive kommt ein Zuschlag von € 14,– je Tag und je Vollzahler hinzu.

4 In der Preistabelle beim Hotel werden Kinderfestpreise oder prozentuale Kinderermäßigungen ausgewiesen. Diese gelten, wenn die Kinder gemeinsam mit den Erwachsenen untergebracht werden. Beim Kinderfestpreis kommen Preisvorteile z. T. nicht zur Anwendung. Bei prozentualer Kinderermässigung bildet der Vollzahlerpreis die Berechnungsgrundlage.

Beispiel:
Für das Doppelzimmer-Zimmer (2C) gilt für die Kinder von 2 – 14 Jahren der Kinderfestpreis von € 479,– inklusive Flug und All Inclusive.

Personenzahl/ zusätzliche Kinderbelegung:

Angabe der maximalen Belegung der Vollzahler des Zimmers. Wie viele Kinder Sie eventuell zusätzlich unterbringen können, zeigt Ihnen die Spalte „zusätzliche max. Kinderbelegung" (z.B. „1" oder „2" = 1 Kind oder 2Kinder möglich). Die Unterbringung erfolgt gegebenenfalls im Zustellbett. Die Preise finden Sie in der Tabelle unter **Kinderfestpreis**.

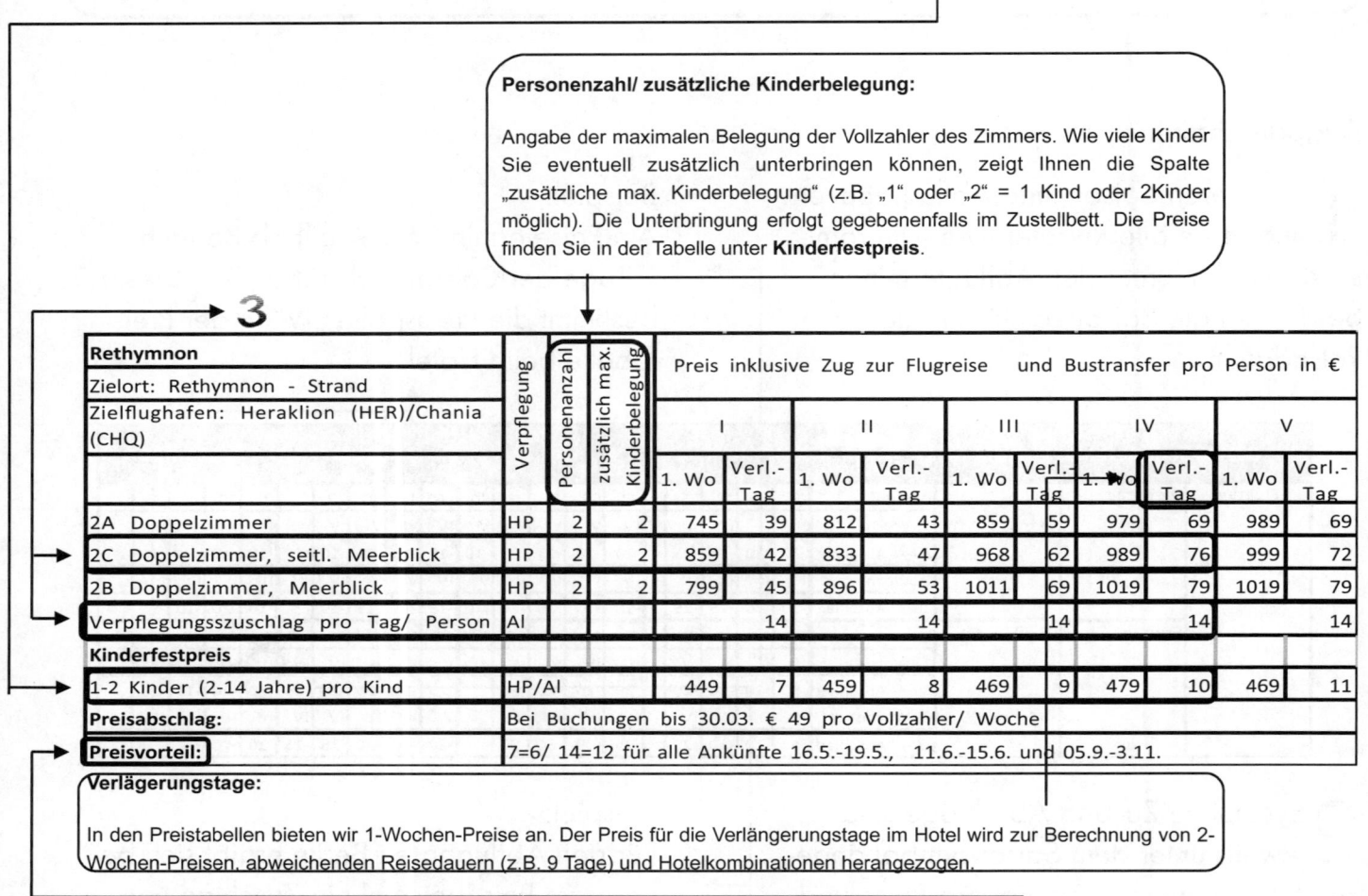

3

Rethymnon Zielort: Rethymnon - Strand Zielflughafen: Heraklion (HER)/Chania (CHQ)	Verpflegung	Personenzahl	zusätzlich max. Kinderbelegung	Preis inklusive Zug zur Flugreise und Bustransfer pro Person in €									
				I		II		III		IV		V	
				1. Wo	Verl.-Tag	1. Wo	Verl.-Tag	1. Wo	Verl.-Tag	1. Wo	Verl.-Tag	1. Wo	Verl.-Tag
2A Doppelzimmer	HP	2	2	745	39	812	43	859	59	979	69	989	69
2C Doppelzimmer, seitl. Meerblick	HP	2	2	859	42	833	47	968	62	989	76	999	72
2B Doppelzimmer, Meerblick	HP	2	2	799	45	896	53	1011	69	1019	79	1019	79
Verpflegungszuschlag pro Tag/ Person	Al				14		14		14		14		14
Kinderfestpreis													
1-2 Kinder (2-14 Jahre) pro Kind	HP/Al			449	7	459	8	469	9	479	10	469	11
Preisabschlag:			Bei Buchungen bis 30.03. € 49 pro Vollzahler/ Woche											
Preisvorteil:			7=6/ 14=12 für alle Ankünfte 16.5.-19.5., 11.6.-15.6. und 05.9.-3.11.											

Verlägerungstage:

In den Preistabellen bieten wir 1-Wochen-Preise an. Der Preis für die Verlängerungstage im Hotel wird zur Berechnung von 2-Wochen-Preisen, abweichenden Reisedauern (z.B. 9 Tage) und Hotelkombinationen herangezogen.

Preisberechnung für Preisvorteile und Terminabschläge

5 Viele unserer Hotels, Clubs und Appartementanlagen bieten Ihnen an bestimmten Terminen besondere Preisvorteile. Diese Art der Ermäßigung sehen Sie in der Zeile „Preisvorteil" unter den Hotelpreisen. Bei einigen Hotels wird Ihnen ein attraktiver Terminabschlag gewährt. Bei gleichzeitiger Gültigkeit eines Preisvorteils (z. B. 7=6) wird der Terminabschlag anteilsmäßig reduziert und nur auf die gezahlten Tage angerechnet.

Beispiel:
Am 06.09. gilt der Preisvorteil 7=6, d.h. dass Sie 7 Tage reisen, aber nur 6 Tage bezahlen. Subtrahieren Sie einfach 1 x den Verlängerungstag vom 1-Wochen-Preis in der Reisezeit „IV" bei diesem Beispiel € 76,– x 1 = € 76,– je Vollzahler.

Gesamtpreis für unser Beispiel

Preisermittlung des Familienurlaubes

Urlaubsland: Griechenland   Wohnort: Berlin

Region: Kreta   Abflughafen: Berlin-Schöneberg   Saisonbuchstabe: IV

Ort: Agios Nikolaos   Zielflughafen: Heraklion

Hotel: Hotel Herakles

			1. Vater	2. Mutter	3. Sohn	4. Tochter
1.	**Reisepreis pro Person** Zimmerart: 2C Doppelzimmer, seitl. Meerblick		989,00	989,00		
2.	**Reisepreis für ein mitreisende Kinder** Kinderfestpreis oder prozentuale Kinderermäßigung				479,00	479,00
3.	**Verpflegungszu-/abschläge pro Person** AI Zu- bzw. Abschläge für weitere angebotene Verpflegungsleistungen	-/+	98,00	98,00	0,00	0,00
4.	**Ermäßigungen** Preisvorteil / Preisabschlag / Terminabschlag	- / - / -	76,00	76,00	10,00	10,00
5.	**Zuschläge** Terminzuschlag	+	0,00	0,00	0,00	0,00
6.	**Ab-/Zuschläge des Abflughafens** In der Tabelle „Abflughäfen, Flugtage und Saisonzeiten" sind die entsprechenden Ab-/Zuschläge des jeweiligen Abflughafens zu entnehmen.	-/+	20,00	20,00	20,00	20,00
7.	**Transfer** Bei „Reise-mit" ist der Bustransfer vom Flughafen zum Urlaubsort inbegriffen.	+	0,00	0,00	0,00	0,00
	Transfer Wohnort/Abflughafen: Für Ihre Pauschalreise ab deutschen Flughäfen erhalten Sie einen „Zug zum Flug"-Fahrschein der Deutschen Bahn zweiter Klasse.	+	0,00	0,00	0,00	0,00
	Gesamtpreis pro Person	=	1.183,00	1.183,00	509,00	509,00
	Gesamtpreis für die ganze Familie		3.384,00			

Abflughäfen, Flugtage und Saisonzeiten zum Zielflughafen Heraklion

SKF Berlin-Schönefeld

Flugtag Donnerstag — Flugdauer 03:00

Reisedauer Woche	Juni				Juli				August					September			
Datum	06	13	20	27	04	11	18	25	01	08	15	22	29	05	12	19	26
1. Woche	I	II	III	III	IV	V	V	V	V	V	V	IV	IV	IV	III	II	II
Zu-/Abschlag	-5	-15	-5	-10	+5	-20	-20	-15	-	-	-	-		-25	-30	-23	-10
2. Woche	I	III	III	III	IV	V	V	V	V	V	V	IV	IV	IV	III	II	II
Zu-/Abschlag	-5	-15	-5	-10	-10	-20	-20	-15	-	-	-	-		-35	-25	-15	-15

Freitag — Flugdauer 03:20

Reisedauer Woche	Juni				Juli				August					September			
Datum	07	14	21	28	05	12	19	26	02	09	16	23	3o	06	13	20	27
1. Woche	III	III	III	IV	III	IV	V	V	V	V	IV	IV	IV	IV	III	III	III
Zu-/Abschlag	-5	-10	-10	-20	-25	-25	-20	-20	-25	-25	-20	-25	-25	-20	-20	-15	-15
2. Woche	III	III	III	IV	III	IV	V	V	V	V	IV	IV	IV	III	III	III	III
Zu-/Abschlag	-5	-10	-10	-15	-25	-25	-20	-20	-20	-20	-20	-15	-15	-10	-10	+5	+5

Samstag — Flugdauer 03:20

Reisedauer Woche	Juni					Juli				August					September			
Datum	01	08	15	22	29	06	13	20	27	03	10	17	24	31	07	14	21	28
1. Woche	I	III	III	III	IV	III	IV	V	V	V	IV	V	III	III	III	III	III	I
Zu-/Abschlag	+5	-	-10	-15	-15	-15	-20	-20	-25	-20	-20	-20	-15	-15	-10	-10	+5	+5
2. Woche	I	III	III	III	IV	IV	IV	V	V	V	IV	V	III	III	III	III	III	I
Zu-/Abschlag	+5	-	-15	-10	-10	-15	-20	-20	-20	-20	-20	-20	-15	-15	-5	-5	+5	+5

FRA Frankfurt

Flugtag Mittwoch — Flugdauer 03:05

Reisedauer Woche	Juni				Juli					August				September			
Datum	05	12	19	26	03	10	17	24	31	07	14	21	28	04	11	18	25
1. Woche	II	II	IV	III	IV	V	V	V	V	V	V	V	IV	III	II	II	II
Zu-/Abschlag	-5	-10	-15	-20	-25	-20	-20	-20	-25	-25	-15	-15	-10	-10	-10	-10	-10
2. Woche	II	II	IV	III	IV	V	V	V	V	V	V	V	IV	III	II	II	II
Zu-/Abschlag	-5	-15	-15	-20	-25	-20	-20	-20	-25	-25	-15	-15	-10	-10	-10	-10	-10

Donnerstag — Flugdauer 03:05

Reisedauer Woche	Juni				Juli				August					September			
Datum	06	13	20	27	04	11	18	25	01	08	15	22	29	05	12	19	26
1. Woche	III	II	III	IV	III	V	V	V	V	V	V	IV	IV	V	III	III	II
Zu-/Abschlag	-10	-20	-10	-20	-15	-25	-15	-20	-	-	-	-		-20	-20	-15	-20
2. Woche	II	III	III	IV	III	V	V	V	V	V	V	IV	IV	V	III	III	II
Zu-/Abschlag	-10	-20	-15	-20	-25	-25	-20	-15	-	-	-	-		-10	-10	-15	-15

Samstag — Flugdauer 03:05

Reisedauer Woche	Juni					Juli				August					September			
Datum	01	08	15	22	29	06	13	20	27	03	10	17	24	31	07	14	21	28
1. Woche	II	III	III	IV	IV	III	IV	V	V	V	IV	V	III	III	III	III	III	III
Zu-/Abschlag	+5	-	-10	-15	-15	-40	-20	-45	-25	-50	-35	-45	-15	-15	-10	-10	+5	+5
2. Woche	II	III	III	IV	IV	IV	IV	V	V	V	IV	V	III	III	III	III	III	III
Zu-/Abschlag	+5	-	-15	-10	-10	-40	-20	-45	-20	-50	-30	-45	-15	-15	-5	-5	+5	+5

HAM Hamburg

Flugtag Dienstag — Flugdauer 03:00

Reisedauer Woche	Juni				Juli					August				September			
Datum	04	11	18	25	02	09	16	23	30	06	13	20	27	03	10	17	24
1. Woche	III	III	II	IV	IV	V	V	IV	V	IV	V	V	IV	IV	IV	IV	III
Zu-/Abschlag	-5	-10	-15	-20	-15	-15	-20	-20	-25	-15	-15	-15	-10	-10	-15	-5	-10
2. Woche	III	III	IV	III	IV	V	V	IV	V	IV	V	V	IV	IV	IV	IV	III
Zu-/Abschlag	-5	-10	-15	-20	-15	-15	-20	-20	-25	-15	-15	-15	-10	-10	-5	-5	-

Donnerstag — Flugdauer 03:00

Reisedauer Woche	Juni				Juli				August					September			
Datum	06	13	20	27	04	11	18	25	01	08	15	22	29	05	12	19	26
1. Woche	II	II	III	IV	IV	V	V	V	V	V	V	IV	IV	IV	III	II	II
Zu-/Abschlag	-5	-5	-5	-5	-	-	-	-	-	-	-	-	-	-	-	-	-
2. Woche	II	III	III	IV	IV	V	V	V	V	V	V	IV	IV	IV	III	II	II
Zu-/Abschlag	-5	-5	-5	-5	-	-	-	-	-	-	-	-	-	-	-	-	-

Freitag — Flugdauer 03:00

Reisedauer Woche	Juni				Juli				August					September			
Datum	07	14	21	28	05	12	19	26	02	09	16	23	3o	06	13	20	27
1. Woche	II	III	III	IV	V	IV	V	IV	V	V	V	IV	IV	IV	IV	III	II
Zu-/Abschlag	+10	-	-5	-10	-15	-20	-10	-15	-20	-15	-15	-20	-15	-20	-20	-10	-10
2. Woche	II	III	III	IV	V	IV	V	IV	V	V	V	IV	IV	III	V	III	II
Zu-/Abschlag	+10	-	-5	-10	-15	-20	-10	-15	-20	-15	-15	-20	-15	-10	-10	-10	-10

Samstag — Flugdauer 03:00

Reisedauer Woche	Juni					Juli				August					September			
Datum	01	08	15	22	29	06	13	20	27	03	10	17	24	31	07	14	21	28
1. Woche	III	III	III	IV	V	IV	IV	V	V	V	V	V	IV	IV	IV	IV	III	III
Zu-/Abschlag	-5	-	-	-	-	-20	-20	-15	-25	-20	-25	-20	-15	-15	-10	-10	-10	-10
2. Woche	III	IV	V	IV	IV	V	IV	V	V	V	V	V	IV	III	IV	V	III	III
Zu-/Abschlag	-5	-	-	-	-	-20	-20	-15	-20	-20	-15	-20	-15	-15	-5	-5	-10	-10

STR Stuttgard

Flugtag		Flugdauer	Reisedauer Woche	Juni					Juli					August					September				
Flugtag	Donnerstag	03:10	Datum	06	13	20	27		04	11	18	25		01	08	15	22	29	05	12	19	26	
			1. Woche	III	III	IV	IV		IV	V	V	V		V	V	V	V	V	IV	IV	IV	III	
			Zu-/ Abschlag	-5	-25	-25	-5		-35	-35	-45	-45		-	-	-	-	-	-	-	-	-	
			2. Woche	III	III	IV	IV		IV	V	V	V		V	V	V	V	V	IV	IV	IV	III	
			Zu-/ Abschlag	-5	-25	-5	-45		-35	-35	-45	-45		-	-	-	-	-	-	-	-	-	
	Freitag	03:10	Datum	07	14	21	28		05	12	19	26		02	09	16	23	3o	06	13	20	27	
			1. Woche	III	IV	IV	IV		V	V	V	V		V	V	V	V	V	V	IV	IV	III	
			Zu-/ Abschlag	-	-	-	-		-45	-45	-10	-25		-20	-15	-15	-20	-15	-20	-20	-10	-10	
			2. Woche	III	IV	IV	IV		V	V	V	V		V	V	V	V	V	V	V	IV	III	
			Zu-/ Abschlag	-	-	-	-		-45	-45	-25	-25		-20	-15	-15	-20	-15	-10	-10	-10	-10	
	Samstag	03:10	Datum	01	08	15	22	29	06	13	20	27		03	10	17	24	31	07	14	21	28
			1. Woche	III	IV	IV	IV	V	IV	IV	V	V		V	V	V	IV	V	V	IV	III	III
			Zu-/ Abschlag	-25	-	-	-	-	-20	-20	-15	-25		-20	-25	-20	-15	-25	-10	-10	-25	-10
			2. Woche	III	IV	V	IV	IV	V	IV	V	V		V	V	V	IV	V	IV	V	III	III
			Zu-/ Abschlag	-20	-	-	-	-	-20	-20	-15	-20		-20	-15	-20	-15	-1,5	-5	-25	-10	-25

MUC München

Flugtag		Flugdauer	Reisedauer Woche	Juni					Juli					August					September				
Flugtag	Mittwoch	03:05	Datum	05	12	19	26		03	10	17	24	31	07	14	21	28		04	11	18	25	
			1. Woche	III	III	IV	III		IV	V	V	V	V	V	V	V	IV		III	III	III	III	
			Zu-/ Abschlag	-5	-10	-15	-20		-25	-35	-45	-20	-25	-25	-15	-15	-10		-25	-15	-10	-25	
			2. Woche	III	II	IV	III		IV	V	V	V	V	V	V	V	IV		III	III	III	III	
			Zu-/ Abschlag	-5	-15	-15	-20		-25	-35	-20	-45	-25	-25	-15	-15	-10		-10	-25	-15	-10	
	Donnerstag	03:10	Datum	06	13	20	27		04	11	18	25		01	08	15	22	29	05	12	19	26	
			1. Woche	III	III	IV	IV		IV	V	V	V		V	V	V	V	V	III	IV	IV	III	
			Zu-/ Abschlag	-15	-25	-15	-20		-45	-45	-45	-25		-	-	-	-	-	-25	-20	-10	-10	
			2. Woche	III	IV	III	IV		III	V	V	V		V	V	V	V	V	III	III	IV	III	
			Zu-/ Abschlag	-15	-25	-15	-20		-45	-45	-25	-25		-	-	-	-	-	-25	-25	-10	-25	
	Samstag	03:10	Datum	01	08	15	22	29	06	13	20	27		03	10	17	24	31	07	14	21	28
			1. Woche	III	IV	IV	IV	III	IV	IV	V	V		V	V	V	IV	V	V	IV	IV	III
			Zu-/ Abschlag	-25	-20	-20	-25	-25	-20	-20	-15	-25		-20	-25	-20	-15	-25	-10	-10	-25	-10
			2. Woche	III	IV	V	IV	III	V	IV	V	V		V	V	V	IV	V	IV	V	III	IV
			Zu-/ Abschlag	-20	-20	-20	-20	-20	-20	-20	-15	-20		-20	-15	-20	-15	-15	-20	-25	-10	-25

Preisinformationen der Hotels

Hotel Eurybia Royal

Rethymnon													
564897D Hotel Eurybia Royal Zielort: Rethymnon - Strand Zielflughafen: Heraklion (HER)/Chania (CHQ) Fluggesellschaft: Speedair	Verpflegung	Personenanzahl	zusätzlich max. Kinderbelegung	Preis inklusive Zug zur Flugreise und Bustransfer pro Person in €									
				I		II		III		IV		V	
				1. Wo	Verl.-Tag	1. Wo	Verl.-Tag	1. Wo	Verl.-Tag	1. Wo	Verl.-Tag	1. Wo	Verl.-Tag
2A Doppelzimmer	HP	2	2	744	39	815	43	949	59	969	69	989	69
2C Doppelzimmer, seitl. Meerblick	HP	2	2	759	42	823	46	968	62	989	72	999	72
2B Doppelzimmer, Meerblick	HP	2	2	779	45	886	49	1001	69	1019	76	1029	76
Verpflegungsszuschlag pro Tag/ Person	AI				14		14		14		14		14
Kinderfestpreis													
1-2 Kinder (2-14 Jahre) pro Kind	HP/AI			469	6	469	6	469	6	469	6	469	6
Preisabschlag:	Bei Buchungen bis 30.03. € 39 pro Vollzahler/ Woche												
Preisvorteil:	7=6/ 14=12 für alle Ankünfte 16.5.-19.5., 11.6.-15.6. und 11.9.-3.11.												

Anatole Beach Resort

Chersonissos													
246897E Anatole Beach Resort Zielort: Chersonissos-Anissaras Zielflughafen: Heraklion (HER) Fluggesellschaft: Speedair	Verpflegung	Personenanzahl	zusätzlich max. Kinderbelegung	Preis inklusive Zug zur Flugreise und Bustransfer pro Person in €									
				I		II		III		IV		V	
				1. Wo	Verl.-Tag	1. Wo	Verl.-Tag	1. Wo	Verl.-Tag	1. Wo	Verl.-Tag	1. Wo	Verl.-Tag
2A Doppelzimmer	AI	2	1	944	61	954	62	954	62	954	65	954	73
1A DZ=EZ	AI	1		1154	94	1210	99	1210	99	1210	103	1210	106
2B Doppelzimmer, Meerblick	AI	2	1	981	69	999	70	999	70	999	73	999	78
2C Superior-Zimmer	AI	2	1	994	70	1026	73	1026	73	1026	79	1026	82
2D Superior-Zimmer, Meerblick	AI	2	1	1026	73	1047	75	1047	75	1047	81	1047	86
2E Superior-Familien-Zimmer	AI	2	2	1199	99	1254	107	1254	107	1254	109	1254	111
2F Superior-Familien-Zimmer, Meerblick	AI	2	2	1234	106	1327	119	1327	119	1327	129	1327	139
Kinderfestpreis													
1. Kind (2-6 Jahre) im DZ/SZ	AI			319	-	379	-	379	-	379	-	379	-
1. Kind (7-13 Jahre) im DZ/SZ	AI			519	11	549	17	549	19	549	25	549	25
1-2 Kinder (2-16 Jahre) in Familienzimmer pro Kind	AI			319	-	349	-	349	-	349	-	349	-
Preisabschlag:	Bei Buchungen bis 15.03. € 39 (I), 43,- (II), 51,- (III/IV), 62,- (V) pro Vollzahler/ Woche (nicht bei eigener Anreise)												
Preisvorteil:	7=5/ 14=10 für alle Ankünfte 2.5.-5.5., 5.6.-17.6. und 11.10.-13.10.												
Terminzuschlag:	Für alle Ankünfte 11.6.-21.6. €6,- pro Vollzahler/Tag												
Terminzuschlag:	Für alle Ankünfte 10.9.-18.9. €39,- pro Vollzahler/Woche												

Thalia Garden Village

Agios Nikolaos

586947A Thalia Garden Village Zielort: Agios Nikolaos Zielflughafen: Heraklion (HER) Fluggesellschaft: Speedair	Verpflegung	Personenanzahl	zusätzlich max. Kinderbelegung	Preis inklusive Zug zur Flugreise und Bustransfer pro Person in €									
				I		II		III		IV		V	
				1. Wo	Verl.-Tag	1. Wo	Verl.-Tag	1. Wo	Verl.-Tag	1. Wo	Verl.-Tag	1. Wo	Verl.-Tag
2X Super-Bonus-Aktions-Appartement	FR	2	2	729	38	817	51	858	59	959	68	1032	83
2A Studio	FR	2	2	734	37	802	48	832	57	867	59	1001	79
2B Appartment	FR	2	2	738	38	827	51	868	59	969	68	1042	83
2D Superior-Appartement	FR	2	3	818	48	906	56	975	69	1078	83	1256	122
2F Suite, Meerblick	FR	2	2	909	65	1030	73	1085	92	1163	102	1342	136
2C Seafront-Suit, Meerblick	FR	2	2	945	74	1111	83	1199	109	1288	118	1409	138
Verpflegungsszuschlag pro Tag/ Person	HP				16		16		16		16		16

Kinderfestpreis

1-3 Kinder (2-13 Jahre) pro Kind	FR/HP			509	7	524	7	524	7	524	7	524	7

Preisabschlag:	Bei Buchungen bis 28.04. € 83,- pro Vollzahler/ Woche (nicht kombinierbar mit anderen Preisvorteilen)
Preisvorteil:	7=6/ 14=12 für alle Ankünfte 09.6.-19.6.
Terminzuschlag:	Für alle Ankünfte 01.05.-13.06. € 12,- pro Vollzahler/ Tag und 14.08.-24.08. € 168,- pro Vollzahler/ Woche

Ikaros Park Village

Agios Nikolaos

467913X Ikaros Park Village Zielort: Agios Nikolaos Zielflughafen: Heraklion (HER) Fluggesellschaft: Speedair	Verpflegung	Personenanzahl	zusätzlich max. Kinderbelegung	Preis inklusive Zug zur Flugreise und Bustransfer pro Person in €									
				I		II		III		IV		V	
				1. Wo	Verl.-Tag	1. Wo	Verl.-Tag	1. Wo	Verl.-Tag	1. Wo	Verl.-Tag	1. Wo	Verl.-Tag
2A Doppelzimmer	HP	2	1	699	29	809	39	899	47	934	59	958	64
2D Doppelzimmer, Lagunenblick	HP	1	1	724	31	817	40	909	49	948	61	971	67
1D DZ=EZ, Lagunenblick	HP	1		776	39	925	61	1054	72	1123	84	1147	97
2B Doppelzimmer, Meerblick	HP	2	1	732	32	832	42	918	49	956	62	980	68
1B DZ=EZ, Meerblick	HP	1		823	43	945	66	1106	81	1182	92	1194	99
2K Doppelzimmer, Meerblick, obere Etage	HP	2	1	748	36	849	46	939	54	984	66	999	74
2C Familienzimmer	HP	2	2	800	46	943	61	1036	72	1087	81	1098	84
2E Bungalow-Zimmer	HP	2	1	764	39	868	49	934	57	989	67	999	68
2F Bungalow-Zimmer, Sharing Pool	HP	2	1	834	49	1039	74	1148	89	1201	99	1215	100
Verpflegungszuschlag pro Person/ Tag	AI				29		29		29		29		29

Kinderfestpreis

1. Kind (2-13 Jahre)	HP			321	-	369	-	379	-	399	-	421	-
1. Kind (2-13 Jahre)	AI			572	15	572	15	572	15	572	15	572	15
2. Kind (2-13 Jahre)	HP			443	9	443	9	443	9	443	9	443	9
2. Kind (2-13 Jahre)	AI			621	21	621	21	621	21	621	21	621	21

Preisabschlag:	Bei Buchungen bis 29.03. bei HP € 29 (I), 36,- (II), 51,- (III/IV), 62,- (V) bzw. bei AI € 54 (I), 59,- (II), 64,- (III/IV), 69,- (V) pro Vollzahler/ Woche (nicht bei eigener Anreise)
Preisvorteil:	7=5/ 14=11 für alle Ankünfte 3.5.-13.5., 5.6.-17.6. und 11.10.-13.10.
Terminzuschlag:	Für alle Ankünfte 14.8.-21.8. €9,- pro Vollzahler/Tag

Reise- und Zahlungsbedingungen (Auszug)

Quelle: http://www.cwt-touristik.de/downloads/agb_thomas_cook.pdf [Stand: 28.11.2012]

Diese Reise- und Zahlungsbedingungen werden Bestandteil des mit uns geschlossenen Reisevertrages.

1. Abschluss des Reisevertrages

1.1. Mit Ihrer Reiseanmeldung auf der Grundlage unserer Prospekte bieten Sie uns den Abschluss des Reisevertrages verbindlich an. Der Reisevertrag kommt mit der Annahme der Anmeldung durch uns in Oberursel zustande. Über die Annahme, für die es keiner besonderen Form bedarf, informieren wir Sie durch Übersendung der Reisebestätigung / Rechnung. Reisebüros treten nur als Vermittler auf.

1.2. Weicht der Inhalt der Reisebestätigung/Rechnung vom Inhalt der Anmeldung ab, sind wir an dieses Angebot 10 Tage gebunden. Der Vertrag kommt auf der Grundlage dieses neuen Angebots zustande, wenn Sie uns innerhalb dieser Frist die Annahme erklären, was auch durch eine Zahlung erfolgen kann, sofern wir Sie bei Übersendung auf Änderung hinweisen.

2. Bezahlung

2.1. Innerhalb einer Woche nach Erhalt der Reisebestätigung/Rechnung überweisen Sie uns bitte eine Anzahlung, die 20 % (auf volle EURO aufgerundet) von dem Gesamtpreis der Rechnung beträgt. Die Restzahlung ist 30 Tage vor Reiseantritt ohne nochmalige Aufforderung zu leisten. In jedem Fall wird Ihnen vor einer Zahlung/Abbuchung der Sicherungsschein übergeben oder übersandt, denn Ihre auf den Reisepreis geleisteten Zahlungen sind gemäß §651k BGB insolvenzgesichert. Der Sicherungs-schein wird Ihnen mit der Reisebestätigung/Rechnung über-sandt.

2.2. Wenn der vereinbarte Anzahlungsbetrag auch nach Inverzugsetzung oder der Reisepreis bis zum Reiseantritt nicht vollständig bezahlt ist, berechtigt uns dies zur Auflösung des Reisevertrages und zur Berechnung von Schadenersatz in Höhe der entsprechenden Rücktrittsgebühren, vorausgesetzt, es läge nicht bereits zu diesem Zeitpunkt ein zum Rücktritt berechtigender Reisemangel vor.

3. Leistungen, Preise

3.1. Für den Umfang der vertraglichen Leistungen sind die Leistungsbeschreibungen in unserem Prospekt, so wie sie Vertragsgrundlage geworden sind, sowie die hierauf Bezug nehmenden Angaben in der Reisebestätigung/Rechnung verbindlich. Nebenabreden, die den Umfang der vertraglichen Leistungen verändern, bedürfen einer ausdrücklichen Bestätigung.

3.2. Ihre Reise beginnt und endet – je nach Ihrer gebuchten Aufenthaltsdauer – zu den im Prospekt ausgeschriebenen Abreise- und Ankunftsterminen.

3.3. Wenn nicht ausdrücklich anders vermerkt, gelten Preise pro Person für die Unterkunft in 2-Bett-Zimmern.

3.4. Kinderermäßigung: Maßgebend für alle Ermäßigungen ist das Alter bei Reiseantritt. Wenn nicht anders ausgeschrieben, bringen wir ein Kind in Begleitung eines vollzahlenden Reisegastes im Doppelzimmer, in Begleitung von zwei Gästen im Doppelzimmer mit Zusatzbett, im Appartement oder in der Zimmer-Suite unter. Nicht ermäßigt: Mehrpreise, die sich aus der Beförderungstabelle ergeben, wie z.B. Abflughafen-, Flugtag-, Zustieg-Zuschläge.

4. Rücktritt, Umbuchung, Ersatzperson

4.1. Sie können jederzeit vor Reisebeginn von der Reise zurücktreten. Der Rücktritt muss unter Angabe Ihrer Reiseauftragsnummer erklärt werden. In Ihrem eigenen Interesse und zur Vermeidung von Missverständnissen empfehlen wir Ihnen dringend, den Rücktritt schriftlich zu erklären. Maßgebend für den Rücktrittszeitpunkt ist der Eingang der Rücktrittserklärung bei der Reise-mit GmbH.

4.2. Treten Sie vom Reisevertrag zurück oder treten Sie die Reise nicht an (z.B. wegen verpasster Anschlüsse), können wir angemessenen Ersatz für die getroffenen Reisevorkehrungen und unsere Aufwendungen verlangen.

4.3. Die Höhe richtet sich nach dem Reisepreis. In der Regel betragen die Rücktrittspauschalen, die wir im Falle Ihres Rücktritts von der Reise je angemeldeten Teilnehmer fordern müssen, jeweils pro Person in Prozent vom Reisepreis:

4.3.1. Bei Flugreisen:

Bis 30 Tage vor Reisebeginn	20 %
ab 29. bis 22. Tag vor Reisebeginn	25 %
ab 21. bis 15. Tag vor Reisebeginn	35 %
ab 14. bis 07. Tag vor Reisebeginn	55 %
ab 06. vor Reisebeginn	65 %
Am Tag des Reiseantritts oder bei Nichterscheinen	90 %

4.3.2. Die Pauschalen beziehen sich auf den Reisepreis und sind jeweils aufgerundet auf volle EURO.

4.3.3. Sofern bei Angeboten und Sonderleistungen abweichende Stornierungs- und Umbuchungsbedingungen genannt sind, gehen diese vor.

4.4. Wie bitten Sie, Änderungswünsche erst nach Erhalt Ihrer Reisebestätigung/Rechnung und unter Angabe der Reiseauftragsnummer Ihrem Reisebüro mitzuteilen.

Werden nach Buchung der Reise Änderungen z.B. hinsichtlich des Reisetermins, des Reiseziels, der Unterkunft, der Beförderungsart, der Abflughäfen oder Zustiegsbahnhöfe vorgenommen, erheben wir bis 30 Tage vor Reiseantritt € 33,- je Person.

Spätere Änderungen sind nur nach vorherigem Rücktritt von der von Ihnen gebuchten Reise möglich.

4.5. Tritt eine Ersatzperson an die Stelle eines gemeldeten Teilnehmers, sind wir berechtigt, die uns durch die Teilnahme der Ersatzperson entstehenden Mehrkosten in Höhe von € 33,- je Person zu berechnen. Teilnehmer und Ersatzperson haften als Gesamtschuldner für den Reisepreis.

4.6. Wenn zwei oder mehrere Personen gemeinsam ein Doppel- oder Mehrbettzimmer gebucht haben und keine Ersatzperson an die Stelle eines zurücktretenden Teilnehmers tritt, sind wir berechtigt, den vollen Zimmerpreis zu fordern oder, wenn möglich, die verbleibenden Teilnehmer anderweitig unterzubringen.

4.7. Bei Stornierungen sind bereits ausgehändigte Flugscheine, Bahnfahrtkarten oder Fährtickets zurückzugeben, da wir sonst den vollen Preis berechnen müssen.

5. Reise-Versicherungen

Eine Reiserücktrittskosten-Versicherung ist im Reisepreis nicht eingeschlossen. Wir empfehlen dringend eine solche Versicherung, die bei Buchung der Reise abgeschlossen werden sollte. Für Ihre Sicherheit insgesamt empfehlen wir den Komplett- bzw. Basisschutz

Reiseveranstalter: Reise-mit GmbH
Alexanderplatz 1
61440 Oberursel

Sachwortverzeichnis

A

Aktie 190, 223
Anleihe 188, 221
Annonce 137, 169

B

Bio-Siegel 48

E

Entscheidungsmatrix 49

F

Farben 139
Festgeldkonto 186, 219
Fixkosten 21
Flyer 136
Formen 142

G

Gesamtkosten 21
Gewinn- bzw. Verlustrechnung 93
Grüner Punkt 63
Gütezeichen 64

H

Handyfunktion 25
Handyvertrag 20

K

Kosten
    Fixe 92
    Variable 92
Kostenarten 121

L

Lebensmittelkennzeichnungs-Verordnung 51

N

Nährwertangaben 62
Nährwertkennzeichnung 62
Nährwert-Kennzeichnungs-Verordnung 51

P

Plakat 48, 59, 138
Preisangabenverordnung 51
Prepaid-Karte 20

R

Reisebuchung 263
Reisekosten 248
Reisender 244
Reiseveranstalter 244
Reisevertrag 244, 263, 264

S

Serviceleistungen 109
Siegel 44, 56, 64
Sparbuch 184
Sparen
    Zielorientiert 179
Sparform 184
    Vergleich 197
Stärken-Schwächen-Analyse 95, 110
Stornierungskosten 246
Strichcode 63

V

Variable Kosten 21
Verbraucherschutz 35, 52
Verkaufskonzept 97, 111
Verpackung 43
    gesetzliche Kennzeichnung 43

W

Werbemittel 135, 146
Werbeträger 135
Werbung 135